崇尚英雄才会产生英雄，争做英雄才能英雄辈出。党和国家历来高度重视对英雄模范的表彰。今天我们以最高规格褒奖英雄模范，就是要弘扬他们身上展现的忠诚、执着、朴实的鲜明品格。

　　英雄模范们用行动再次证明，伟大出自平凡，平凡造就伟大。只要有坚定的理想信念、不懈的奋斗精神，脚踏实地把每件平凡的事做好，一切平凡的人都可以获得不平凡的人生，一切平凡的工作都可以创造不平凡的成就。

——习近平
《在国家勋章和国家荣誉称号颁授仪式上的讲话》

共和国功勋丛书

国家出版基金项目
NATIONAL PUBLICATION FOUNDATION

中宣部2020年主题出版重点出版物

田间逐梦
共和国功勋
袁隆平

陈启文◎著

浙江人民出版社

目 录

引 子

我曾经如此描述过，从长沙市中心朝着浏阳河的方向一路东行，繁华渐远而节奏放缓，我的脚步在这里慢下来。一条穿过时空的河流依然清晰，那是一种不受时代限制的存在。浏阳河，九道湾，在流经长沙市芙蓉区、注入湘江之前拐了一道大弯，马坡岭，就在这个水汽充盈的河湾边。

我三番五次探访马坡岭，每次都在三伏天，正是水稻扬花灌浆的季节。这儿有着一片稻田，在一座省城，这几乎是绝美的风景。这里的每一条路，仿佛都是从稻田里延伸出来的，只要不迷失方向，你就会和一个伟大的灵魂走在同一条路上。这条通往稻田的路，在马坡岭的树木与田野间转弯抹角，我已不知走过多少回了。我用脚步反复量过，这条路，最多也就1000米吧，但每次在这路上一走，我又感觉特别漫长，这无疑与我追踪的一个身影有关，袁隆平先生在这条路上走了大半辈子。自20世纪70年代初他从雪峰山下的安江农校调到长沙后，他就一直在这条路上走来走去。当然，有时候他会走得更远，全中国、满世界的稻田，他差不多都走遍了。

他"顶着太阳，蹚着泥水"，"每天把脚扎在稻田里"。虽已过秋分，长沙的天气仍很酷热。老人一低头，便淌出一长串热汗，那弓着的背脊冒出白腾腾的热气。而每一次远行，哪怕只是短暂的分离，他也会早早就来跟自己的稻子告别。人非草木，稻子也懂人情，那黄灿灿的稻穗那么热烈地簇拥着他，在一双老眼的注视下愈发显得金黄了。袁老伸出双手抚摸着还沾着露水的稻穗，而那稻穗一经触动，便散发出一阵一阵的稻香。老人深深地嗅着，凝神看着，那眼神就像看见了茁壮成长的儿女，他兴奋得两眼焕光、两颊发红。到10月中旬，这一茬稻子就该收割了，这稻子壮实得连风也吹不动，看上去那么深沉，每一把稻穗里仿佛都藏着什么机密。

这天早上，袁老在稻田里只待了半个钟头就回了家，他把那双沾满了泥水的长筒胶靴和一身被汗水浸透了的衬衫脱掉，换上了一身藏青色的西服和雪白的衬衫，还打起了一条绛红色的领带。平日老农的形象忽然为之一变。袁老很少穿上这样的正装，看他那神情，还真像是一个要去庆祝节日的孩子。这时候，很多亲友和弟子们都来到了他家里，一个个围着他左看右看。他的弟子们还故意问他："袁老师，你今天帅不帅？"这老顽童一脸天真又特别认真地去照了照镜子，然后飙出了一句中国式英语："Ugly handsome！"袁老时常飙英语，这句英语的意思是指这个人长得丑丑的，可又有点矛盾的帅气——丑帅！哈，这老顽童真把大伙儿一下子逗乐了。

袁老在大伙儿的欢声笑语中出门了，他要乘坐高铁奔赴北京，参加国家勋章和国家荣誉称号颁授仪式。从长沙到北京要坐六个多小时的高铁，哪怕青壮年也难耐长途奔波的劳顿，而这位90岁高龄的老人，一路上却精神矍铄、谈笑风生。他每天都在稻田里忙碌，这趟北京之旅，对于他还真是一次难得的放松和休息机会。

第二天早上，袁老像往日一样准时醒来，他的体内早已形成按生命内在节律运转的生物钟。他说，每天晚上睡觉的时候，他都在想："我的超级稻长得怎么样？"而每天早上起来，无论天晴，还是下雨，他都要去自己的试验田。这天早上，就在他条件反射般要下田时，他一摸脑袋，猛地一下清醒了，这儿不是马坡岭，而是首都北京呢，他要去的不是稻田，而是人民大会堂。袁老用过早餐，穿戴整齐，便接到了出发的通知。这是一次庄严的颁授仪式，袁隆平和其他国家勋章、国家荣誉称号获得者乘坐礼宾车，从下榻的宾馆出发，在国宾护卫队的护卫下前往人民大会堂。当礼宾车抵达人民大会堂东门外时，一轮红日照亮了人民英雄纪念碑和人民大会堂东门上方高悬的国徽，高擎红旗的礼兵分列道路两侧，肩枪礼兵在台阶上庄严伫立，青少年手捧鲜花向袁隆平等共和国功臣热情欢呼致敬。

这是一个向英雄致敬的日子，一个民族只有崇尚英雄才会产生英雄，只有争做英雄才能英雄辈出。历史将铭记这一天，2019年9月29日。随着进行曲欢快有力的节奏，中共中央总书记、国家主席习近平同国家勋章、国家荣誉称号获得者们一同步入人民大会堂金色大厅。上午10时，中华人民共和国国家勋章和国家荣誉称号颁授仪式正式开始。这是新中国成立70年来，以共和国的名义，首次颁授"共和国勋章"和国家荣誉称号，隆重表彰为新中国建设和发展作出杰出贡献的功勋模范人物，弘扬民族精神和时代精神。这也是国家态度的体现、国家精神的彰显、国家意志的表达。根据第十三届全国人民代表大会常务委员会第十三次会议决定，授予于敏、申纪兰、孙家栋、李延年、张富清、袁隆平、黄旭华、屠呦呦8人"共和国勋章"。该勋章以红色、金色为主色调，章体采用国徽、五角星、黄河、长江、山峰、牡丹等元素，章链采用中国结、如意、兰花等元素，整体使用冷压成型、花丝镶嵌、珐琅等工艺制作，象征勋章获得者为共和国建设和发展作出的巨大贡献，礼赞国家最高荣誉，祝福祖国繁荣昌盛，寓意全国各族人民团结一心共筑中华民族伟大复兴的中国梦。

恭喜袁老！当袁隆平一步一步地走向颁奖台时，前方的屏幕上出现了袁隆平的巨幅头像，他那黝黑的面孔被放大了，成了一个照亮全场的特写镜头。此时，除了颁奖现场，亿万名观看现场直播的观众，也下意识地鼓起了掌，掌声如暴风雨般遍及大江南北。这位一辈子与粮食打交道的"老农民"，这位解决了中国人吃饭问题的种稻人，相比于其他"共和国勋章"获得者，拥有更高的知名度。只要长嘴吃饭的，"天下何人不识君"?!

　　袁隆平一生致力于杂交水稻技术的研究、应用与推广，不畏艰辛、执着追求、大胆创新，勇攀杂交水稻科学技术高峰，建立和完善了一整套杂交水稻理论和应用技术体系，创建了一门系统的新兴学科——杂交水稻学，发明三系法籼型杂交水稻，成功研究出"两系法"杂交水稻，创建了超级杂交稻技术体系。确保中国人的饭碗牢牢端在自己手中，是袁隆平为国家担负的责任。他对杂交水稻和它背后维系的国家粮食安全怀有的赤诚之心，从过去到现在，始终未变。袁隆平为我国粮食安全、农业科学发展和世界粮食供给作出了杰出贡献，也让我国的杂交水稻技术一直在世界上处于领先地位。发展杂交水稻，造福世界人民，是袁隆平毕生的追求。他积极推动杂交水稻走出国门，致力于将杂交水稻技术传授并应用到世界，帮助几十个国家提高水稻单产，缓解粮食短缺问题，为人类战胜饥饿作出了中国贡献，他个人也因此获得国家技术发明特等奖、国家最高科学技术奖、国家科学技术进步特等奖、"改革先锋"等多项国内荣誉和联合国教科文组织科学奖、世界粮食奖等国际大奖。

　　习近平总书记向袁隆平颁授勋章时，不少观看直播的观众发现了一个细节，习近平总书记和袁隆平在握手时说起了"悄悄话"。两人到底说了什么？袁隆平后来给大家"揭秘"了。习近平总书记最关心的就是国家粮食安全的问题，几乎每次见到他，都要问起超级稻的进展。袁老透露，自己现在主要有两个任务：一是超级稻的高产、更高产、超高产。早在1996年，农业部就制订了中国超级稻育种计划。袁隆平率研究团队历经30多年攻关，第一期目标亩产700公斤、第二期目标亩产800公斤、第三期目标亩产900公斤、第四期目标亩产1000公斤，现在都已实现。袁隆平说："我们现在向每亩1200公斤冲刺，我们希望今年就能实现，向新中国成立70周年献礼!"这一季超级稻"现在长势非常好，如果没有特大的自然灾害，有90%以上的可能性能实现"。二是海水稻——耐盐碱水稻种植。全国有十几亿亩盐碱地是不毛之地，其中有将近2亿亩可以种水稻。袁隆平及其团队从2014年开始耐盐碱水稻育种和种植试验，计划在10年之内发展耐盐碱水稻1亿亩，每亩按最低产量300公斤计算，可以产300亿公斤的粮食，多养活1亿人口。袁隆平海水稻研究团队目前已经在广东、山东、辽宁、江苏、内蒙古、新疆、湖南等全国多地开展合作研究，研究团队有海水稻杂交育种优势，第一批希望亩产达620公斤。袁老充满自信地说："我们还是很有信心能够完成这个任务。"

对于获颁"共和国勋章"，袁老既充满尊重，也心怀豁达。他说，在他得到的这么多奖章里，这枚勋章确实很"重"，这是国家最高荣誉奖。"对我来说，这是一种鼓励，也是一种鞭策，我不能躺在功劳簿上睡大觉，只要脑瓜子还没有糊涂，就还可以干！只要没有痴呆，就还可以继续动脑筋、搞研究！"颁奖后，国家勋章、国家荣誉称号获得者还要参加国庆观礼，而袁老却归心似箭。眼下，正是超级稻成熟的节骨眼，他得马上赶回去。他说："回去第一天就要去下田！"还邀请大家去他的稻田参观。只要提起超级杂交稻，袁老就禁不住"王婆卖瓜"了："我的超级稻好看得不得了"，"我的超级稻就是水稻中的仪仗队"。

颁奖会后的第二天，袁老就回来了。这位年届九旬的老人，依然低着头、弓着背，在稻田里忙碌着。我一直在思考，那一直支撑着他的动力到底是什么？有人说他用一粒种子改变了世界，却也不然，他从未想过去改变世界，而是为了拯救生命。那生生不息的生命，就是他的原动力。拥有永不枯竭的原动力，才会有永不枯竭的原创力。对此，袁老却从未给出这样明确的答案，更没有那些早已写在教科书上的标准答案。你若问他，他便笑道："这还真是很难说，我自己都不晓得，应该说是为了实现自己的梦想和抱负，可能也和我的性格有关吧，我就是这样的人，就是要挑战自己，想能有更多的突破，永远不会停下前进的脚步……"

第一章

到最艰苦的地方去

一

    多少年来，只要提到"杂交水稻之父"袁隆平，很多人脑海里就会条件反射般地闪现出一个老农的形象：那瘦削的脸颊黑黝黝的，咧嘴一笑，便露出满口雪白的牙齿，他率性、淳朴而快乐。他的老哥们还真给他取了个外号——"刚果布"，他的笑容被称作"刚果布式的笑容"。我也觉得他这外号挺传神。一个人，一辈子，该要吸收多少阳光，才会变成这样一副"刚果布"的形象。阳光不仅塑造了一个农学家特有的形象，也赋予了他伟大的头脑和灵魂，似乎他的血液和骨骼都已被阳光深深地渗透了。那刚毅、健康的色泽，不只是来自阳光的直射，他本身就是一个发光体，浑身都焕发出内在的光芒。

    但你若真的把袁隆平看作一个老农，那就错了。我们就从袁隆平大学毕业时说起吧。1953年夏天，袁隆平毕业于西南农学院农学系遗传育种专业。他的母校是农业部所属的全国重点高等农业院校，如今已并入西南大学。大学毕业之际，袁隆平留下了一张足以颠覆很多人对他的印象的照片。这年，他24岁，穿着一身藏青色的学生服，外衣胸口的口袋别着一支钢笔，黑发浓眉，眼神深邃。那时的他已不是女同学印象中"大孩子"的样子，而是一个神情凝重的知识分子形象。

许多年后，袁隆平回想起他当年选择学农的初心，说："那时候我是有点雄心壮志的，看到农民这么苦，我就暗下决心，立志要改造农村，为农民做点实事。我认为我们学农的就应该有这个义务，发展农业，帮助农民提高产量，改善他们的生活。实际上，看到农村贫穷落后的状态，反而让我找到了学知识的用武之地。再加上小时候亲眼看见了中国饱受日寇欺凌，我深深感到中国应该强大起来。特别是新中国诞生后，觉得中国人民真的站起来了，我们也该做一番事业，为中国人争一口气，为自己的国家作贡献，这是我最大的心愿。所以，我感到自己肩上应该有担子。"

西南农学院是面向全国分配工作的，在毕业分配动员大会上，一个强有力的号召就是"服从统一分配，到农村去，到最艰苦的地方去，到祖国最需要的地方去"。

袁隆平在分配志愿表上填上了"愿意到长江流域工作"，而长江流域涵盖了大半个中国的19个省（市、区）。对于当年的袁隆平来说，自己将奔赴哪儿，一切都处于未知的状态，既有兴奋的憧憬，也有焦躁不安的等待。可他做梦也没有想到，自己被分派到湘西雪峰山脚下的安江农校任教。雪峰山在哪儿？安江农校又在哪儿呢？无论去哪儿，都是他第一次远离家人，远离他最难以割舍的母亲。袁隆平在80岁生日晚会上，回想起当年即将远行的那一幕，不觉间脸上又涌上了年轻时的茫然，他在烛光中躬身向早已长眠于雪峰山下的母亲倾诉："还记得吗？……我要从重庆的大学分配到这儿，是您陪着我，脸贴着地图，手指顺着密密麻麻的细线，找了很久，才找到地图上这么一个小点点。当时您叹了口气说：'孩子，你到那儿，是要吃苦的呀……'"

这位即将奔赴远方的大学毕业生，已经知道了自己即将奔赴的那个目的地，但对接下来的一切，依然处于漫长的未知状态，而我们早已知道他将用一粒种子改变世界的神奇事实。一粒用心血熬炼而成的种子，唯其神奇，总是撩起人们的玄想或神思：在天地之间，种子是通灵者，每一粒种子仿佛都有自己的宿命，从来就不是自顾自地孕育与生长。它兴许会被一阵风吹扬而起，但它不会绝尘而去，风将把它带到世界的某个角落，让它重新回归土地；它也许又会被一只鸟儿带到某个人迹罕至的角落，但那个角落到底在哪儿，是肥沃还是贫瘠，种子又到底能否生根发芽、开花结果，谁也不知道，连它自己也不知道。

一粒种子的命运，又何尝不是一个人的命运，既是命运，在未被揭示之前，就有某种神秘的、可知的或不可知的定数。这其实不是玄学，而是科学。在环境和遗传的相互作用下，每一粒种子都演绎着生命的繁衍、细胞分裂和蛋白质合成等重要生理过程。这个一辈子与种子打交道的人，在揭开了一粒种子的秘密后，也对人与种子的命运有了深刻的洞察："我觉得，人就像一粒种子。要做一粒好的种子，身体、精神、情感都要健康。种子健康了，我们每个人的事业才能根深叶茂，枝粗果硕……"

在1953年那个漫长而难熬的夏天，这位大学毕业生有足够的时间来完成一次长途跋涉。

从重庆到大湘西的雪峰山，在今天最多也就一天多的行程，而在当年，袁隆平用了半个多月。重庆，武汉，长沙，一路上，他如同在火炉中穿行。途中，他在湖南省农林厅领到了大学毕业生试用期的第一个月工资——42元钱，用十几元钱买了一把小提琴，然后便揣着省农林厅开具的一纸用毛笔手写的介绍信，挥别湘江，再次上路，奔赴大湘西的雪峰山。

"大湘西"，绝非故意夸大之词，它所涵盖的范围不只是如今湘西土家族苗族自治州这一狭义的行政区域，还有当时的黔阳专区以及邵阳、零陵、常德3个专区的部分县市，是湖南西部28个县的统称。境内被武陵、雪峰两大山脉和云贵高原团团围困、重重阻隔，又是长江在湖湘境内的两大支流——沅水和澧水中上游及其众多支流汇聚之地。山与水经亿万斯年的厮磨，造就了一个沟壑纵横、溪河密布、峰峦起伏、洞穴连绵的绝域。加上与川、鄂、黔、桂四省区交界，这一方水土历来就是天高皇帝远的边地，又是少数民族聚居区，如同一个神秘的独立王国，一直凭借天险与整个世界对峙。那高山深壑中一望伤目的岩土和被大山堵死了的出路，还有山洪、泥石流等频频暴发的自然灾害叠加在一起，便是赤贫与饥饿，也把人类生存的境地推向了极端。那些在石头的缝隙里苦苦求生的人们，也是最坚忍、最顽强的生命，当他们实在活不下去了，就会选择另一种极端的方式。所以，在历史上，这里一直是匪患猖獗的重灾区，人道是"天下不乱，湘西先乱"，而湘西一乱，天下必乱。曾有人对湘西当年的形势作过这样的评价："湘西，土匪势力盘根错节，是湖南的盲肠。"其实，湘西也素称"中国的盲肠"。当袁隆平第一次进入这条"盲肠"时，传说中的土匪还没有完全被剿灭，甚至还有骇人的虎啸山林的声音……

这里，我们且不说大湘西那时候有多么偏远闭塞，只说那两天两夜的长途颠簸，一辆车、一条路，一直在雪峰山与云贵高原东南边缘的复合地带迂回穿插。袁隆平一双眼僵直地直视前方，远眺那遥不可及的地平线，仿佛用尽一生，都在抵达之中。那条地平线在云遮雾绕的大山中其实是看不见的，一直处于隐蔽的状态，而隐蔽中又生出无穷尽的神秘感。那感觉真是像在一条"盲肠"里穿行，又恍若在时空隧道中穿越，将要去往另一个世界。那时的长途客车还是烧木炭的，在车头一侧装有一个特制的炉子，有的炭炉则拖在汽车后背，像个体积庞大、形状古怪的锅。车上除了司机，还有司炉，木炭点火后通过鼓风机把炉子烧旺，从点火到启动就差不多要一个小时。行驶中，还要不断扒炉、续炭、点火、吹风。这种车开起来慢吞吞的，动不动就抛锚了。司机和司炉一路上累得像车一样"吭哧吭哧"地喘气，坐车的人也苦不堪言：那浊重的炭烟味呛得一车人不停地咳嗽，大伙儿还得时不时下来推车。

一辆车、一车人，一直在悬崖的边缘上行驶着，几乎命悬一线。在剧烈的颠簸中，一个小孩开始哭喊，他用双手"啪啪"地捶打车窗，一个劲地尖叫，嗓门越来越大。那是一种令人崩溃的感觉，每个人都在那绝望的哭声中颤抖，下意识地把眼睛贴近被阳光照亮的车窗。但这时候你绝对不能往下看，那不断打滑的车轮下就是一眼望不到底的深渊。只能朝更高、更远处看，这样你才能在致命的危险中发现绝美的风景。这种被逼到悬崖边缘但眼前景色又美得令人绝望的感觉，还将在袁隆平未来的岁月里不断再现，如果没有这历尽奇险的经历，又怎能体会到那山穷水尽、绝处逢生般的一次次逆转？这一路，偶尔也会看到山坡上、山坳里出现一小块一小块的稻田和红薯坡，只要看见了庄稼，就会出现人烟。在那些破旧农舍的土墙上，还残留有红军当年刷的标语："打土豪，分田地""没饭吃的穷人快来赶上红军"。而离这些标语不远处，便是一座座红军烈士的墓碑。这贫瘠山村中的农人，依然和他们的老牛一样勤劳，在石头的缝隙里深深地俯下身子耕耘着。耕牛走得慢了，就会挨鞭子，那鞭子抽得凶狠响亮，挥鞭的农人仿佛在发泄心头的怨愤。

这一路的经历，让这个刚刚走进社会的大学毕业生看清了部分真相，对于这个未来的"杂交水稻之父"也有着某种先知般的启示，在那隐蔽的地平线之下，还有太多的秘密等待他去逐一发现和揭示。

终于，到了！"抵达"的感觉很强烈，仿佛走到了山穷水尽处，就像走到了世界的尽头。钻进这座山，回望那条路，它如断肠一般忽隐忽现。进山难，出山更难啊！他在下车的那一刻就明白了，这将是他很难走出去的一座大山。而此时的他，就像是一个误入歧途的、迷失了方向的孩子，孤零零地闯入了一个自己一无所知的世界。

雪峰山，顾名思义，是一座因常年积雪而得名的山峰，在中南地区极少有这种常年积雪的高山。雪峰山脉与湘桂边境连绵的80里大南山逶迤相接，也是沅江与资江的天然分水岭。资江也是长江在湖湘境内的四大支流之一，这条河流没有被纳入大湘西的范围，但也紧紧挨着边界，其下游呈直角转折切过雪峰山，从而造就了湘中新化县至烟溪间的一道大峡谷。雪峰山的主峰位于黔阳县与邵阳洞口县之间，海拔将近2000米，在天际的映衬下显得十分清晰。这是袁隆平日后时常长久凝望的一个方向，那冬日的积雪和夏日的白云，总让他感觉有一种崇高而圣洁的存在正悄然靠近自己。

雪峰山谷里的安江，位于湘西南的沅江上游东岸，地处云贵高原东部延伸而出的一块峡谷盆地中。一座青灰色的千年古镇，就藏在雪峰山深处的这个缝隙里。一看这地势，就知道它是"狭路相逢勇者胜"的兵家必争之地。在抗日战争的最后一次大会战——湘西会战中，日军妄想越过雪峰山，占领安江，因此，安江成了全国抗日战争的中心，也是对日最后一战的指挥部、大本营。中国第四方面军司令部设在安江关圣宫，而中美作战司令部则设在安江圣觉寺，即后来安江农校校园内。战后，安江镇上掩埋了成千上万的抗日英烈。

我来安江探寻袁隆平先生的踪迹，正值2016年的大暑，与他第一次抵达这里的时间隔了60多年。当我从现实中直接穿越到许多年前的那个现场时，我下意识地在心里感叹：谁能预料，在这样一个远离中心城市的山坳里，一所不起眼的乡村农校，将在未来岁月里，连同一个此时还名不见经传的名字一起蜚声海内外，成为中国杂交水稻和第二次绿色革命的发源地。杂交水稻就是从这山坳里走向世界的。

我如是感叹，其实很多的偏见和误解。说来，当年的安江在大湘西还真不是一个小地方，而是数得着的几座重镇之一。1952年至1975年，从黔阳专区到黔阳地区，在长达24年的时间里，安江一直是黔阳地区行政公署所在地。这里也是原黔阳县县城。这样一座得天独厚的古镇，名气和繁华的程度一度远远胜过湘西自治州的首府吉首，在20世纪60年代初曾设县级安江市，但不过两年就撤销了。如今，原黔阳专区在几经变更后成立了地级怀化市，市区在离安江50公里之外。黔阳县也早已撤县设市（县级市），但市区不在安江镇，而在百里开外的古黔城。安江如今成了洪江市的一个乡镇，这也让我的立场与视角局限于一个乡镇。当人类处于物是人非的境地时，若要还原真相，实在太难，但那秘不示人的时空又往往会掀开神秘的面纱。在未来，随着许多云遮雾绕的事物逐渐得以揭示，人们将惊奇地发现，这里竟然是一个物种变异的神秘天堂。更令人惊奇的是，2005年，就在安江镇城北沅水对岸的高庙遗址，有一个重大的考古发现，并被列为当年中国十大考古新发现之一。发掘出土的实物显示，早在7000多年前，这里便是史前人类的稻作区，这让炎帝神农氏在沅江流域发明种植粳稻的上古传说得到了验证。这个传说不再是传说，这一带就是中华民族最早的稻作文化发祥地之一，也是世界稻作文明的发源地之一。而这里能成为杂交水稻的发源地，也让人们找到了前因后果一脉相承的历史线索，至少不会再觉得这是个偶然了。

当袁隆平背着行囊走进雪峰山山谷中的安江盆地时，四面八方扑入眼帘的葱茏树木，让他两眼中的图景一下子变得绿汪汪的：一行行云杉跃然于山棱线之上，低垂的白云与漫涌的雾气之间有大片风起云涌的竹海，大山深处还有马尾松、红豆杉、银杏等珍稀树木。当他下意识地翘首遥望时，一滴滴露珠落在脸上，让他在这个酷暑季节感到了瞬间的清凉。不是瞬间，在接下来的岁月里，他将有足够的时间来慢慢体味这座大山里的点点滴滴。不过此时，这个刚刚从重庆那样的大城市走进山谷的大学毕业生，还仿佛在孤独的迷谷里穿行，但似乎也走得劲头十足。安江农校不在镇上，他还有十多里山道要走，随着那年轻矫健的脚步越走越近，山谷中渐渐呈现出一座拱顶的校门。那拱顶上的五角星在阳光下红得耀眼，仿佛一种高于生命的存在。这校园一看就有年头了，一进校门，先要穿过一条狭长而幽深的林荫道，恍若钻进了一个若隐若现、"仿佛若有光"的山洞，还真让人有种"来此绝境，不复出焉"的世外桃源之感。

当时，湖南的湘北、湘南、湘东、湘西各办有一所中等农业学校，而地处大湘西的安江农校前身为1939年建校于邵阳武冈县竹篙塘的国立第十一中学职业部，后因日寇南侵，邵阳沦陷，于1940年9月迁到安江镇郊溪边村的圣觉寺里办学。圣觉寺为明代湘西三大古刹之一，后因火灾被毁。第十一中学职业部迁来不久，便独立建制为湖南省第十职业学校，后改为湖南省安江农林技术学校，随后又更名为湖南省安江农业学校（简称"安江农校"）。无论怎样改名换姓，这所学校一直都是"农"字当头，在东、南、西、北四所农校中，也一直是地处最偏远、办学条件最艰苦的一所。

袁隆平来之前，那些从未到过湘西的大学同窗一听他被分配到了大湘西，便友善地提醒他："你要作好思想准备呵，在那个偏僻的地方，一盏孤灯照终身。"袁隆平对大山沟的偏僻、远离家人的孤独是有心理准备的，百闻不如一见，"到了安江一看，倒还可以"，至少不是"一盏孤灯照终身"。他是从重庆那个大城市来的，最担心的就是到了之后真得用油灯、蜡烛、松明子。安江农校的校长也很了解他们的心事，在欢迎新来的老师时，校长还特别讲到学校有电灯。"哈，有电灯就不是乡下了！"

此一时彼一时也，在那个年代，"楼上楼下，电灯电话"就是像天堂一样美好的生活了，那也是只有城里人才能享受的现代生活。除了电灯，袁隆平还过上了"楼上楼下"的生活。他来这儿报到时，许多房子还是抗日战争期间盖起来的木板楼。走进校门，隔着一棵白果树旁逸斜出的枝叶，就能看见一座建于1939年的红房子。这是一幢美式鱼鳞木板房，为当年抗日将士的营房。大山里树多，一切都是就地取材，房子的外壁是纯木板，梁架为人字形结构，前廊出檐，一字形排列，屋顶上盖的是湘西土窑烧制的小青瓦，在阳光下隐隐泛着暗红色。

袁隆平并未住在鱼鳞木板房，而是住进了一幢建于1950年的青年教工宿舍。这种青砖青瓦、苏式风格的筒子楼，在20世纪50年代特别流行。袁隆平在此度过了十多年，也是在这楼里结婚成家的。这楼夏天倒是凉快，时有带着草木清香的山风吹进屋子里，但入冬之后，凛冽的山风便长驱直入，冷得钻心，但这没有浇灭这个青年教师内心的热火。那是一个充满了理想主义的时代，他心里就像揣着一盆火。无论春夏秋冬，袁隆平都喜欢打开窗户，任那清新的绿意漫过来，连斑驳泛黄的木窗也变得生气充盈。袁隆平童年时代看过《摩登时代》，一个镜头时常闪现在他眼前——打开一扇窗户，就能摘到新鲜水果吃。那无声的黑白电影中的镜头，在这里还真变成了现实，一根根树枝伸到他的窗前，枝头的花果触手可及。

袁隆平成家后，几经搬迁，1980年后搬进了校园后边的一座专家楼。说是专家楼，其实就是一幢简朴的砖瓦房，初为杂交水稻研究室。在杂交水稻研究成功后，由湖南省政府拨款修建了一座科研楼，便把原来的研究室改建为专家楼，一分为二，分给了袁隆平与他的助手、学生李必湖两家人居住。

如今，安江农校也已与另一所中专联合组建为怀化职业技术学院，从安江镇搬迁到了怀化市郊。曾经的校园已成故园，也曾有人一度打起了这座老校园的主意。幸运的是，当地政府和怀化职院为了避免袁隆平和杂交水稻的故迹湮没于沧桑变迁之中，将原来的校园辟为"杂交水稻发源地　安江农校纪念园"。这园名，是由袁隆平亲自选定并亲笔题写的。2009年，安江农校纪念园被国务院特批为全国重点文物保护单位。这是国务院自2006年公布第六批全国重点文物保护单位以来，第一个单独发文增补的全国重点文物保护单位。这样的特批，彰显了国家对一座老校园的特别重视。在纪念园揭牌仪式上，时任国家文物局局长单霁翔表示，安江农校见证了杂交水稻的历史，寄托了一代又一代农业科研人员的希望，安江农校纪念园是全国首例活态的、与群众生活密切相关的科研类文化遗产，很好地诠释了"文化遗产让生活更美好"的理念，袁隆平和他的团队在这块土地上取得的科研成果，为人类作出了杰出的贡献，它展示了一种时代风貌和精神，让我们看到了对文化遗产应该有的一种新的境界、新的气度、新的情怀，因为它是新型的文化遗产。单局长还从文化遗产的发展趋势上进行了进一步的诠释，认为当下文化遗产保护有着在"要素、空间、时间、动态、与人民当下生活关联、物质和非物质结合"方面的六大发展新趋势，"安江农校纪念园是一种新型文化遗产，它代表一种国际理念，是20世纪文化建筑和文化景观，是新的境界"。

当我穿行于这座纪念园，我发现许多老建筑都大致按原貌保存了下来。1939年至1986年，这里既有抗日战争期间中国军队的营房、美军飞虎队的医院，也有20世纪50年代至80年代陆续盖起来的一幢幢砖瓦楼和钢筋混凝土结构的楼房。岁月虽已模糊，但那不同时代的印迹依然鲜明。这些老房子，皆进行了修缮美化以及除险加固处理，但看起来还像是老照片中的建筑。房子老了，但没有衰败，屋檐下和木格窗棂里结满了蜘蛛网，恍若还在编织昔时的旧梦，木头虽已泛黄，却依然露出清晰的纹路。

我之所以如此详尽地交代这样一个大背景，只因这一切对于我们的主人公以及他穷其一生的事业有着不可忽视的意义。这是袁隆平最重要的一个人生坐标，他在这里执教18年，哪怕调到长沙后，这里仍然是他重要的科研基地，他一家人在这里生活了37年。一座雪峰山、一座老校园，不只是他的人生背景，更是存在于他生命中的一座山。当他走出这座大山时，当初稚气未脱的大学毕业生已如脱胎换骨一般，从不惑走向知天命。

二

在安江，对袁隆平最有吸引力的还是沅江。此前，一条嘉陵江在他的生命中流淌了12年，而这条沅江将陪伴他走过更漫长的人生。后来，他回首第一次走进安江的情景，说到沅江，那深沉而凝重的神情一下子就变得活泛了。他笑了，说："因为这条江，我一下子就特别喜欢上了这个学校。刚到校，我把行李一放，就跑到江中游泳去了……"

一条河流让时间变得不那么坚硬了，也让这个青年教师的心情变得像流水一样畅快了。初为人师的袁隆平，为他的教书生涯总结出了三条朴实的好处："当时我觉得当老师还是好，一是有寒暑假；二是比较稳定，不会经常出差，跑东跑西；再一个就是与年轻的学生在一起，挺有意思的。"

那是一个人才和物质都极度缺乏的年代，尤其紧缺的是俄文老师。当时中国正处于被西方国家孤立的状态，英语已派不上什么用场，全国大中专院校的外语课大都改为了俄语课。袁隆平在大学期间也曾学过一段时间俄语，初来乍到，便被安排到基础课程教研室（文史教研组），在安江农校做了一学期的俄语代课老师。若是教英文，他足以胜任，但对俄语，他只有速成班的水平。他后来笑称自己是"滥竽充数"，其实他教得非常用心，而凭他的水平，教教初级俄语是应付得了的。

第一次走上讲台之前，他用心备课。这是他人生的第一堂课，也给他的学生留下了很深的印象。同学们给了他这样的评价："板书清晰，发音准确，口齿清楚，重点突出，形象生动。"这得感谢他在中央大学附中时的恩师黄泰先生。黄先生教书育人的敬业精神和那图文并茂的板书，一直深深地影响着他，所以，他也特别注意如何把课讲得生动活泼，同时在如何激发学生的兴趣上下足了功夫。

关于袁隆平初为人师时的那段日子，除了他本人的回忆与讲述外，我还特意采访了他当年的学生谢长江。谢长江，1938年生于湘中的新邵县，如今也是一位年近八旬的老人了。他于1951年8月考入安江农校，当时才13岁。那时，安江农校是初农与高农连读的，相当于初高中，学制六年，以培养中级农艺师为目标。袁隆平被分配到安江农校后，就担任了谢长江所在班级的俄语老师。谢长江对袁老师的评价是："他发音特别准，跟收音机里说的俄语一样，也特别会教"。俄语原本是让同学们最伤脑筋的一门课，但袁老师一来，就变成了大家最喜欢的一门课。

凡是学过俄语的都知道，俄语最难发的是卷舌音"P"。对于那些满口浓重湘西口音的学生来说，要准确地发出这个卷舌音更是难上加难。这让许多学生对学俄语产生了畏难情绪。为了激发学生的兴趣，让学生打消畏难情绪，袁隆平便教他们唱俄语歌。那时的流行歌曲很多都是苏联歌曲，大多被翻译成了中文，袁隆平则直接教他们唱俄语的《喀秋莎》《红莓花儿开》。这些歌曲学生们都会用中文唱，换用俄语唱，更是原汁原味，更富有感染力。这还真是到什么山上唱什么歌，一首首俄语歌变成了生动活泼的教材，上枯燥难学的俄语课成了轻松愉快的享受。只要学会了唱《喀秋莎》，发卷舌音就没有太大的困难了。但光唱不行，还得会说。袁隆平又编了一些简单的相声段子，和学生们一起登台表演，这对练习俄语还真是一个好办法。说说笑笑间，学生们就学会了俄语。那些相声段子又让学生兴趣盎然，很容易记住。不知不觉，俄语就脱口而出了。为了提高学生的俄语写作水平和交流能力，他还组织学生与苏联对口友好学校的学生通信。一来二去的，想说的话越来越多，对双方的国情也越来越了解，一举两得，既提高了学生的俄语水平，又拓展了学生的国际视野。

袁隆平只当了半年的俄语老师，却是学生一生难忘的一位俄语老师。无论是他站在俄语课的讲台上时，还是他离开这个讲台后，很多学生一见他，就会情不自禁地用俄语高喊："袁老师好！袁老师好！"后来，中苏关系变得紧张，俄语又派不上什么用场了，大中专院校又全面恢复了英语课，很多学生又把当年学的那点儿初级俄语还给老师了。而对于袁隆平来说，那半年俄语教学没有白教。那是一个教学相长的过程，他也想借此机会进一步把俄语学好，这样就可直接读米丘林、李森科等人的著作了。他是全校第一个外语过关的专业教师，可以不带字典阅读英文和俄文的专业书刊。他也时常勉励自己的学生："多掌握一门外语，就等于多打开了一扇窗户。"

到了第二学期，袁隆平就"归队"了，他是被学校遗传教研室要回来的。一个主修遗传育种专业的大学毕业生，在当时是紧缺的人才，也确实应该专业对口，学以致用。而他一"归队"，就承担了植物学、作物栽培和遗传育种等农业基础课和专业课的教学任务，还担任了农学班的班主任。对于专业课，再繁重他也能够胜任，但当班主任，还真是有些为难他了。说起那一段担任班主任的经历，袁隆平自嘲道："我有个弱点，就是思想水平低，不会做思想工作。"不过，他不会做思想工作，却特别善于做管理工作，那就是充分发挥"班三角"（团支部书记、班长和学习委员）的作用，思想工作就让团支部书记去做，班长则是全班同学的"领头羊"，带领学生严格遵守教学秩序，遵守班级纪律，而学习委员则起到学习标兵的作用，组织开展有利于提高同学学习能力、专业能力的各项活动。而他这个班主任倒也不是甩手掌柜，他带着学生开展各种各样的文体活动，如拉小提琴、唱歌，还时常带着一帮"旱鸭子"学游泳。虽说他是班主任老师，但他没有一点老师的架子，论年岁，他比这些中专生大不了几岁，当他跟学生们打得一片火热时，你甚至分不清谁是老师、谁是学生。

袁隆平是带着一把小提琴走进雪峰山的，每天黄昏，他住的那幢楼里就会飘出悠扬的琴声，穿过窗外被晚霞照亮的一片香樟树，飘出很远。这是这个从大城市来的年轻老师，给这大山沟带来的一种新鲜而奇妙的声音。而黄昏，总是让人莫名的惆怅，会勾起他对遥远亲人和一去不返的大学生活的思念。当初和他一起弹琴唱歌的大学同学已天各一方，现在围绕在他身边的是他的学生们。此前，这些在湘西大山里长大的孩子们，有的还不知小提琴是什么模样。在这些农校生中，也有不少挺有艺术细胞的，如袁隆平所带班级的文体委员李俊杰就很有灵气，在袁隆平手把手的指点下，很快就学会了拉小提琴。李俊杰还会作曲，每次作好曲后，他就拿来给袁老师修改，两人在一起又拉又唱，歌声从他们年轻的胸腔和喉咙里奔涌而出，一种生命的活力和青春勃发的热血在涌动。袁隆平每每回忆起那段岁月，都心潮澎湃。袁隆平也一直没有忘记那个充满了灵气和朝气的李俊杰，后来还把自己的小提琴送给了他。

前面提到的谢长江是袁隆平所带学生中年岁最小的一个。师恩难忘，说起往事，他最难忘的是吃了一顿饱饭。一天早上，起床的钟声响过了，班主任老师照例来寝室里巡查。袁老师走进寝室，发现谢长江还蜷缩着瘦小的身子赖在被窝里。袁老师没有批评他，伸手摸摸他的额头，又关心地问他是不是生病了。谢长江小声说，他没病，就是饿，吃不饱肚子。那时候还未到"三年困难时期"，一场真正的大饥荒还没有降临，但粮食一直很吃紧，而当时给学生的粮食供应是按年龄定量，年龄越小，量越少。那时谢长江十四五岁，正是长身体、吃长饭的年岁。他也巴不得自己赶快长大，长一岁就能提高点儿定量，多吃点饭了。这是一个少年天真的想法，袁老师听了之后沉默良久。那天中午，袁老师特意把谢长江叫到教工食堂，用自己的饭票给谢长江打了满满的一碗大米饭，让他吃了个饱。谢长江知道，袁老师的饭也是按定量供应的，自己吃了这一顿饱饭，袁老师就要饿肚子了。这一饭之恩，让谢长江咀嚼了一辈子。1957年，19岁的谢长江从安江农校毕业，被分配到邵阳绥宁县，从基层农技推广员一步一步地干到县委副书记、县政协主席，他心里都装着袁老师给他吃的那一顿饱饭，也一心想着如何才能让老百姓吃上饱饭。20年后，当袁隆平培育出一粒神奇的种子时，谢长江便开始在绥宁县大力推广播种，县委、县政府还聘请袁隆平为杂交水稻生产及制种技术顾问，而今，绥宁县已被农业部批准认定为国家级杂交水稻种子生产基地。这说来又是一段后话了，却是为了提前交代一个事实：无论是一个农校教师，还是一个学农的学生，他们一辈子在干的这件事，其实很简单，就是让人人都能吃上一顿饱饭，用袁隆平的话说，就是为了"让中国人把饭碗牢牢地端在自己手中"。

袁隆平在安江农校执教之初的那几年，谢长江是直接见证人之一。1953年至1957年，袁隆平一直担任他们那个班级的班主任和专业课老师，直到他们毕业。那时的谢长江还是一个少不更事的少年，而年轻的袁老师对未来的一切也是一片茫然，但有一点是可以肯定的，无论是当学生，还是当老师，袁隆平天生就不是那种抱着书本死啃的角色。他一直都在强调，农业科学是应用科学，要想学好这门科学，离不开田间地头，更要有实践操作。而在当时，有些专业课，如遗传育种学，还没有一本由教育部正式指定的教科书，于是袁隆平就把课堂搬到了安江盆地的农田，搬上了雪峰山。雪峰山属原始江南古陆的西南段，位于华中与华南的交会地带。如果说安江盆地是一个物种变异的天堂，雪峰山则是一座天然物种基因库。新中国成立之初，农林不分家，而对于遗传育种专业，一切生物或生命都是相通的。袁隆平带着学生采集实物和标本，再自制图解，画表格，自编教材。这种让学生亲身实践、亲手操作的教学方式，既能激发学生的兴趣，也有助于他们加深记忆和理解。在未来岁月里，他们也将成为袁隆平撒播在田间的一粒粒"种子"。当年黔阳专区的黔阳、芷江、溆浦、靖州等县市，后来均被认定为国家级杂交水稻的生产基地和示范区。这一方水土是袁隆平的福地，这个未来的"杂交水稻之父"也将给这一方水土带来福报。

此时，袁隆平还只是一个初出茅庐的农校教师，他的心灵空间很大，但还有些混沌初开的茫然。在那隐蔽的地平线下，一颗种子还处于漫长的孕育期。他度过一段浑浑噩噩的岁月后，还将被触及身心的大痛与大爱唤醒，还需要心灵的烛火来照亮。而在雪峰山主峰东侧，有一处神奇的山峰——照天烛。一位当地学生告诉他，这儿原本有两支天生地长的照天烛，据古代司天监堪舆的说法，雪峰山将有真命天子横空出世。这是神奇的风景，也是危险的风水，那些自诩为真命天子的皇帝，最害怕的就是天地间忽然冒出一个什么真命天子来，于是命人捣毁了一支照天烛，只留下了一支孤零零的照天烛。它能否照亮袁隆平通往未来的道路呢？

接下来的一段岁月，袁隆平还真是在迷茫中度过的。所谓迷茫，是一种难以描述的状态。他其实一直都在钻研，从根、茎、叶、花、果的形态到细胞构造，从植物学特性到遗传特性。渺小的事物，一旦在显微镜下放大，就是一个无穷无尽的世界，其间还有很多神秘且未知的存在，等待人类去一一发现和揭示。

当时，安江农校的科研设备还相当落后，一台显微镜，成了袁隆平的第三只眼睛。除了备课、上课，他几乎一天到晚趴在显微镜前，长时间观察细胞壁、细胞质和细胞核的微观构造，时常观察到凌晨2点，才揉着红肿发胀的眼睛走出实验室。那时候，连将实验材料切成薄片的切片器械也没有，袁隆平只能苦练徒手切片技术，一边用左手的拇指与食指、中指夹住实验材料，一边用右手拿住与材料成垂直的刀片，在材料切面上均匀地滴上清水，将刀口向内对着材料，并使刀片与材料切口基本上保持平行，再向自身方向拉切，只能用右手的臂力，不能用手的腕力，此时，左手的食指一侧应抵住刀片的下面，使刀片始终平整，连续切下数片后，放在培养皿的清水中。好的切片，应该是薄且透明、组织结构完整的，否则还要重新进行切片。若要更清楚地显示其组织和细胞结构，还要选择一些切片进一步通过固定、染色、脱水、透明及封藏等步骤，做成永久的玻片标本。这是一项非常细致又危险的技术活儿，根茎有根茎的切法，叶子有叶子的切法，而针叶、阔叶还各有各的不同，很多体积太小、太软、太硬的材料都很难切片，如果不经数百次、上千次的苦练，就不能熟练地掌握这种徒手切片技术。这也是袁隆平在安江农校练出的一手绝活，手指被锋利的刀片划破过多少回，他都不记得了，但这项技术他一生也不会忘记。如今他早已不用徒手切片了，但每一个技术要领，他还一五一十地记着呢。最重要的是，当手指里夹着锋芒毕露的刀片时，绝对不能发抖，这需要非同一般的定力，还得有特别坚韧的意志和十足的耐性。这是比掌握一门技术更让他终身受用的。

在袁隆平大学毕业后的第三个年头，共和国迎来了一个"百花齐放，百家争鸣"的春天，那也是一个科学的春天。1956年1月14日，中共中央在中南海怀仁堂召开了关于知识分子问题的会议，周恩来在《关于知识分子问题的报告》中明确提出了知识分子"已经是工人阶级的一部分"的科学论断，这在当时是史无前例的第一次。之后，周恩来又发出"向现代科学进军"的号召。科学成为一种强大的推动力，让原本有些迷茫的袁隆平跃跃欲试，"希望能搞一个什么新的品种，一种高产的新作物"。这朴素的话语也透出了他当时的茫然，到底想要"搞一个什么新的品种"和"高产的新作物"呢？通过怎样的科学途径或技术路线来实现这一目标呢？

袁隆平的试验首先是从红薯开始的。他遵循苏联权威的植物育种学家米丘林的"获得性遗传"理论，把月光花嫁接到红薯上。月光花是一种硕大美丽、香气扑鼻的白色花朵，在夜间也能绽放，形似满月，生长迅速，光合作用强，其花语为"永远的爱""易碎易逝的美好""暮光中永不散去的容颜，生命中永不丢失的温暖"。月光花全草或种子均可入药，全草是治蛇伤的特效药，种子也是治跌打肿痛、骨折的良药，但袁隆平的试验目的很明确，试图通过月光花的光合作用强、制造淀粉多的优势来提升红薯的光合作用，以提高红薯的产量，增加红薯的淀粉含量。当时，袁隆平还没有条件搞短日照试验，他发明了一个因陋就简的土办法，用涂满了墨汁的被单来遮光。试验证明，红薯和月光花嫁接还真是能够大大提高红薯的产量，淀粉含量也比一般红薯多了。说起当年的收获，袁隆平一边哈哈大笑，一边伸手比画，说："那些红薯真的一个一个长得很大，最后一个好大哟，有17斤半！大家很高兴，称它为'红薯王'，而且上面也结了种子，这在当时是很不错的……"

除了用月光花嫁接红薯，袁隆平还搞了很多稀奇古怪的试验，他把番茄嫁接到马铃薯上，上面结番茄，地底下长着马铃薯，还真是一举两得。他还把西瓜嫁接到南瓜上，当年结了一个奇怪的大瓜，南瓜不像南瓜，西瓜不像西瓜。他把这个大瓜抱到教室给学生看，大家笑得人仰马翻——袁老师竟然培育出了这么一个怪胎！袁隆平把这个怪胎切开了，分给大家吃，味道也怪怪的，南瓜不像南瓜，西瓜不像西瓜。学生们吃了几口就不吃了，用湖南话说："实在不好呷！"

袁隆平一直是严格遵循着米丘林学说来试验的，但接下来的试验结果却让他傻眼了。

月光花嫁接红薯的种子播下去后，月光花照样在地上开花，地下却不再结红薯了。

番茄和马铃薯嫁接后的种子播下去后，番茄还是原来的番茄，地下却长不出马铃薯了，或者马铃薯还是原来的马铃薯，上面却长不出番茄了。

南瓜和西瓜嫁接的结果也一样，南瓜还是南瓜，西瓜还是西瓜……

从这些试验来看，一旦通过嫁接，就能长出那些奇花异果，但这些奇花异果都不能通过种子遗传下去。一句话，这种无性杂交的方式，根本就无法获得优良变异的种子。不能通过种子遗传下去，就只能一代一代地嫁接。这在果树等大型植物上是可行的，但在红薯、南瓜、水稻、小麦上进行大面积嫁接，在大田推广应用是难以进行的，操作难度可想而知。如果把一棵一棵的秧苗嫁接到另一种秧苗上，一亩田该有多少棵秧苗，而嫁接又是细工慢活，该要耗费多少精力和时间？

曾获诺贝尔生理学或医学奖的俄国犹太裔病理学家梅契尼科夫说过一句名言："人类借助于科学，就可以纠正自然界的缺陷。"人类一直想获得优良变异的种子，也是为了弥补或纠正自然界的缺陷，而米丘林在这方面则显得更积极、更主动，他曾说："我们不能等待自然的青睐。从自然那里拿过来，这是我们的要求。"

三

　　1960 年 8 月，中共中央发出了"全党动手，全民动手，大办农业，大办粮食"的指示，中央文件中第一次写有"民以食为天，吃饭第一"这样的话语。"民以食为天"出自《汉书·郦食其传》，其完整的表述是"王者以民为天，而民以食为天"，天不是别的，是比喻人民赖以生存的最重要的东西，后人又加上了一句"国以粮为本"来重申和强调。对于吃饭问题，这是新中国历史上第一次予以高度的强调。随后，全国各地各级领导机关的大批工作人员和领导干部纷纷深入农业生产第一线。袁隆平也带着 40 多名学生出发了。饥荒尚未过去，这支人人面黄肌瘦的队伍，稀稀落落的，走一阵歇一阵，他们确实没有气力走那么远的路。

　　过了安江镇，就是他们此行的目的地——黔阳县硖州公社秀建大队。这个沅江之滨的自然村，三面环水，一面靠山，江山之间是土质肥沃的半丘陵、半平原区，一看就是江南那种典型的稻香村。这样一个树大根深、人丁兴旺的古村，在雪峰山下繁衍了千百年。然而，一个转折来临，在短短几年里，这个千年古村就被饥荒淘空了，这个稻香村变成了饥饿的村庄。乡下人形容最贫困的人家，就是揭不开锅了。没承想，还有比这更悲惨的贫困，连锅都没了！家家户户的锅子，早已砸了炼钢了。这样的贫困，是没有贫富分化的贫困，一村人全都一样，都揭不开锅了。所谓的家早已面目全非，只剩下了一个个空壳，连房前屋后的树木也被砍光了。

　　袁隆平住进了生产队队长老向的家里，这也是他在四川大足县参加土地改革后，第二次长时间和农民同吃同住同劳动。他这次带着学生下乡，任务很明确，既是"深入农村，支援农业，搞教学、生产、科研相结合"，也是到农村实习，"向农民学习，参加生产和劳动锻炼，进行思想改造"。那时候，虽说形势有所好转，但大家还是吃不饱。当袁隆平拖着半饥半饱的身体在村里缓缓走动时，迎面走来的老乡，往往张口一句话就是问："吃了吗?"这是中国人打招呼的习惯方式，袁隆平也早已习惯这样的招呼。千百年来，中国老百姓一直过着饥寒交迫的穷困生活，一见面，最关心的就是"吃了吗"。可是，哪怕你饥肠辘辘，那些热情好客的老乡也没法招待你吃一顿饭，他们自己也没有饭吃。那段日子，师生们只能和老乡们一起吃大锅饭。那也是袁隆平不堪回首的一段记忆："生产队的一口大锅，七八十人吃的菜，就放一小杯油涂一下，然后把红薯藤、老茎秆煮一大锅来吃。那个时候苦得很，但我和周围的人还没到吃观音土的地步，我们爬到山上去挖那种含有淀粉的植物的根，烤熟来吃。冬天是很难熬的，晚上睡觉前先烤火，把脚烤热了再放到被窝里去，可是烤热的脚很快就冰凉了，没得饭吃，身体就没有能量啊!"

日子虽说苦得很，很难熬，但只要锅里还有煮的东西，人们就觉得日子开始好转了。而袁隆平也在搞红薯高产垄栽试验，在人们饿得吃树皮、吃观音土的那些岁月，红薯是生长快、产量高、可以较快地缓解饥荒的食物，连红薯叶、红薯藤也可以吃。这次他搞的不是月光花嫁接红薯的试验，而是实打实的红薯高产垄栽试验，这回又取得了惊人的成果，最多的一兜竟然重达20斤!

除了红薯高产垄栽试验，袁隆平试图开始用孟德尔、摩尔根的遗传学搞育种，但他最早考虑的不是水稻，而是红薯和小麦。自1956年以来，他在红薯上花了不少心血，也取得了不少收获。但红薯只是饥荒岁月中用来果腹的杂粮，无论在南方还是北方，从来都不是主粮。在饥不择食的年代，红薯可以比较快地缓解饥荒，也可以掺杂在主粮里食用，一旦度过了饥荒，红薯就成了可有可无的搭头了。一天三顿白米饭，一辈子吃不厌，但一天三顿红薯，没谁受得了。农民说话粗，如"一斤山芋两斤屎""无米再来煮番薯"，说的就是红薯可以充饥果腹，但不能当饭吃。

除了红薯，袁隆平也曾考虑过主攻小麦，就在踌躇之际，一次全国小麦会议上的一组数据让他清醒了。当时，湖南小麦亩产平均不到300斤，产量排在全国倒数第一。小麦是世界上三大谷物之一，是世界上总产量位居第二的粮食作物，超过水稻，仅次于玉米，但小麦在湖南等南方省区也只是搭头。那时为了提高粮食产量，在湖南曾经推广过一段时间的"稻—稻—麦"三熟制，但由于小麦成熟期正值湖南阴雨连绵的季节，小麦易发赤霉病，既影响产量，又影响质量，还时常造成大面积减产绝收。立足现实，小麦也从来不是湖南的主粮。在湖南，九成以上的粮食都是水稻，水稻也是南方的首要粮食作物。几经权衡后，袁隆平从1960年起把目光从红薯、小麦转向水稻，这可以说是自然选择。水稻是南方种植最广泛的农作物，自然也是农业科技人员最主要的研究目标，在千军万马搞水稻的大势之下，要想突出重围，在水稻科研上搞出一点比较突出的成果实在太难。这也是袁隆平一直有些迟疑、没有直奔水稻的原因之一。

就在袁隆平埋头搞红薯高产试验，对接下来的研究方向还有些举棋不定时，他的房东，那位勤劳能干的生产队队长老向，一心想的是如何多打点口粮。在南方农民心中，只有大米才算得上正经口粮。那几年闹饥荒，老向也被闹得骨瘦如柴，一脸菜青色，但农民过日子不往后边想，眼下他想着的是，只要国家能让农民踏踏实实种田，能把一茬稻子种下去再收回来，不到半年，日子就好过了。一个大雨天，老向一大早就披上蓑衣出门了。这让袁隆平有些奇怪，大雨天又不能下田干活，老向这是去干吗呢？到中午时，老向一身水一身泥地回来了，他把蓑衣脱下，紧紧地捂着一包东西，揣在怀里，就像揣着一个秘密。看到老向那一脸的精明和神秘，袁隆平愈是奇怪了。老向把蓑衣包裹着的那包东西慢慢打开了，原来那是一包稻子，一颗颗黄灿灿的，十分饱满。袁隆平好长时间都没见过这么饱满的稻子了，眼里顿时闪烁出惊喜的光芒。老向压低声音说，这是种子，他从外村换回来的，那里有一片高坡敞阳田，稻子长得特别好。"你看这谷子多结实！"这个农民一边用那粗糙的大手兴奋地揉搓着刚换回来的种子，一边感叹："施肥不如勤换种啊！"

这个农民也许不懂什么无性繁殖、有性繁殖，更不懂什么是基因、染色体，但他知道一粒种子有多重要。老向也知道袁隆平在大学时是学遗传育种的，他诚恳地对袁隆平说："袁老师，你是搞科研的，能不能培育一个亩产800斤、1000斤的新品种，那该多好啊！"

袁隆平心里怦然一动，这话落在他心坎上了，他一辈子再也没有忘记这句话。"农民淳朴的话语使我触动很深，我意识到了农民的紧迫需要是什么，那就是良种！"

"水稻""良种"！这两个关键词，加在一起，让袁隆平的脑子一下子变得从未有过的清晰，他感觉自己茫然的眼神终于聚焦了。一粒种子的造化，乃至一个人的造化，在很大程度上都是选择的结果。每个人都想找准自己一生的方向，找到自己的位置，但人生定位并不容易，很多人一辈子都找不到自己，一辈子都在走弯路，不断地折腾，直至在错位中度过一生。而对于袁隆平，他最终选择水稻，选择良种，就如同他当年报考大学时选择学农一样，是他人生中至关重要的一次抉择。目标变得明确了，袁隆平仿佛受到了神灵的指引，汹涌而来的灵感让他有了一种不可遏止的冲动。他很兴奋，那一刻他真想奏响他的小提琴，只可惜，他没把小提琴带到这里来。

年过而立的袁隆平，一个奋斗方向已经明确，他选择了水稻，这无疑是他一生中最关键、最重要的选择。如果只能用宿命来解释，那就是一个宿命的齿轮从此进入了正轨，开始运转。在接下来的岁月里，他将在稻田里安身立命，他的魂在稻田里，他的世界在稻田里，这将是他在世界上的存在方式。他还将不断地调整自己的姿态，但再也不会颠覆自己。他并不知道，他将要改变我们这个世界。

那稻田看上去很浅，蹚下去却很深，每走一步都要用力拔脚，这就是袁隆平最初涉足水稻研究的感觉。但在成功还远远没有到来之前，没有谁能对那必将发生的一切给予准确的答案，只有充满了各种可能的猜想。至少在最初的一段时日里，袁隆平还没有涉足杂交水稻。他最初的水稻研究是从直播试验、密度试验开始的。在直播试验上，他也取得了让人刮目相看的成果，亩产比传统种植方式增产100斤左右，这在常规水稻科研上也是很了不起的成果。但这样的试验，只是通过改良栽培或种植方法来增加产量，增产效果很明显，但也很有限。若要从根本上提高产量，袁隆平认为必须从改良种子开始。此时，他再也不会考虑用米丘林、李森科的无性繁殖方式去改良品种、创造新品种了，他一心只想在孟德尔和摩尔根的经典遗传学理论中找到那把神奇的钥匙。但当时的中国还处于自我封闭并被西方国家排斥的状态，他只能在《参考消息》上捕捉一些东鳞西爪的国外科技信息。据袁隆平回忆，大概是在1957年，他在《参考消息》上看到过一则报道：脱氧核糖核酸（DNA）双螺旋结构遗传密码的研究获得了诺贝尔奖，这是一个很容易被一眼掠过的消息，却一下子吸引了袁隆平的眼球。他后来感慨道："这表明国外的遗传学已达到分子水平，而我们还在搞什么无性杂交、环境引诱、风土纯化……"

从时间上推断，袁隆平的这一段回忆出现了偏差，DNA双螺旋结构遗传密码的研究获得诺贝尔奖是1962年，他看到这则报道应该是在 1962 年或此后。不过，这一成果早就产生了，从诺贝尔奖的授奖时间来看，这大概是对科研成果的一种追认。实际上，早在袁隆平大学毕业的 1953 年，英国生物学家、物理学家弗朗西斯·克里克与美国分子生物学家詹姆斯·沃森就在剑桥大学卡文迪许实验室共同发现了 DNA 的双螺旋结构，但差不多过了近十年，才获得诺贝尔生理学或医学奖。

克里克在第二次世界大战爆发前原本在伦敦大学攻读物理学博士学位，在战争中应征入伍，中断了学业。1950 年，克里克退役之后，考入剑桥大学，攻读生物学博士学位。在此前后，他读到了奥地利著名物理学家埃尔温·薛定谔所著的《生命是什么》。这是 20 世纪伟大的科学经典之一，预言了一个生物学研究的新纪元即将开始。克里克看后深受启发，从而确定了自己的研究方向，把物理学引入计算分子进化和遗传学的研究中，而剑桥大学著名的卡文迪许实验室为他提供了一个研究平台。1951 年，詹姆斯·沃森来到卡文迪许实验室，由此发生了在 20 世纪生物学史上足以用伟大来形容的交集。35 岁的英国生物学博士和年仅 23 岁的美国生物学博士一见如故又个性鲜明，他们在激烈的争吵后又一拍即合，一致认定解决DNA 分子结构问题是揭开遗传之谜的关键，从而开始了对遗传物质DNA 分子结构的合作研究。由于两人在生物物理学和分子生物学上可以优势互补，取长补短，在不到两年时间里，他们就完成了 DNA分子的双螺旋结构模型。克里克又以其深邃的科学洞察力，不顾沃森的犹豫态度，坚持在他们合作的第一篇论文中加上"DNA 的特定配对原则，立即使人联想到遗传物质可能有复制机制"这句话。这句话，其实是一个极为关键的科学论断，标志着他们不仅发现了DNA 的分子结构，而且从结构与功能的角度作出了解释。

这一发现和他们提出的 DNA 双螺旋结构的理论有着划时代的意义，是 20 世纪最伟大的科学成果之一，但一开始并未引起足够的重视，连一些权威科学家也持怀疑的态度。比如，美国著名化学家、量子化学和结构生物学的先驱者之一、诺贝尔化学奖与和平奖双料得主莱纳斯·卡尔·鲍林就认为，这个模型"看起来很棒"，不过"遗传学的分子基础"是否真相大白还很难说。在这一领域，鲍林是权威，是有话语权的，他本人也是有科学良知的，可他对这个具有突破性的科学发现充满了怀疑。这其实也是很多科学发现的共同命运，无论多么伟大的发现，都必须经受时间和实践的检验。过了近十年，克里克和沃森的发现才得到科学界的公认，他们与莫里斯·威尔金斯一道分享了1962年度的诺贝尔生理学或医学奖。在接下来的岁月里，世界各国的科学家们在DNA双螺旋结构的理论基础上，陆续研究出了基因疗法、转基因作物、生物克隆技术和DNA鉴定技术，克里克和沃森也被生物学界一致誉为20世纪最有影响力的科学家。

袁隆平当时还无从了解DNA双螺旋结构遗传密码的详情，但一则报道让他知道了国外的遗传学研究已经走到了哪一步。如果对克里克和沃森的发现以及DNA双螺旋结构的理论缺乏基本了解，也就难以理解袁隆平接下来将要穷其一生的研究方向，而随着他越来越深入的科学推进，你甚至会产生极大的误解。

这里还是从20世纪60年代初说起，在克里克和沃森发现DNA双螺旋结构以后，随着分子遗传学的发展，人们进一步认识了基因的本质，即基因是具有遗传效应的DNA片段，每个DNA分子上有多个基因，不同的基因就含有不同的遗传信息。这已不是"孟德尔猜想"，基于基因的遗传学理论和染色体学说是已被试验证明并在实践中得到了检验的"真正的科学"。与此同时，袁隆平还从一些学报上获悉杂交玉米、高粱和无籽西瓜等都已广泛应用于国内外的生产中，并且取得了非同一般的神奇效果。这使袁隆平认识到，孟德尔、摩尔根及其追随者们提出的基因分离、自由组合和连锁互换等规律对作物育种有着非同寻常的意义，只要沿着这一方向或路径进行探索，就可以凭借杂种优势获得高效增产的良种。

如果说杂交水稻是一扇"欲以观其妙"的"众妙之门"，那么，袁隆平正在逐渐接近这扇门。

众所周知，杂种优势是生物界的普遍现象。中国古人早在2000年前就用母马和公驴杂交而获得了体力强大的骡子，这就是原始的杂种优势利用。北魏时代，贾思勰在《齐民要术》中记载，驴马杂交的后代骡子比其双亲更健壮，适于劳役，又耐粗饲。明崇祯年间，宋应星在《天工开物》中也有如何利用杂种优势养蚕的记载。放眼世界，1760年，德国植物学家科尔鲁特就用黄花烟草和秘鲁烟草进行种间远缘杂交成功。这些例子，都是前人在日常生活中发现的现象或摸索出来的经验，但尚未从科学原理上揭示出杂种优势的秘密。达尔文是科学界公认的杂种优势理论的奠基人，在当时的科技条件下，他还不可能发现基因和染色体，"杂种优势"尚未成为一个正式的科学名词，但他在生物进化论中已指出杂种优势是生物界中的一种普遍现象。1866年至1876年，他用了整整十年时间广泛搜集植物界的异花受精和自花受精的变异情况，并于1876年提出了"异花受精对后代有利，自花受精对后代有害"的结论，以自己的实验结果首先公布了自交与异交导致玉米生长的明显差别，即玉米的杂种优势现象。而从孟德尔、摩尔根的现代经典遗传学理论出发，利用杂种优势提高农作物的产量、改良农作物的品质，在20世纪已是现代农业科学的主要成就之一，尤其是在摩尔根通过果蝇实证之后，可证明从最低等的细菌到高等的灵长类动物和人类，无一例外都具有杂种优势。说穿了，这就是中国人挂在嘴边的一句话："杂种出好汉。"

在世界三大谷物小麦、水稻和玉米中，玉米是"单一性功能"的异花授粉的作物，因此在杂交时不需要去掉其雄性（去雄），也就相对比较容易杂交。利用玉米的杂种优势，也就成了人类在三大谷物上的第一个突破口。这里先说被称为"杂交玉蜀黍（玉米）之父"的沙尔，他是美国《遗传学》杂志的创办者，也是"杂种优势"（heterosis or hybrid vigor）的第一个命名者。沙尔在1906年、1907年两年间，将玉米植株进行自交，同时也对其中一些植株做了杂交，通过比照试验发现，自交授粉降低了玉米的产量，而自交系的杂交后代产生了意想不到的生长优势和增产效果。但他的试验，还不是玉米杂交种诞生的雏形，只是一项试验性成果。而后，差不多又通过一代人的探索，美国科学家终于培育出了可推广的杂交玉米种子，并于1933年开始在生产上应用，但一开始的播种面积很小。由于增产效果显著，到1945年，美国杂交玉米的种植面积已占玉米总种植面积的90%，如今杂交玉米已基本上覆盖了美国乃至全球的玉米地。

如果要用一句话来概括杂交玉米的划时代意义，可以借用袁隆平的一句非常精辟的评价："杂交玉米开了异花授粉作物杂种优势的先河。"

在杂交玉米率先取得突破时，美国高粱遗传育种专家斯蒂芬斯等人于20世纪50年代初利用西非高粱和南非高粱杂交，首先培育出高粱细胞质雄性不育系"3197A"及其相应的保持系，并在"莱特巴英60"高粱品种中筛选出优良的恢复系，利用"三系"配套育种方法，配制出可推广应用的杂交高粱种子。1956年，第一批杂交高粱在美国投入大田生产，这是杂交高粱的三系法，对袁隆平接下来的杂交水稻研究有着重要启示。他对此的评价是"为异花或常异花授粉作物利用杂种优势开创了典范"。

玉米和高粱都是异花或"常异花"授粉（指既可自花授粉，又能异花授粉，但主要以自花授粉为繁殖形式）作物，这是其杂种优势利用能够率先得以突破的一个自然前提。如果换成了小麦、水稻等雌雄同花、自花授粉的作物，又能否取得突破呢？很难，非常难，难就难在它们具有双重性功能，即由同一朵花内的花粉给柱头授粉繁殖后代，这是对其杂种优势利用的一个大限。美国著名遗传学家辛诺特、邓恩和杜布赞斯基合著的《遗传学原理》，是一部遗传学入门教科书，也是一部生命科学的名著。该书明确指出水稻、小麦等自花授粉作物，在其进化过程中经过长期的自然选择和人工选择，淘汰了不良基因，积累和保存下来的都是有利基因，并由此推断：自花授粉植物自交无退化现象，杂交无优势现象，即"无优势论"。退一步说吧，即便水稻、小麦等自花授粉作物具有杂种优势，我们也无法利用其优势。这就是说，杂交水稻还只是人类刚刚萌生的一个念头，就被国际权威科学家提前宣判了死刑。这里还有一个假设，就算你能利用水稻的杂交优势，也必然会出现制种困难，无法应用于大规模生产。一旦有人还想在这方面进行实验，就会遭人嘲笑："提出杂交水稻课题是对遗传学的无知。"

自花授粉植物"无优势论"成为一个权威定论后，也就成了禁律或禁区。对此，确实必须有敬畏之心，但又必须辩证地看。一方面，但凡前人积累的经验，尤其是具有典范性、权威性和经久不衰的经典之论，是已知的存在，可以成为后世的奠基石，让后来者可以站在巨人的肩膀上，直接占据制高点，这样可以省去许多重复性的探索与试验；另一方面，一些被写入了教科书的经典之论、标准答案，往往也会让人产生经验惯性或思维定式，最典型的就是墨守成规。而人类在科学上的突破，无不是向这样的经验惯性或思维定式发起挑战。科学家的使命除了掌握人类已知的存在，更在于对未知世界的预测和探索。而一些科学禁区或禁律，往往就是前人止步的地方，也正是后辈继往开来的出发点。如此，才会有一批批科学家迎难而上，向一些科学的禁律、禁区乃至大限或极限发起挑战。袁隆平接下来要扮演的，正是这样一个角色。

其实，早在袁隆平把目光投向杂交水稻之前，国内外早有许多专家在这方面进行了探索，但都在这一大限前碰了壁。这里不妨再假设一下，倘若有人突破了这个大限，攻克了水稻这一自花授粉作物的杂种优势利用这一世界性难题，那无疑将是人类历史上的一次划时代的伟大创举，这个人也必将成为当之无愧的"杂交水稻之父"。这伟大的创举和崇高的荣誉，轮得到袁隆平吗？袁隆平何许人也，一个偏远大山里的农校教师，他"提出杂交水稻课题"，那不只"是对遗传学的无知"，简直是在开国际玩笑。

诚然，此时袁隆平尚未正式提出杂交水稻课题，但他已经很明确地朝着这方面设想了，而在当时，这也是农业科学领域的"哥德巴赫猜想"。

对水稻杂种优势利用的第一个关键，就是培育出水稻雄性不育系。

四

一所偏僻山谷中的农校，一位普通的农校教师，离那个屹立于世界之巅的科学殿堂实在太遥远了。在科学探索之路上，"无知者无畏"是绝对行不通的，要突破这个大限，无论在理论上还是在实验中，都是对人类智慧和科研水平的极大挑战。

那么，杂交水稻的密钥到底在哪里？水稻是雌雄同花的作物，雄蕊和雌蕊在同一朵花里，但是分开的，若要改变其自花授粉的天性，通过异花授粉进行杂交，首先就是要找到雄性不育的水稻，即雄性器官功能丧失但雌性器官仍可授粉结实的、具有单一性功能的水稻。这样的水稻没有了雄性功能，自然不用进行烦琐的人工去雄，以此作为杂交水稻的母本，和其他水稻品种杂交，就可以培育出第一代杂交水稻的种子。一直以来，这个对于杂交水稻最关键的母本，就是很多稻作育种学家苦苦寻觅的。很多人为此穷尽一生，到头来依然是两手空空。对于一切尚处于未知状态的袁隆平，也极有可能成为一个为此而穷尽一生的失败者。而在一个神奇的发现尚未被揭示之前，对于他，那还只是一个念头，他已隐隐觉得，眼前有一个偌大的、引人入胜又尚无前人进入的隐秘世界，他从此便一直执着于迈进这个世界，那是一个异常顽固的念头。

追溯前人探索的历程，在一粒改变世界的种子被发现之前，农业育种一般是通过两个途径挑选品种。一是系统选育，就是从群体中选择表型良好的变异单株加以培养；二是从国外引进的材料中去挑选。由于中国当时还处于相当封闭的状态，在当时最主要也最直接、最有效的方法，就是系统选育。

在安江，早季水稻从抽穗到成熟的这段时间（6月下旬到7月上旬），是一年之中最热的时节。袁隆平除了上课，一天到晚都扑在稻田里。那时他还是一个教师，只能利用课余时间搞科研。他常常一放下教案，就直奔稻田，一手拿着放大镜，一手拿着镊子，去观察和挑选种子。挑选方法和农民选种差不多，拣穗子大、籽粒饱满的。他没有助手，偶尔会带上几个对此有兴趣的学生，但大多是一个人独来独往，一个孤零零的身影，像是被遗弃在世界之外，在炽热而炫目的烈日下"一意孤行"。一个人处于孤立无援的境地，有时候也会具有一种独特的优势：一个人开启了自己的全部感官，全身心地调动自己的智慧和洞察力，往往会有更独到的发现。

每次下田，袁隆平都只挎着一个水壶，揣着两个馒头，这是午饭。除此之外，他不想带任何多余的东西，连草帽也不戴，在毒日头下长时间烤晒。"上面太阳晒，很热；下面踩在冷水中，很凉，因为没有水田鞋，都是赤着脚……"这"水深火热"的感受，来自袁隆平多年后的讲述。烈日蒸腾起一股股炙人的热浪，稻田里的水像是烧开了似的，冒起一串串咕咕响的气泡。他身上的每一个毛孔都被晒得冒烟——那是被烈日蒸发的汗气。那半截身体浮现在稻田里，被太阳晒得通红的脑袋低垂着，几乎紧贴着稻穗在缓缓挪动。他一次次地俯下身子，挨近稻穗，仿佛在倾听花开的声音、稻子的呼吸。这样的形容有些失真，他其实是在一穗一穗地挨着寻觅着，连眼皮也不敢眨，生怕一眨眼就把一粒重要的种子给漏过了。那绽开的稻花是一般人难以看清的，它太渺小了。稻芒很扎眼，针尖对麦芒，稻芒一如麦芒。袁隆平躬身低头挨近稻穗，一不小心就会被稻芒扎伤眼睛，那是尖锐而又渺小的伤害，看不见伤口在哪儿，看得见的只有一双红肿的眼睛和流出的眼泪。这是极其枯燥乏味而漫长的寻觅，袁隆平常常脖子酸得抽筋，那长久地弯着的腰都直不起来了。每走过一块田，他就要捶一捶腰。太阳把他的影子从早上移到晚上，拉长或缩短，他就这样一天一天地坚持着，一直坚持到太阳落山，他才一边擦汗，一边看着天边的火烧云。一天，又一天，就这样过去了，他每天乘兴而来，又无功而返。第二天太阳升起，他又挽起裤腿下田了。

尼采说过一句话，一切都是顺序。尼采还说过一句话，一切美好的事物都是曲折地接近自己的目标。

袁隆平儿时就在母亲的影响下，开始阅读尼采的著作。关于这个哲学家的伟大洞见，他在年过而立之后才有了更深刻的体验。1961年夏天，岁月几乎隐藏了所有的时日，而属于袁隆平和杂交水稻的日子，其实就是一个瞬间。一个寻觅者，终于曲折地接近了自己的目标，他将发现自己生命中的第一株神奇的水稻！

发现，永远都是神奇的。人类历史上的每一个重大发现，在何时何地发现，由谁来发现，看似有很多的偶然性因素，甚至巧合，如"芝麻掉进针眼里"，这样的巧合也不是没有，却极为罕有，而这偶然或巧合，其实无不是苦苦求索的结果。然而，多少人上下求索一生，也未必能求得一个正果。唯其如此，才让人感觉天意和宿命的存在，天地间仿佛有某种神秘力量，在冥冥之中给人以暗示和灵感。但不是每个人都能接收到那神秘的信息，也并非每个人都会激发出那神奇的灵感。这又让你觉得，每一个神奇的发现又是必然的，你必须具备这种发现的综合素质和辨识能力，你必须知道在你眼里出现的是什么，它对这个世界将有多么重大的意义和价值。一个最经典的案例就是，一只苹果掉在了牛顿的头上，让他灵机一动，发现了万有引力定律，但那只苹果如果不是落在了一个正在冥思苦想的物理学家头上，而是落在了一个对物理或力学没有长时间的知识积累、没有深入思考的人头上，譬如说落在了我这个科学门外汉的头上，很可能只是带来一次意外伤害。

在摒弃了天意、宿命和一切神秘主义因素后，我只能这样来解释袁隆平接下来的那个神奇发现。你可以假设，如果换一个人，换一种可能……但历史或命运的选择没有假设，一切都是决定好的，几乎没有商量的余地，你只能接受一个既定事实。

据袁隆平的回忆，那是1961年7月的一天，正值农历六月，还没到早稻开镰收割的季节。上完课后，他像往常一样，在夕阳下走进了安江农校的水稻试验田，挽起裤腿在稻田察看。眼前的一切一如既往，这年风调雨顺，金黄饱满的稻穗沉甸甸地低垂着，连风也吹不动。袁隆平看着，这些长势喜人的稻子并没有什么特别之处。眼看太阳又将落山，袁隆平又将无功而返了。然而，一个神奇的瞬间，他眼里开始闪烁出一种奇异的亮光，那是一株形态特异的水稻植株，它以鹤立鸡群的姿态，在挺立与沉重中保持着微妙的平衡。

袁隆平的心在狂跳，他极力让自己平静下来，缓慢地弯下身，挨近那株稻子。仔细察看后，他发现这的确是一株非同一般的水稻，株型优异，尤其是那十多个八寸多长的稻穗，穗大粒多，而且每一粒都分外的结实、饱满，摸在手里，就像他在小提琴上触摸到的音符，充满了难以言说的韵律和节奏。慢慢地，他又蹲下身子，开始仔细地数稻穗粒数，一数，竟然有230多粒。他不敢相信，又数了一遍，没错，230多粒。他又数了数旁边的一株普通稻穗，稻粒数只有这特异稻株的一半呢。他在心里推算了一下，当时的高产水稻亩产一般不过五六百斤，如果用这株稻子做种子，哪怕打点折扣，水稻亩产也会过千斤，可以增产一倍呀，那可就不得了了！许多年后，袁隆平回想起那神奇的发现，还按捺不住自己的兴奋，说："当时我认为是发现了好品种，真是如获至宝！"

在一片普通的稻田里竟然长出了这样一株稻子，简直是鹤立鸡群啊！他在心里这样赞叹着，也以"鹤立鸡群"给这株水稻命名，又用一条布带做了记号。到了开镰收割时，他把"鹤立鸡群"与别的稻子小心翼翼地撇开。作为种子，这是一粒也不能混淆的。这些谷粒，他打算都留作来年试验的种子。

后来有人说，一次偶然的发现，让一个"泥腿子"专家成了一个幸运儿。

这还真是一句外行话，诚如他的弟子们所说："袁老师绝不是第一个见到异型稻株的人，却是第一个找到其本质规律的人。"袁隆平绝非像某些人所说的那样，是一个碰巧撞上了大运的"泥腿子"专家。一个农业科技人员，必须像"泥腿子"的农人一样赤脚下田，但这样的"泥腿子"不是一般的"泥腿子"，而是一个术业有专攻的遗传育种学科研人员，但很多人一直在有意无意地混淆这两个概念。袁隆平的发现，也符合他那个众所周知的公式："知识＋汗水＋灵感＋机遇＝成功"。而他尤其看重灵感。在某种意义上，他甚至就是一个艺术家。他曾说过："艺术创作要有灵感，灵感来了，一首曲子'哗哗哗'就流出来了。我们科研也需要有灵感，而且一定不能害怕失败，恰恰在失败中会产生灵感的火花。"可见，他对艺术的理解已超越了艺术的边界，给他的科研带来了源源不断的灵感和意想不到的启迪。

第二年春天，袁隆平把"鹤立鸡群"的种子播种在试验田里，使一株稻子变成了 1000 多株。自从播种之后，他几乎天天往稻田里跑。天性浪漫而幽默的他，把那种兴奋喜悦而又充满了期待的急切心情形容为"就像去与情人约会"。说来，此时已迈入而立之年的袁隆平早该成家立业、结婚生子了，但那时他把所有的精力都倾注在了稻田里的"情人"身上，用他自己的话说："每天观察啦，施肥啦，灌水啦，除草啦……渴望有惊人的奇迹出现。"其实，他更像是一个望子成龙的父亲，期待那些种子能够长成植株壮硕、穗大粒多的下一代。但他渴望的奇迹没有出现，结果让他大失所望，当禾苗开始抽穗时，抽穗早的早、迟的迟，高的高、矮的矮，参差不齐，没有哪一株有它们老子的模样。袁隆平傻眼了，脑子一片混乱。俗话说，种瓜得瓜，种豆得豆，可这些稻子，怎么一点也不像它们老子那样有出息呢？

从 1961 年夏天的神奇发现，到 1962 年夏天的灰心失望，这强烈的反差，化入了袁隆平一生最铭心蚀骨的回忆。"我感到很灰心，失望地坐在田埂上，半天呆呆地望着这些高矮不齐的稻株，心里在想，为什么会这样？"他这样形容自己那一刻的感觉："一瓢凉水泼下来，我心中预想的'龙'变成了'虫'。不过，这瓢凉水也让我发热的头脑冷静了下来。"

冷静，必须冷静。就在他失望乃至绝望的追问中，一个灵感蓦地闪现：水稻是自花授粉植物，按现代经典遗传学关于有性生殖的遗传过程的"分离定律"，纯种水稻品种的第二代是不会有分离的，只有杂种第二代才会出现分离现象。是的，在这个关键时刻，孟德尔、摩尔根的遗传学理论帮了袁隆平的大忙，他虽说还不敢确定，但已经开始询问：眼下这些"鹤立鸡群"的第二代，其性状参差不齐的表现，是不是就是孟德尔的经典遗传学所说的分离现象呢？"我眼睛一亮，心中突然感到非常欣喜，因为只有杂种的后代才可能出现分离。那么就是说，我前一年选到的那株优良的水稻（'鹤立鸡群'）现在出现了分离，其本身是不是就可能是一株杂交稻呢？"袁隆平的猜想是准确的，他对上千株稻株反复统计计算，高矮不齐的分离比例正好是 3：1。结果验证，孟德尔的分离规律真是太神奇了，"鹤立鸡群"就是一株天然杂交稻，而这些没有出息的第二代就是杂种的后代。这一重大发现又让袁隆平变得异常兴奋了，甚至比前一年夏天发现"鹤立鸡群"稻株愈加喜出望外，这让他更坚信了自己的探索方向：既然有天然杂交稻存在，必将有培育出人工杂交稻的希望，既然那株"鹤立鸡群"天然杂交稻的杂种第一代长势这么好，那就充分证明了水稻的杂种优势是可以为人类利用的，只要继续钻研下去，就能揭示出水稻杂种优势利用的奥秘和规律。

又按经典遗传学理论推论，像水稻这种自花授粉植物，一般来讲，在有外来花粉串粉的情况下，其天然异交率为 1‰—2‰，这个概率非常低。但在湖南有些籼稻和粳稻混作的地方，在籼稻或粳稻田里，时常会出现"公禾"，也叫"冬不老"，实际上就是水稻的两亚种——籼稻和粳稻的天然杂交株（籼粳杂种），它们的生长优势强，往往就是"鹤立鸡群"的样子，但不结实。后来，以袁隆平为代表的杂交水稻育种专家搞籼粳亚种间的两系法杂种优势利用，就是受到了"公禾"的启示。这是后话。

此时，还是回到袁隆平获得的第一个启示上来，一株天然杂交稻的启示，让袁隆平由此绕开了前人通过人工去雄进行水稻杂交的那条路。既然那条路一直没有人能够走通，那就只有另辟蹊径，从根本上找到杂交水稻育种的一个突破口、一条捷径。这就是袁隆平脑子里浮现出来的另一条路，如果能培育一种雄蕊或花粉退化不育的、具有单一性功能的母稻（母本），即雄性不育系，就可直接绕开人工去雄这一烦琐而又费工费时的方式，将母本与其他的品种混种在一起，这样就能生产出可以大面积推广应用的杂交水稻种子。用袁隆平的话说，这对于他是"决定性的思考和选择"。

在接下来的几年里，每到水稻扬花吐穗的季节，稻田里都会出现一个黑瘦的身影，那黝黑的皮肤吸收了太多的阳光，像黑釉一样反射着光芒。他手里拿着一只放大镜，头顶烈日在田间苦苦寻觅，那放大镜里何时才能出现一粒放大了的、如同特写般的种子呢？

第二章

真理的大海

一

从袁隆平发现"鹤立鸡群"天然杂交稻株，到第二年发现"鹤立鸡群"第二代出现分离现象，再到从农田里的"公禾"得到启示，这一系列事件，让此前的追问有了正解：水稻具有杂种优势，而且人类可以利用其杂种优势，只要能探索出其中的规律与奥秘，就一定可以培育出人工杂交水稻。这意味着，袁隆平想要进入的那个"隐秘世界"已露出端倪，现出轮廓，但要进一步求索，入其堂奥，还必须找到杂种优势利用的理论依据。然而，在一所大山深处的农校，哪里能找到这些理论依据？凡是能找到的这方面的书刊资料，早被袁隆平如饥似渴地翻遍、翻烂了。若要在理论上获得突破，只有跳出安江农校，到外面去找。

他首先想到了自己大学时代的恩师管相桓。自从大学毕业后，他也断断续续听到了管先生的一些消息，知道管先生身陷逆境，命运多舛，此时不知被发配到何处了，一时联系不上。他还想到了管先生很推崇的一位遗传育种学家——鲍文奎先生。

鲍文奎，浙江宁波人，1916年出生，1935年考入国立中央大学农学院农艺系，是管相桓的学弟。大学毕业后，鲍文奎任四川省农业改进所麦作股技佐。国立中央大学农学院为中国培养了大量的农学人才，而四川省农业改进所也集中了农学领域的一批优秀人才，管相桓主攻水稻，鲍文奎主攻小麦，后被誉为"中国杂交小麦之父"。1942年，鲍文奎转到由食粮作物组主任李先闻领导的细胞实验室。李先闻在康奈尔大学研究院专攻遗传学，获博士学位，是中国植物细胞遗传学的奠基人之一。鲍文奎在他手下从事小麦和粟（小米）的细胞遗传研究。1947年夏，经李先闻推荐，鲍文奎赴美国加州理工学院生物系留学深造，并于1950年6月获博士学位。自20世纪30年代起，遗传学在美国有两个活跃中心：一个是东部康奈尔大学，由遗传学专家爱默生领导，以玉米为研究材料；一个是加州理工学院，由现代实验生物学奠基人摩尔根领导。在鲍文奎赴美留学之前，摩尔根已于1945年去世，其继任者为化学遗传的创始人乔治·比德尔，鲍文奎在导师指导下进行链孢霉菌的生物化学遗传研究，但他研究遗传学的主要兴趣是在农作物的应用方面。对于他来说，没有比拯救饥饿、解决饥荒更要紧的事情。

1950年初，鲍文奎归国心切，提前预订了回国船票，连颁发博士学位的毕业典礼都没有参加，就赶往芝加哥参加中国科学工作者协会留美分会的年会，这次会议的主题就是号召留美学生回国参加新中国建设。9月，鲍文奎便带着自费购买的研究器材和秋水仙素等科研材料，搭乘威尔逊总统号邮轮回国，担任四川省农业改进所食粮作物组副主任，从1951年开始全面铺开了谷类作物多倍体育种，并选用四种谷类作物作为研究对象：大麦代表自交的同源四倍体，黑麦代表异交的同源四倍体，水稻代表籼粳亚种间的同源四倍体，八倍体小黑麦代表典型的异源多倍体。开头四年的研究试验进展顺利，时至1954年秋天，"李森科旋风"席卷而来。对于米丘林、李森科的学说，鲍文奎是有所了解的。他还在美国时，就读到了1948年苏联关于孟德尔、摩尔根遗传学大辩论的文集。他知道李森科是反对孟德尔、摩尔根的现代经典遗传学的，对基于基因的多倍体研究更是激烈反对。但他当时估计米丘林、李森科的那一套学说，在中国科学事业还相当落后的情况下，不会闹得像苏联那样厉害，而事实正相反，多倍体育种研究与米丘林学说是冲突的，随着米丘林、李森科的学说如旋风般刮来，很快就遭到严厉批判而被迫停止，试验田植株被强行铲除。到1956年，孟德尔、摩尔根遗传学一度解禁，鲍文奎被调到北京中国农业科学院筹备处，成为中国农科院的创始人之一。

1962年夏天，袁隆平利用暑假自费去北京拜访鲍文奎先生。他取出了准备买自行车的钱作为路费，又换了十斤粮票，上路了。那时，湘西离北京天遥路远，途中还需数次中转，袁隆平花了四天多才抵达北京，下车时他腿脚都有些浮肿和麻木了。几经打听，他终于找到了鲍文奎。说来他还真是有些冒失，那时，鲍先生还不到50岁，正值春秋鼎盛之年，在农业科学领域可是大名鼎鼎的人物，而袁隆平只是一个默默无闻的普通农校教师，灰头黑脸的，就像一个顶着稻花进京的农民。

谁又能料到，这是"中国杂交小麦之父"与"杂交水稻之父"的历史性交集？

尽管对袁隆平一无所知，但鲍文奎也没有怠慢他。一见面，袁隆平就感觉到了鲍文奎的蔼然长者之风，尤其是鲍文奎那双炯炯有光的眼睛，给他留下了终生难忘的印象。袁隆平是带着满脑子的问题和想法来的，他先从自己的疑惑说起。当他说到米丘林、李森科的那一套是机械唯物主义的时候，鲍先生把手凌厉地一挥，说："那是主观唯心论！"尽管两人是第一次见面，但鲍先生没有任何顾忌，他指出了米丘林学派的缺陷，批判了李森科在学术观点上的谬论。他犀利的评判，如同庖丁解牛，使袁隆平的种种疑虑一下子就迎刃而解了。这让袁隆平更加吃下了定心丸，也更加认准了自己选择的方向。当他把自己研究杂交水稻的想法说出来后，鲍先生对他的设想非常赞赏，又诚恳地对他说："从事杂交水稻的研究，乃是洞悉生命的本质，推动生命的进程，是培植人类文明的事业。从事这样的事业，乃是生命的价值所在。"这是袁隆平一辈子铭记在心的话，坚定了他在杂交水稻科学之路上走下去的决心。告别时，鲍先生又鼓励他，在科研上要敢于大胆探索，还特别指出"实事求是才是做学问的态度"。

在鲍先生的帮助下，袁隆平还在中国农科院图书馆阅读了很多专业书刊，这也是袁隆平此行的目的之一。若要找到杂种优势方面的理论依据，在国内，没有哪个地方赶得上中国农业科学院。这些书刊，在当时是一个普通的农校教师根本无法读到的，尤其是那些遗传育种学科前沿的基本情况，还有他感兴趣的理论探索的热点问题以及当时作物杂种优势利用研究的实际进展。他边读边记，为自己的设想寻找理论上的支撑点。

袁隆平的这次北京之行，在理论上否定了《遗传学原理》中关于水稻、小麦等自花授粉作物在杂种优势及其利用上的"无优势论"。他认为，"这一论断仅是一种形式逻辑的推理，没有实验上的根据"。如果不提前排除这一权威理论上的障碍，他在杂交水稻探索之路上必将走投无路，任他左冲右突，也只能从一个死胡同钻进另一个死胡同。

理论上的难题破解了，但技术难题仍未解决，那就是如何寻找到雄性不育株。

鲍文奎先生在小麦杂交上也是采用人工去雄的方式。从1951年11月初开始，鲍先生带领自己的科研组，先播种母本小麦、父本黑麦，待到翌年春天小麦扬花时，再把扬花小麦的雄蕊去掉，把采来的黑麦花粉，一株株施给小麦，经过精心培育，结出了小黑麦果实。鲍文奎先生研究试验的重点是采用染色体加倍技术，而小麦与水稻虽说都是自花授粉作物，但在杂种优势利用上还是有根本区别的。袁隆平若要效法鲍文奎先生，对水稻采用染色体加倍技术，在当时的条件下根本不可能。直到今天，半个多世纪过去了，多倍体水稻应用仍差"最后一公里"，这还是比较乐观的预期。而鲍文奎先生所拥有的科研条件、科研团队，也绝非一个普通的农校教师所具备的，袁隆平仅靠一己之力和一所中等农校简陋的科研设备几乎不可能完成。在当时的条件下，水稻杂种优势利用的唯一路径，就是寻找天然雄性不育株，培育出不需要人工去雄的杂交水稻种子。

那时候，天然的水稻雄性不育株，还只是袁隆平脑子里的一个执着的念头，它到底长成什么模样？他没有见过，在中国农科院图书馆翻检过的中外资料上也无迹可寻。回到安江农校后，他依然只能用最原始的办法，去稻田里一株一株地寻找。那个寻找的过程可想而知，希望有多么渺茫。

二

追踪袁隆平寻觅一粒种子的历程，也让我反复回味牛顿的那句名言："真理的大海，让未发现的一切事物躺卧在我的眼前，任我去探寻。"袁隆平要在稻海茫茫中，寻找概率仅为1/50000—1/30000的天然雄性不育株。

自袁隆平1961年发现他生命中的那株神奇的"鹤立鸡群"，已有四个年头了。他投身于杂交水稻研究，公认是从1964年夏天开始的，这样说也比较"正式"。从这年夏天开始，他才第一次锁定自己的第一个明确目标——寻找水稻的雄性不育株。他的身体几乎弯成90度，脑袋在潮湿闷热的稻浪中时起时伏。在发现雄性不育株之前，他就发现自己得了肠胃病。这是饥荒岁月埋下的隐患，又加上他长时间在稻田里奔波，饥一餐饱一餐，冷一餐热一餐，哪怕再健康的身体，也经受不住。袁隆平对自己的身体状况一向是很自信的，有人曾描写他在稻田里昏倒过的经历，袁隆平对此一直矢口否认，认为这是对读者的误导。但有一次，他还真是有些顶不住了。那是烈日正当顶的时候，他浑身直冒冷汗、打冷颤，好在当时他身边有位叫潘立生的学生。潘同学赶紧把他扶到树荫下休息，可他歇息片刻，就站了起来，又下田了。天气最热的时候，是安江早季水稻开花最盛的时候，也是寻找不正常雄蕊的最佳时机，他怎么能坐得住啊！

尽管发现天然雄性不育株的概率微乎其微，但他坚信，它是存在的。事实上，属于袁隆平的第二个神奇发现——他生命中的第二株神奇水稻，一直等在那里，当然，它绝不会轻易示人。它隐蔽着，很神秘，充满了不确定性，如同在跟人类玩捉迷藏。大自然就是这样，总是想蒙住人类的眼睛，不想让所有的天机都被人类窥破。能窥破天机者，必如孟子所云："天将降大任于斯人也，必先苦其心志，劳其筋骨，饿其体肤，空乏其身……"

那是一个必将载入杂交水稻史的日子，而第一位历史记录者就是袁隆平的贤内助邓则，她在笔记本上留下了这样的记录：

发现时间：1964年7月5日，午后2时25分。
发现地点：安江农校水稻试验田。
水稻品种：洞庭早籼。

那已是袁隆平自入夏以来寻找的第14天了，在那个神奇的时刻来临之际，太阳几乎处于直射的状态，他手里的放大镜反射着刺眼的光芒。突然，一株性状奇特的稻株如特写般被放大了，袁隆平的眼睛也一下子睁大了，又一次焕发出兴奋、奇异的光芒。这就是他的第二个神奇发现吗？他还是不敢相信，又拿起五倍放大镜仔细观察起来。啊，这不是退化了的雄蕊吗？这种特有水稻植株有一个鲜明特征，就是雄蕊花药不开裂，从而导致雄性功能丧失而不育。雌雄同花的水稻，既然雄性功能丧失了，那就是具有单一性功能的母稻了，也就可以用来作为杂交的母本了。他又一次凑近了稻花，千真万确，那雄蕊花药没有开裂！好半天，他都没有吭声，只感觉心头一阵阵狂跳，连手里的放大镜都兴奋得颤抖了。他颤抖着将这株天然雄性不育株用布条加以标记。做上记号后，他感觉就像做梦，还是有点不敢相信，又采下花药，拿回实验室去做显微镜检验（镜检）。那用五倍放大镜放大了的一切，又被高倍显微镜放大了，眼前是一个赫然醒目的事实，这就是他一直在苦苦寻找的天然雄性不育株。他找到了，终于找到了！

两次神奇的发现，两个非凡的瞬间，都离不开袁隆平那双眼睛，一旦这双眼睛闪烁出奇异的光芒，必将有神奇的事情发生。对于杂交水稻，我是彻头彻尾的门外汉。实话说，我压根儿就不知道这两个神奇的发现有什么重大意义，而这个意义将被一个叫袁隆平的人赋予。这是袁隆平和中国杂交水稻科学探索之路上最初的两个关键点，这里不妨把这两个发现放在一起看，也许会看得更清楚。

1961 年夏天，袁隆平在安江农校实习农场的早稻田里发现了特异稻株——"鹤立鸡群"，第二年根据"鹤立鸡群"第二代出现的分离现象，推断其为天然杂交稻植株，进而形成了研究"水稻雄性不育性"（当时称之为"水稻雄性不孕性"）的思路，也就是袁隆平所说的"决定性的思考和选择"。

1964 年夏天，袁隆平在洞庭早籼稻田里发现了天然雄性不育株。这一发现，被公认为袁隆平在"中国首创水稻雄性不育研究"的开端。由此，袁隆平在做出"决定性的思考和选择"后，终于迈出了关键的第一步，这也标志着杂交水稻研究迈开了第一步。而接下来的路是否能走通呢？还是那句话，对于我们这些历史追踪者，一切早已不是悬念，一切都是顺序，都是过程。而对于此时的袁隆平，一切依然还是未知数，该经历的他都得经历，该发生的也必将发生。

袁隆平所说的"水稻雄性不孕性"，后来的专业通称为"水稻雄性不育性"，这两个命名是同义的。在叙述中，我既要尊重袁隆平对"水稻雄性不孕性"的历史性命名，但又要立足当下，以后来的专业通称为主，包括由此衍生出来的雄性不育株、雄性不育系。

随着袁隆平发现第一株天然雄性不育株，一切又将从试验开始。

袁隆平在接下来的观察中发现，正常植株的水稻颖花刚开花时，花药膨松，颜色鲜黄，用手轻轻振动，便有大量花粉散出。开花后不久，花药便裂开了，药囊变空，呈白色薄膜状挂在花丝上。而他发现的天然雄性不育株，开花后花药不开裂，振动也不散粉，用五倍放大镜进一步检视，确证其花药是不开裂的。他做上标记后，两三天内再复检几次，并采集花药进行镜检，用碘化钾液染色法进行花粉反应观察，最终确认其为真正的天然雄性不育株。

但这还只是一个个案或孤证，袁隆平还必须找到更多的证据。这时他已有了个帮手——他的贤内助邓则。邓则对袁隆平的支持自不用说，她从农校毕业后一直从事农业技术推广工作，但两人不在一个单位。婚后，他们大部分时间还是各在各的单位里住，只有节假日才能回到他们共同的小小的家里。直到1975年，她才调到安江农校，那已是十年后了，三系法杂交水稻已经培育成功了。而眼下，一切才刚刚起步，好在这对牛郎织女相隔得也不是太远，只要有空，邓则就会赶来给丈夫当帮手。在1964年、1965年两年里，袁隆平和妻子邓则，加上他所带班级的几个学生，一人拿着一只放大镜，一株一株地挨个检查了几十万株稻穗。一株稻穗不算什么，但若把几十万株稻穗挨着平铺在地上，足有数公里长。这功夫没有白下，袁隆平在洞庭早籼、胜利籼、南特号和早粳4号这四个品种，连同1964年发现的天然雄性不育株中，一共找到了性状不同的六株雄性不育株，表现为三种类型：从胜利籼中发现的两株为无花粉型，为完全雄性不育，袁隆平将其简称为"籼无"；从南特号中找出两株花粉败育型，花药细小，黄白色，全部不开裂，亦为完全雄性不育；从洞庭早籼、早粳4号中分别发现了两株花药退化型，由于其花药高度退化，基本上不育。

这六株像命根子一样的稻株，在袁隆平眼里还深藏着无数秘密，那是杂交稻的生命密码。而他的思路已十分清晰，就是利用这六株天然雄性不育株，通过人工的方式，培育出只有单一性功能的母本——雄性不育系，通俗地说，就是"母水稻"或"女儿稻"。这种水稻的雄蕊没有花粉或花粉高度退化，对于雌雄同花、自花授粉的正常、健康水稻而言，实际上是一种生殖病态特征。它们丧失了雄性功能，也就不能自花授粉了，只能通过异花授粉来繁殖后代，也就可以利用别的水稻品种来进行杂交。这就意味着，水稻的这一生殖病态性状，孕育着被人类利用的巨大的价值。而天然雄性不育株和雄性不育系，又是两个不能混淆的概念，人类可以用天然雄性不育株为材料，培育出雄性不育系，也就是用人工创造一种母本，这样就不用去反复寻觅那极其渺茫的天然雄性不育株了。

这个培育的时间又要多久呢？袁隆平当然希望是越快越好。那六株雄性不育株的生长期是不一样的，成熟或早或晚，那些成熟比较早的，他于当年就将部分种子进行翻秋播种，其余的种子则留待第二年春播。由于每一粒种子都十分金贵，只能进行盆栽试验。经过连续两年翻秋与春播，袁隆平采用人工授粉的方式，结出了数百粒第一代雄性不育的种子，但只有四株繁殖了1—2代。随着雄性不育株的不断繁殖，到了第三代，原来的坛坛罐罐已经不够用了，还需要增加60多个，但安江农校既拿不出这么多盆子，也没有这笔经费，袁隆平的研究试验一切都只能靠自己。他原本打算自费购买，去杂货店问了价，盆子也不贵，一块多一个，但加起来就是一笔不小的数目了。当时，袁隆平两口子的工资加起来还不到100元，上有老，下有小，袁隆平还要自费购买专业书籍和一些科研设备，手头紧得很。那60多个盆子差不多就要用掉两口子一个月的工资了，一家老小不能不吃饭哪。他找到学校总务主任陈周忠，请他帮忙与一家陶瓷厂联系，想从废品堆里捡些坛坛罐罐来搞试验。陈周忠是一个热心人，经他联系，那家陶瓷厂很爽快地答应了，一个难题就这样解决了。袁隆平一直没有忘怀这个在自己起步维艰之际帮助过自己的热心人，如果没有陈周忠等热心人的帮助，他的科研之路将变得更加艰难。趁着一个星期天，从没拉过板车的袁隆平，带着三个学生，拉着一辆嘎吱嘎吱响的板车到了沅江对岸的陶瓷厂，在那废品堆里淘出了60多个坛坛罐罐。大家推的推，拉的拉，从河那边运回来后，摆放在安江农校试验园的一个水池边，接着袁隆平便抓紧时间开始播种。

一粒种子生根、发芽、分蘖、抽穗、扬花、结实，是一个漫长的过程，而试验的结果正一点一点地验证着袁隆平对杂交水稻的设想。从理论上看，它是科学的；从实践上看，它也是切实可行的。通过天然雄性不育株的一代代繁殖，其人工杂交结实率可达百分之八九十，有一些杂交组合已初步显现出了杂种优势，均属可遗传的雄性不育材料。一个人工培育出来的新品种，能否遗传下去是一个关键，也是杂种优势能否利用的密钥。简而言之，所谓杂种优势利用，就是利用两个遗传组成不同的生物体进行杂交，得到其杂种一代在生长势、生活力、抗逆性、产量和品质等方面均优于亲本的表现，从而达到在生产上大面积推广应用的要求。

那些日子，袁隆平几乎被灵感控制了，整天如走火入魔般。每次从试验田里回来都是满头大汗，两手黢黑，整个人就像刚从烂泥坑里爬出来似的，又加上长年累月日晒雨淋，那原本就瘦削的脸孔变得更加干裂粗糙，看上去就像一个老农。哪怕走在路上，他也是一个人低着头，旁若无人地想着什么，嘴里念念有词；抽烟时，还将烟灰掸进了茶杯里；穿衣服的时候，时常把上面的纽扣扣到下面的扣缝里。看着他这神经兮兮的样子，有人私下小声议论："袁老师是不是快疯了？"妻子邓则还清楚地记得，1965年冬天的某个凌晨，他突然从被窝里钻了出来，穿着背心和裤头，趿着拖鞋蹑手蹑脚地走到小书桌前，慢慢扭亮台灯，还用一张报纸遮挡住了一些灯光，又开始伏案疾书了。这个细节说明袁隆平的神智十分清醒，即便被灵感控制住了，他也生怕惊醒了熟睡的妻子。但邓则还是被那轻微的动静和微弱的灯光惊醒了，她侧身顺着那昏暗的灯光看，袁隆平一直在不停地写着什么。小书桌上摊满了稿纸，有几张纸飘落在地，袁隆平都没有发现。

如果不是他的贤内助在许多年后偶然提起这件事，那个被微光照亮的身影，也许早已被无尽岁月湮没。他在写什么呢？他在书写历史，甚至是在改写历史，那是一页属于中国的科技史，也是世界科技史。那些论点、论据、步骤，是我一辈子也很难搞懂的东西，而那时的整个中国乃至世界，只有一个人懂，就是他——袁隆平。是的，他在填补历史的空白，那是中国杂交水稻的第一幅蓝图，多少天来的冥思苦想，在这个夜深人静的时刻，终于在一张张白纸上被清晰地勾画出来了。

那是中国杂交水稻的第一幅蓝图。这里，我借助袁隆平先生的科学讲解，尽可能把这幅蓝图转换为具有科普意义的叙述。袁隆平首先提出："水稻具有杂种优势现象，尤以籼粳杂种更为突出，但因人工杂交制种困难，到现在为止尚未能利用。显然，要想利用水稻的杂种优势，首先必须解决大量生产杂种的制种技术，从晚近作物杂种优势育种的研究趋势和实际成果来看，解决这个问题的有效途径，首推利用雄性不孕性。"袁隆平先生就是从这一前提出发，在国内首次勾画出一条三系法杂交水稻技术路线图：

第一步，寻找天然的雄性不育株，这一步是培育不育系的基础。这关键的第一步，袁隆平已经成功了。

第二步，筛选和培育保持系，即必须培育出一种能和雄性不育系杂交，使其后代永远保持雄性不育的性状，以解决雄性不育系传宗接代的遗传问题的品系。保持系的遗传组成为 N（rfrf），不育系的遗传组成为 S（rfrf），当保持系作为父本与不育系杂交时，它们杂交后所产生的 F1（杂种一代）能够保持雄性不育性。为此，保持系的细胞核必须具有与不育系一样的纯合不育基因或上位基因（rfrf），而它们的细胞质则具有能育基因"N"。这样，保持系的雄性器官既能正常发育并自交结实，又能作为父本与不育系杂交，使不育系的雄性不育性不断遗传下去。所以，保持系是不育系赖以传代的必不可少的父本品系。

第三步，筛选和培育恢复系，即寻找和培育一种能和雄性不育系杂交，使它们的杂种第一代恢复雄性可育的能力，能自交结实的品系。只要它们表现的优势强，就可以将它们用于大田生产，这也就是水稻的杂种优势利用。

应该说，袁隆平先生的表述已经非常简洁、清晰，这是他的一贯风格，不管是发言还是写论文，都使用最简单的语言，思路清晰、说服力强。但我还是半懂不懂，这些话听起来艰涩枯燥，在叙述的过程中也感到异常枯燥乏味。若不清晰地梳理一遍，关于杂交水稻的一切都将无从谈起，我的叙述也将偏离主线，变成一个科学家如何艰苦备尝又大同小异的励志故事，这是我不甘心的。好在，袁隆平先生为了让我们一听就懂，还有更通俗、更形象的一种说法，那就换一种方式来讲述吧。他把三系法杂交水稻比喻为"一女嫁二夫"的奇异婚姻关系，而且是包办婚姻。生儿育女，首先要有母亲。水稻是雌雄同花作物，好比一出生就是夫妻成双，从一株稻子看根本就没有公母之分。要想让它出现杂交，必须找到一个天生的"寡妇"，它没有丈夫，或丈夫丧失了雄性功能，这样的母水稻就是具有单一性功能的雄性不育株（不育系）。然后就是给母水稻找一个特定的丈夫（保持系），这个丈夫的外表酷似母本，但有健全的花粉和发达的柱头。用它的花粉给母本授粉后，生出来的是长得和母亲一模一样的女儿，也是没有丈夫，或丈夫没有生育能力、仍能保持雄性不育特性的母本，如此才能让其雄性不育性不断遗传下去。在此基础上，再给母本一个特定的丈夫（恢复系），这是一个外表与母本截然不同的丈夫，一般要比母本高大，也有健全的花粉和发达的柱头。它既能自繁，还能用其亲和的血缘医治母本（不育系）因没有丈夫或丈夫丧失雄性功能而不孕的创伤，迅速圆满地恢复其生育能力，通过杂交，生产出来的子女长得比父母亲都要健壮，并且高产优质，而不育系和保持系杂交，仍旧只生没有丈夫或丈夫无雄性功能的女儿，继续用来做不育系繁殖，另一部分的后代则要恢复水稻天生的雌雄同花，"夫妻成双"，用于具有杂种优势的杂交水稻种子生产。

哪怕用形象的比喻，也难以微妙尽致地表达这一套复杂烦琐的育种工程。在培育和繁殖种子的生产上，同时要种一块繁殖田和一块制种田，繁殖田用来种植不育系和保持系，当它们都开花的时候，保持系花粉传送给不育系，不育系得到正常花粉结实，产生的后代仍然是不育系，从而能达到繁殖不育系的目的。技术人员可以将繁殖的不育系种子，保留一部分在来年继续繁殖，另一部分则同恢复系一起制种，当制种田的不育系和恢复系都开花的时候，借助风力或用人工赶粉的方式，将恢复系的花粉传送给不育系，产生的后代就是提供大田种植的杂交稻种。保持系和恢复系本身的雌雄蕊都正常，各自进行自花授粉，所以各自结出的种子仍然是保持系和恢复系的后代。如此，利用三系法进行循环杂交，就能完成不育系繁殖，并组成杂交组合，从而构成三系法杂交稻生产体系，达到杂交稻制种和大田生产应用相结合的目标。

这就意味着，一粒杂交水稻的种子若要从科学家的试验田里走到普通农家的田间地头，至少要闯过三关："三系"配套关、优势组合关和制种关。

袁隆平也不知何时才能闯过这三关，但他已清晰地勾画出这一切，他也因此被誉为三系法杂交水稻的总设计师。当这一幅蓝图勾画完毕，他看见了黎明的第一缕曙光。这不是比喻，是真的，中国和世界水稻研究的新纪元必将由此揭幕。

每当关键时刻，袁隆平总有一种如得神助的幸运。他的这幅蓝图，就是他对中国杂交水稻具有开创性意义的第一篇论文《水稻雄性不孕性的发现》，刚好赶上了"文化大革命"爆发前夕的最后一趟末班车，在中国科学院主办的《科学通报》上发表了，在发表时被编者改名为《水稻的雄性不孕性》。据袁隆平先生回忆，他把论文稿寄往北京之后，几个月都杳无音信，也没有被退稿，结果于1966年2月发表在《科学通报》（半月刊）第17卷第4期上。这是国内第一篇论述水稻雄性不育性并完整指出一整套三系法杂交水稻生产程序的论文，后来科学界公认，中国对于水稻雄性不育性的研究，就是从1966年袁隆平的《水稻的雄性不孕性》一文发表后开始的。这其实是一种过于谨慎的说法，至少在四五年前，从袁隆平发现"鹤立鸡群"天然杂交稻株起，他就开始这方面的研究了，而这篇必将载入史册的论文只是他对自己第一阶段研究成果的一个总结。

这篇论文给袁隆平带来的一个直接收获，是他收到了30多元的稿费，不久他又收到了科学出版社计划财务科的通知，告知他有一笔稿酬因地址不详被退回，他这才得知这篇论文还在《科学通报》

英文版上发表了。这是他有生以来第一次挣到稿费，而且是"双黄蛋"，中文版加英文版稿费共50多元，差不多是他当时一个月的工资了。而这点稿费又算得了什么，它在未来所产生的价值，何其伟大！

这篇论文能在中国科学院主办的权威刊物上发表，意味着科学界对袁隆平研究成果的高度认可，从而更加坚定了袁隆平继续探索杂交水稻的信心，但他不知道，这篇论文对他本人的命运和杂交水稻研究的进程，"竟然在关键时刻起到了一锤定音、扭转乾坤的作用"。这又与几个关键人物有关。袁隆平的论文发表后，在第一时间就被国家科委一位叫熊衍衡的干部发现，他感到这不是一篇普通的学术论文，随即呈报给局长赵石英。赵石英仔细看过之后，高度重视，意识到这项研究对保障国家粮食安全具有重大的战略意义，而当时水稻雄性不育研究在国内外还是一片处女地。赵石英又立即向国家科委党组作了汇报。当时的国家科委主任是国务院副总理聂荣臻元帅，他在党组会上明确表示支持，经党组集体讨论批准后，1966年5月，国家科委九局正式向湖南省科委发出公函，随后湖南省科委又向安江农校发函，对水稻的雄性不孕性研究表示支持，认为"这项研究的意义重大，在国内还是首次发现，估计将是培育水稻杂交优势种的一个很好的途径。如果能够成功，将对水稻大幅度增产起很大作用"。

如果，如果……在袁隆平的科技探索之路上有太多的如果，如果没有赵石英第一时间对这篇论文的高度重视，袁隆平和杂交水稻的命运还真是很难说。对赵石英，袁隆平一直难忘他的知遇之恩。20世纪90年代，他听说赵石英患病住院，由于自己当时实在脱不开身，还专门派人赴北京看望赵老。赵石英病逝后，在首届袁隆平农业科技奖颁奖时，袁隆平还特意给已故的赵石英先生授予了伯乐奖。"世有伯乐，然后有千里马。千里马常有，而伯乐不常有。"伯乐奖，也是袁隆平农业科技奖的常设奖项，唯愿世间有更多的伯乐。

　　除了赵石英这个伯乐，这一研究课题能够在关键时刻得到国家科委的支持，还与一位身经百战的共和国元帅所具有的战略眼光是分不开的。1956年，聂荣臻被任命为国务院副总理，主管科学技术工作，国家科委、国家科工委以及工业、农业、国防和其他科学技术领域，都在他的领导下进行全面的规划和安排。

　　我在《共和国粮食报告》中曾提及过一件往事：北京农大在"文化大革命"中从马连洼校址迁出，于1977年给中央打报告，请求批准把学校迁回北京原址办学。然而，马连洼校址此时已被国防科工委的几个部门占用，谁都知道，国防科工委自诞生之日起就是共和国最重要的战略部门之一。但当时分管国防科工委的聂荣臻元帅却说了这样一番话："九亿人的吃饭问题，是比'上天'更重要更迫切的重要战略问题。"聂荣臻站在更高的战略高度，一下子揭示了一个比一切战略问题"更重要更迫切"的战略问题，国防科工委打造的是国之重器，但粮食更是国之重器。经历过战乱也经历过饥荒的开国元勋或许从一开始就不是单纯地考虑一所大学迁回原址的问题，而是要为解决中国人的"吃饭问题"扫平一切障碍，一切为解决"吃饭问题"让路，"吃饭比上天重要"。

　　如果不从这样的战略高度去解读，也就难以理解袁隆平和杂交水稻在"文化大革命"中的命运。这一切，袁隆平当时还被蒙在鼓里，作为一个普通的农校老师，他看不到这些与自己的命运息息相关的文件。就在他踌躇满志地开始新的筹划时，又到了水稻扬花的季节，在那个异常炎热的夏天，一场巨大的风暴正在逼近中国。

三

　　一座横亘于湘西南的雪峰山，也无法把一场风暴挡在世界外部。

　　这座大山深处的幽静校园里，很快便如同翻江倒海一般。这让从不关心政治的袁隆平也倍感茫然和困惑，今夕何夕兮？他还是一如既往，无论一个时代被推到了怎样的风口浪尖，他能够做到的就是装成没事人一样，只当什么事也没有发生，远远地待在他的试验田里，乐得当一个逍遥派。这让他侥幸躲过了一次又一次政治运动的冲击，但也不是没有风险。1958年，在"大跃进"运动中，毛泽东提出了必须抓好"土、肥、水、种、密、保、管、工"的农业"八字宪法"。袁隆平对政治学习不大关心，也不知道"八字宪法"是谁提出来的，有一次在教研组聊天时，他说"八字宪法"还少了一个字："时"。春种秋收，浇水施肥，田间管理，既不能误农时，也不能违农时，而农时之重要，中国古人早就说过，在《孟子·梁惠王上》中就有一句"不违农时，谷不可胜食也"。袁隆平只是强调了一个农业常识，说者无意，听者有心，好在当时反右运动已经过去了，但一个运动过去了，还有接二连三的运动，迟早会有秋后算账的一天。

　　1966年夏天，又是水稻抽穗扬花的季节。那时，黔阳地委派来的"文化大革命"工作组已来到安江农校，一座安静的校园很快就被闹腾得如翻江倒海一般。在那异常狂热的世界里，袁隆平依然沉浸在自己的世界里，守着试验园里的那些坛坛罐罐。树欲静而风不止，很快，工作组的王组长就来找他了。那时还没有几个人知道袁隆平是在搞什么杂交水稻，更不知道杂交水稻是怎么回事儿，但袁隆平这样一天到晚地待在试验园里，别的问题不说，明摆着就是在走"白专道路"嘛。王组长就是来奉劝袁隆平及早回头的，袁隆平兀自低着头，一双手握着稻禾凝神观察，那双手在反复的试验中，被粗粝稻叶划破了一道道口子，手上的皮都被翻了起来，经太阳一照，那伤口中便深深浅浅地透出血色。王组长先是好心好意地劝告袁隆平不要走"白专道路"，袁隆平一听竟然笑了，说："我走的不是'白专道路'，而是'白米'道路。"都啥时候了，他竟然还有心情开这种玩笑，这个人也忒不识时务了吧！王组长脸色一沉，又加大嗓门警告他："革命不是请客吃饭！"袁隆平却慢慢抬起头来问："既然革命不是请客吃饭，那我们是不是就不种水稻了？不吃饭了？"王组长一听，觉得这个人的政治思想觉悟实在太低了，简直无可救药了，他甩着手，气冲冲地走了。

王组长觉得袁隆平的政治思想水平太低了，袁隆平自个儿其实也是这么认为的。他后来也曾反思过："我这个人，政治思想水平低，说实在的，对那些翻来覆去的政治（运动），我真的不感兴趣。我对政治的关心就是希望国家好，在学校里把我的工作做好；想搞农业科研，那就是把杂交水稻搞成。"仔细一想，一个共和国的公民，希望国家好，其实就是最高的政治觉悟；一个专业人员，把自己的专业干好，何尝不是一种清醒的觉悟。然而，无论他在政治上有多么清醒的觉悟，在这样一场龙卷风般的运动中，一心想当逍遥派的袁隆平，非但无法逍遥，而且在劫难逃。那种预感已经越来越强烈了，他忽然觉得自己成了一株稗子，随时都有被清除的可能。

袁隆平的名字很快就出现在大字报上，批判他、揭发他的大字报从安江农校的东三楼一直贴到了石板坪，足有100多张，这是对他的一次彻底清算，从他的"家庭出身"到他"宣扬孟德尔、摩尔根的资产阶级反动学说"，大帽子一顶接一顶，而最具杀伤力的还是两大罪状，一条就是他"修正毛主席的'八字宪法'"，那时"修正"这个词眼比"篡改"还恐怖、恶毒，这是他的反革命罪状；还有一条，不再是批判他本人走"白专道路"，而是上升到了他"引诱贫下中农的子女走'白专道路'"，这是他走资产阶级路线的罪状。

除了大字报，只要袁隆平的身影一出现，冲天而起的口号声就会一并袭来："向资产阶级知识分子袁隆平猛烈开火！""砸烂资产阶级臭老九袁隆平的狗头！"

袁隆平头皮一硬，正要匆匆走过去，忽然听见了一句特别刺耳的口号："彻底砸烂袁隆平资产阶级的坛坛罐罐！"

坏了，坏了！他拔腿就朝一个方向跑，那是他搞盆栽的试验园。他猛地站住了，那双一次次闪烁出奇异光芒的眼睛，瞬间一阵发黑、金星直冒——只见碎片飞溅，60多个坛坛罐罐全被砸烂了，在满地狼藉的泥土和碎片里，那些被折断和撕裂的秧苗撒了满地。这是他的命根子啊！他一下子扑倒在地上，想要一把搂住那些秧苗，可这些秧苗在烈日炙烤下已是一把把能点燃的枯草，他隔着衣服都能感到那如烈火般烫人的热气。完了，一切都完了，从1964年找到天然雄性不育株开始，他就在这些坛坛罐罐里搞试验，而这些用于试验的秧苗每一年、每一代都是直接关联的，这一茬秧苗断了代，后面的研究就继续不下去，一切又将从头开始。眼看着几年来的心血毁于一旦，袁隆平欲哭无泪，一双跟农人一样粗糙的大手，在大地上发出闷响的撞击声。

他都不知道自己是怎么跑回家里的，高一脚，低一脚，仿佛骤然失去了重心，一路上昏沉沉地在嘴里念叨着："秧苗，秧苗……"

看见怀里抱着孩子的妻子，他冷静了下来。秧苗全毁了，袁隆平自知在劫难逃，他接下来的命运已经没有任何悬念，一切都是按照预定程序走，当一个人被内定为了"牛鬼蛇神"，白天造好了舆论，晚上这个人就要挨批斗了，开完批斗会，就将直接被关进"牛棚"，进行劳动改造。这一关，就不知何时才能回家。此时，他不是为自己的命运忧虑，而是为妻儿担心。那时他们的大儿子才刚出生不久，邓则正在安江农校休产假。看着妻儿，袁隆平眼里一阵一阵发酸，几次张嘴，欲说还休，他望着妻子愣愣出神。他真不知怎么把这个残酷的消息告诉妻子才好。他不知道，邓则抱着孩子已经去看过那些大字报了，她也知道丈夫将会遭遇怎样的命运。在袁隆平跌跌撞撞地奔回家之前，她一直泪盈盈地抱着孩子，兀自想着接下来的日子该怎么过。而一听丈夫那熟悉的脚步声，她就赶紧抹掉了眼泪，脸上还带着淡淡的笑意，装着没事人一般。她抬眼看了看他，又轻轻地摸了摸孩子的小脑袋，低声说："我知道了。"

袁隆平的声音也很低沉："你知道了就好，你要有心理准备，我就要上台挨批斗了。"

邓则平静地看了看他，淡淡地说："没关系，大不了，我们一起去当农民吧。"

妻子平平淡淡的一句话，让袁隆平感动了一辈子。

他的贤内助一脸平静地面对着这一切，又如此平静地说出了心里的打算——要和他一起去当农民。对于受难者，爱是最深的理解，也是莫大的抚慰。

每次提及此事，袁隆平发自肺腑地感到欣慰，感慨地说："这是我一生最大的安慰之一。"

那天晚上，袁隆平已做好了挨批斗、进"牛棚"的准备，甚至把批斗会的场景都一遍一遍地想过了。很多被揪斗的人，往往都是脖子很硬的人，从来不愿低头的人，但无论他们有多硬的脖子，都会被挂上大牌子，再倔强的脑袋也会被使劲地摁下去，摁下去。袁隆平想象着那即将发生在自己身上的一切，他的脖子不知不觉就变得倔强了，哪怕大难临头，只要做好了准备，心里也会很平静。很意外，一直等到熄灯号吹响，也没有人来揪斗他，这反而让他变得焦躁起来。这晚，袁隆平一直闭着眼躺在床上，但他每一根神经都醒着。从未尝过失眠是啥滋味的他，这一夜彻彻底底地尝到了，一想到那命根子似的秧苗全都被毁掉了，还有什么更让他绝望？而过了今夜，他又不知明日将躺在哪里，那种绝望而焦躁的情绪不断袭来。就在这时，他忽然听见有人敲门，声音很轻，却特别惊心。深更半夜的，谁在敲门呢？难道那些造反派在半夜里发动突然袭击，来揪斗他？一想，不对啊！"革命不是请客吃饭"，若是造反派来揪斗他，还客气什么啊，飞起一脚就把门踹开了。袁隆平不知道是祸是福，他光着脚摸着墙根打开门，在乳白色的夜雾中，两个模糊的人影如幻影般浮现出来。袁隆平看清了，这是他班上的两个学生，李必湖和尹华奇。他俩半夜里来找他，神秘兮兮的，为啥事？

他俩偷偷摸摸来找袁老师，就是来告诉袁老师一个秘密。原来，他们看了揭发批判袁隆平的大字报，又听到造反派扬言要砸烂袁隆平的坛坛罐罐，就预感到要出事，赶紧抢在那些造反派下手之前溜进了试验园，偷出了三盆秧苗，藏了起来。袁隆平一下子愣住了，愣了许久才回过神来，一种极度的惊喜和简直不敢相信的感觉交错在一起，使他突然一阵战栗，说："快，快带我去看看！"他连鞋都没穿，光着脚就跨出了门。他们悄悄地来到了藏秧苗的地方，那是学校苹果园边的一条臭水沟，这荒草丛生的臭水沟一般人是不会来的。袁隆平低着头，瞪大眼睛看着那绝处逢生的秧苗，像是看着一个不可思议的奇迹。他轻轻地抚摸着秧苗，那秧苗好像也通了人性，也轻轻地触摸着他的手心。他从胸腔深处发出一声感叹："啊，有救了，有救了啊！"

这三盆秧苗还真是拯救了差点就被扼杀在摇篮里的雄性不育株。李必湖和尹华奇特别用心，按水稻雄性不育株的三种类型各选了一盆，这也是他们为杂交水稻立下的第一功，在危急关头保住了水稻雄性不育株的一代血脉。水稻是生命力很顽强的植物，哪怕在臭水沟里也能生长。从那以后，袁隆平和两个学生每天像潜伏的特务一样，轮流照看这三盆秧苗。袁隆平一边偷偷地搞试验，一边等着挨批斗、进"牛棚"。一想到自己时时刻刻都有可能被关进"牛棚",他的目光就下意识地转向了两位学生。在袁隆平当时还处于孤立无援的状态下,他们成了袁隆平的左膀右臂。

李必湖,1946年出生在沅陵大山深处一个土家族农民家庭,祖祖辈辈以农耕为生。旧社会,沅陵县是湘西匪患的重灾区,而很多土匪其实是被饥荒逼得走投无路、最终走上了绝路的穷人。沅陵也是湘西红色革命的策源地之一,为湘鄂川黔苏区县。大凡革命老区都是极端穷苦的地区,投奔革命当红军,是穷人的一条出路,而革命军队也是名副其实的穷人的队伍。新中国成立后,沅陵的面貌虽有所改变,但依然是湖南最贫困的山区县之一。李必湖生在旧社会,长在新中国,从小就过着"野菜野果当杂粮,红薯要当半年粮"的日子。尹华奇和李必湖年岁相仿,他的家乡洞口县不属湘西,但紧挨着湘西,地处雪峰山脉东麓,和黔阳一脉相连。那里也充满着苦难和饥饿,一个贫寒的农家子,人生的第一个梦想就是能吃上一顿饱饭,第二个梦想就是天天能吃上饱饭,第三个梦想就是所有人都能吃上饱饭。不过,在那个时代,贫穷也是光荣的胎记。但光荣不能当饭吃,这两个在苦水里长大的山里娃,从小就想着怎么多打粮食,吃饱肚子,这也是很多农家子的本能。1964年,就在袁隆平于洞庭早籼稻中发现天然雄性不育株的那一年,他们作为贫下中农子女,被安江农校特招为"社来社去"的学生。"社来社去"也是那个特殊时代的特殊产物,指从哪个公社推荐上学的,毕业后还要回到哪个公社。或许就是这种读了农校还是要回去当农民的命运,让他们充满了更加强烈的求知欲。在袁隆平孤军作战时,他俩主动请求给袁老师当助手,想多学一点稻作技术。追随袁隆平之后,他们才渐渐理解了袁老师正在攻克的不是一般的稻作技术,其中的意义是非同寻常的。随着技术水平的逐渐提高,他们的眼光和境界也渐渐变得高远而开阔了,原本一心想着怎么让自己吃饱肚子、让全家人吃饱肚子、让父老乡亲吃饱肚子的他们，现在也像心忧天下的袁老师一样，一心想着怎么让天下人都能吃饱肚子。这就是两个从小忍饥挨饿的年轻人在成长过程中逐渐清晰的朴素的人生愿景。他们一生的路也从此确立。

若能把他俩留下来，该有多好啊！然而，这在当时只能是袁隆平的非分之想，他自个儿都是泥菩萨过江——自身难保，又怎么能顾得上两个学生的前途啊。他只能做最坏的打算，一旦自己被关进了"牛棚"，就委托两个学生继续照看这些秧苗。那种心情，简直像托孤一般。可他这样一个随时都有可能被关进"牛棚"的"牛鬼蛇神"，又怎么能留得住他们啊？李必湖和尹华奇也看出了袁老师的心思，说："袁老师，过些日子，我们就要毕业回家务农了，如果你在学校搞不了科研，就到乡下来搞吧，我们养活你！"

除了妻子那句话，这也是让袁隆平感动了一辈子的话。

说来奇怪，在校园里贴满了揭发批判袁隆平的大字报后，很多人都以为他在劫难逃了，袁隆平也做好了最坏的准备，但当晚没有什么动静，接下来几天也风平浪静，这异乎寻常的平静，反而让袁隆平愈加悬着心，他感觉眼下就是深渊，却不知道何时会被人从背后推下去。他这样惶惶不安地过了几天。一天下午，工作组的王组长忽然通知他："老袁，你晚上到我办公室来一趟。"

袁隆平心想，这祸还真是躲不掉啊。他也没有躲，吃过晚饭，按时走进了王组长的办公室，就像一个等待宣判的罪犯。因为有了充分的思想准备，他黝黑的脸上已没有丝毫的惶恐，只有难以察觉的悲哀与无奈。他等待着，哪怕是给他戴上手铐，立即逮捕，说不定他还会有一种终于解脱的轻松感。当时，办公室里人很多，众声喧哗，不知在争论什么。袁隆平站在门口，不知是进是退，王组长瞟了他一眼，走过来说："到外面去谈吧。"王组长的眼神有些古怪，这让袁隆平更觉蹊跷了，如果说挨批斗、进"牛棚"，他还有心理准备，而王组长莫名其妙地把他带到了校门外，这让他不知王组长葫芦里卖的什么药。结果还真是让他出乎意料，王组长竟然说出了这样一番话："老袁啊，毛主席教导我们，抓革命，促生产，我们工作组既要抓好革命，又要搞好生产，也要搞一块丰产田。你呢，就给我们当技术参谋吧。"

袁隆平没想到竟然会是这样一个结果，那感觉，就像原本以为所有的秧苗都已被毁，突然听说还有三盆秧苗被保存下来了一样令人喜出望外。从三盆绝处逢生的秧苗，到这峰回路转的命运，那个夏天，袁隆平就像在大风浪中游泳，忽而沉下去，忽而又浮起来。工作组那时候可是凌驾于一切之上的"太上皇"啊，要他当参谋，那是信得过他，这表明他侥幸逃过一劫了。至于搞丰产田，他兴头十足，这正是他想干的事啊。他满口答应，拍着胸脯表决心：他一定要当好技术参谋，保证工作组的丰产田夺高产。

这次几乎改变了命运的峰回路转，让他一直摸不着头脑，但他也不想妄自猜测。

第二天一早，他挑着粪筐走向了工作组的丰产试验田。这担子不轻，但再重也没有之前悬在他心里的那块石头重。心里的石头放下来了，他感到特别轻松和舒畅，一路上还轻松地哼着小调。当他路过关押"牛鬼蛇神"的"牛棚"时，一个黑头黑脸的人站在那儿，那是"牛蛇队"的李队长，黑煞煞的一个大汉。李队长原本是安江农校的体育老师，平日里和袁隆平关系还不错，此时一看他竟然还在哼歌，便哼了一声："你还唱歌，不要高兴得太早了！我把你的床铺已经准备好了，你名字的标签也在我口袋里准备好了，今晚你就要加入我们的队伍，归我管！"

李队长这样说，还真不是吓唬袁隆平。按指标，安江农校要揪出八个"牛鬼蛇神"，当时已经揪出了六个，还要揪两个，袁隆平是内定的第七个。工作组原本在发动群众贴出了袁隆平的大字报后，当晚就要开他的批斗会,连夜把他关进"牛棚",并已提前通知李队长,把写有袁隆平名字的牌子和床铺都准备好了。然而,一个突然发现的情况一夜之间改变了袁隆平的命运。

这事袁隆平当时不知道,"牛蛇队"的李队长也不知道,只有工作组的王组长等几个核心人员知道。没过多久,在风云变幻中,工作组因为"执行资产阶级反动路线"被撤走了,但这个谜团直到第二年才被解开。有一次,他在街上碰上了当时的王组长,王组长被赶下台后,一度也成了批斗的对象。或许是同病相怜,又深感命运叵测,他才对袁隆平透露了那一夜突变的个中原委。原来,工作组当时准备把袁隆平作为重点打击对象,特意查了他的档案,看看他还有没有什么历史问题,打算新账、老账一起算。档案是保密的,袁隆平也不知道自己的档案里到底装了些什么,他更不知道在自己的档案袋里竟然还放着一封红头文件,那是国家科委九局发给湖南省科委的公函,湖南省科委又转发给安江农校,责成安江农校支持袁隆平的水稻的雄性不孕性研究。王组长和几个核心成员突然傻眼了,袁隆平鼓捣的那些坛坛罐罐,竟然有这么大的来头!这让他们一下子变得举棋不定了,这个袁隆平到底是"走资本主义道路"的批斗对象呢,还是保护对象呢?他们不敢拍板,马上带着这个公函去请示黔阳地委,时任地委书记孙旭涛是一位知识分子出身的老革命,看完公函,当即拍板:"袁隆平当然是保护对象!"

如此一来,工作组只得踩了急刹车,袁隆平的命运也就在一夜之间有了峰回路转的可能。

让袁隆平痛心的是,那位拍板保护了他的孙旭涛书记,在"文化大革命"中连自己也难以保护,两年后就因不堪迫害而自杀了。更荒唐的是,在袁隆平转祸为福后,为了凑足"牛鬼蛇神"的名额,便把那个曾给袁隆平热心张罗婚事的曹老师拿去顶数,关进了"牛棚"。

与此相比，袁隆平真是非常幸运，杂交水稻也非常幸运，他不但侥幸逃过了挨批斗、进"牛棚"的噩运，还在工作组的默许下，把杂交水稻的试验秧苗从臭水沟里搬到了光天化日之下。入夏之后，袁隆平忙得不可开交，既要为工作组的丰产田夺高产，又放不下他的坛坛罐罐。眼看水稻开始抽穗扬花了，必须给雄性不育株杂交授粉，这是一刻也不能耽误的。为此，他还壮着胆子向工作组请求，每天中午请两个小时假。他估算了一下，授粉需要三个中午，六个小时。没想到工作组一下子就批给了他一个星期，每天上午他都可以干自己的活。这让他大喜过望。这一切，都应归功于那封公函，它如同袁隆平的命运密码，改变了这一切。

1967年早春，雪峰山冷寂的白雪还没有化尽，几个怀揣着特殊使命的人，从省城来到了雪峰山谷的安江农校。根据国家科委指示，湖南省科委派员来了解水稻雄性不孕性研究项目的进展情况、袁隆平在研究中遇到的问题和困难。袁隆平根据现有的进展，起草了"安江农校水稻雄性不孕系选育计划"，他也恳切地说出了自己当时的实际困难：一个人在实验室和试验田里两头跑，迫切需要配备一两个助手，并提议将李必湖和尹华奇留校做助手。结果，李必湖、尹华奇这两个"社来社去"的学生真的破格留校了！省科委随后又决定将"水稻雄性不孕系选育计划"列入省级科研项目，每年下拨科研经费600元。6月，安江农校组成了由袁隆平和李必湖、尹华奇组成的水稻雄性不孕性科研小组。这在当时也许不是什么大事，但现在看来，却是一个必将载入中国杂交水稻发展史的标志性事件——中国第一个杂交水稻科研小组正式成立了。李必湖和尹华奇有幸成了袁隆平从事杂交水稻研究的第一批助手，这是袁隆平对他们的看重，也是命运对他们的特别垂青，在未来岁月里，随着杂交水稻研究的不断推进，他们的命运也将随着袁隆平的命运、杂交水稻的命运一起被改变。

四

藏在臭水沟里的三盆秧苗，经过反复繁育，到 1968 年春天已发展为两分试验田。

这一小片稻田，在安江农校试验田中的编号为古盘 7 号，在风暴中如同一个宁静的港湾，但也免不了遭遇自然风暴的一次次摧折。这让袁隆平又开始萌生一个念头：遗传育种规律决定其试验周期之长，这是在各地的常规气候下无法解决的，即便能解决，也比较缓慢，若要加快育种步伐，就必须跳出雪峰山谷、安江盆地。水稻是喜阳光的作物，必须追着太阳走，去岭南、海南、云南等光合潜力大的天然大温室繁殖育种。那些地方，一年 365 天，几乎天天都可以在田间搞试验，这将大大加快试验的进程。

时不我待，袁隆平充满了只争朝夕的急迫感。而他第一次去岭南育种，是他最不该离家的时候。1968 年 1 月 14 日，那是袁隆平一生难忘的日子，还有十来天就是春节，他的第二个儿子刚刚降生三天。身为丈夫和父亲，他却要抛下头裹毛巾的妻子和褓褓中的婴儿，一去数月，情何以堪。袁隆平看着妻儿，久久不忍离去。邓则依依不舍地看着即将远行的丈夫，却催他早点动身，笑着说："等你回来了，孩子说不定都会叫爸爸了呢。"

袁隆平背上行囊，带着助手，踏上了南下的旅程。而这在未来漫长的岁月里，仅仅只是一个开头、一个前奏。那时候，从黔阳到广州，要通过湘黔线转京广线。这条路线在大湘西和岭南之间绕了一个大弯子，一路上关山重重，那在黑洞洞的隧道里穿行的火车发出的"哐当哐当"的声响至今仍不绝于耳。一路的颠簸之苦，对妻儿的牵挂和内疚，袁隆平只得用漫长的岁月来咀嚼和消化。

　　这次远赴岭南育种，袁隆平原本想借用广东农科院的试验田，那曾是黄耀祥先生创造了奇迹的试验田。可到了那儿一看，两派造反派组织正在"文攻武卫"，打得不可开交，试验田变成了乌烟瘴气的战场，还怎么播种呢？袁隆平又脚没停地带着两个学生去找广东省科委求助，请他们帮忙找一块试验田。师生三人刚坐了一天一夜的火车，每人背着一床铺盖卷，上面横着卷成筒筒的草席、蚊帐、雨伞，手里还拎着一只铁桶，桶里面放着种子，一身风尘仆仆，浑身脏兮兮的。他们哪里像是科研人员，倒像是第一次进城的农民工。一看人家那窗明几净的办公室，几个人都自惭形秽，有点不敢走进去。说来也挺幸运，他们遇上了一个很热心也很敬业的女干部——蓝宁。在中国杂交水稻发展史上，有很多值得铭记的名字，他们也许是与袁隆平萍水相逢的人，也许是在某个关键时刻尽了自己的一份职责，却让袁隆平一生充满感恩之情。蓝宁便是其中之一。她又是让座，又是端茶，师生三人总算可以歇歇脚了。她在墙上挂着的一幅广东省地图上，一个一个地方查找，最后找到了一个挺合适的地方，那是南海县大沥公社。此地离广州不远，又是珠江三角洲商品粮基地的传统稻作区。袁隆平连连点头说："可以，可以啊。"袁隆平点头认可了，还得对方点头认可。她又是打电话联系，又是写介绍信，干净利落地把一切安排妥当了。用袁隆平的话说，这真是"特别关照"。袁隆平感激之情溢于言表。蓝宁笑眯眯地说："应该的啊，这天底下的人，谁不吃饭啊！"

　　两人还真是有缘，蓝宁后来被调到了湖南省科委，在又一个关键时刻，对袁隆平和杂交水稻研究给予了很大的支持，当然这是后话了。

　　在南海大沥的育种，是袁隆平最早的南繁育种经历。南繁，如今早已是一个众所周知、根本不用打双引号的名词，指在南方利用冬季温暖的气候条件进行种植，主要任务是育种材料的加代、苗头品种复配、亲本材料的扩繁、杂交制种等。我反复查找过，但没有查找到这个词最早的出处，也许像大多数词语一样，是约定俗成吧。若要追溯最早的南繁北育者，那还是四川省农科院的工作者。1962年，他们首次在海南岛崖城良种场冬繁玉米获得成功，引起了农业科学工作者的兴趣和国家的重视。据海南省南繁办副主任林永平介绍："在20世纪六七十年代，那些用镰刀锄头在海南岛开展南繁的农业科技工作者，很多都成了现在各领域的泰斗级专家。"袁隆平不是南繁育种的第一人，他这一次的目的地也并非海南岛，但有一点则是确凿无疑的事实：袁隆平是杂交水稻南繁育种的第一人，并在南海大沥育成了第一批秧苗。

当年4月底，雪峰山已是春暖花开的季节，袁隆平师生三人带着从南海培育试验的700多株秧苗，返回了安江盆地。那一天一夜的颠簸辗转中，几个人一路上呵护着秧苗，就像呵护刚出生的婴儿。袁隆平回家后，连褥褓中的儿子也来不及抱一下，就急急忙忙地奔向了那两分试验田，赶紧把秧苗插在田里。而后，李必湖和尹华奇因别的事情暂时离开了，袁隆平独自一人照管着试验田，对待秧苗真是比对待儿子还亲。他不清楚儿子长多高了，但在一本磨破了边角的红皮日记本上，他每天都记着秧苗生长的数据，这是他的田间档案。看着秧苗一点点长高，他高兴得像看着自己的孩子长大。在他的精心培育下，秧苗长势喜人，半个多月后，就已高过了膝头，大多出现了3—5个分蘖。眼巴巴地盼到5月中旬，稻禾耘过三遍之后，就要开始抽穗、扬花、灌浆，袁隆平盼着那一天早点到来，尽快进行杂交授粉试验。在南海培育出的秧苗，又该结出怎样的果实呢？

然而，满心的期待转眼又变成了绝望的毁灭。1968年5月18日，那是袁隆平痛彻肺腑的一个日子。那天是星期六，袁隆平一直在试验田里忙碌，直到天快黑了，才蹬上自行车赶回十多里外的黔阳县城。那时，他的家还安在妻子单位的宿舍里。此时，袁隆平还不知道，这个夜晚，将是他记忆中最黑暗的一个夜晚。尽管一切无法预料，却仿佛有天人感应，半夜里，他在爆响的雷声中惊醒了，窗外是被闪电撕裂的夜幕和哗哗大雨。他惦记着暴风雨中的秧苗，天还没亮，便骑着单车急匆匆地从黔阳城里赶回试验田。大雨初歇，太阳一出来又热得让人汗流浃背。穿过大片绿油油的田野，袁隆平猛地站住了，眼前的一幕让他惊呆了：田里的秧苗一夜之间不见了踪影，像是飞走了，试验田变成了一个烂泥塘。这也太奇怪了，就是昨夜风雨再大，也不可能将满田的秧苗连根刮走啊！望着空荡荡的试验田，他眼里、脑里一片空白。他傻了，像一个白痴一样扑在试验田里，一双手深深地抠着烂泥。

很多人闻讯赶来了，他的两个助手也赶来了。他们用"五雷轰顶"来形容那一刻的感觉。在他们眼里，袁老师是一个从不掉泪的硬汉子，一个内心特别强大的人。一个人的内心之所以能变得特别强大，一是因为经历了太多的磨难，"曾经沧海难为水"；二是因为他对自己认准了的事业坚信不疑，把科学作为信仰。如此，他才会为自己的选择而献身，甘愿付出一切。但一个人的内心再强大，也难以承受这种毁灭性的打击。这次毁苗事件，后来被称为"5·18"毁苗事件。那些人到底与袁隆平有何深仇大恨哪？这些从来不问人间是非的秧苗又怎么招惹了他们？他们比此前砸烂袁隆平的坛坛罐罐更加丧心病狂，田里的秧苗全都被连根拔掉，又不知被丢在了哪里。这也是安江农校历史上最悲怆的一幕，过了几十年，一些老人回想起那一幕，还一个个不停地摇着白发稀疏的脑袋，唏嘘感叹："那年头啊，好人遭罪啊，想干点啥事的人都遭了罪啊，连那些秧苗也遭了罪啊，人家袁老师为了啥呢，还不是为了咱们能吃饱饭啊！"

一连几天，袁隆平就像一个丢失了孩子的父亲，疯了一般地四处寻找。大太阳底下，他浑身直打寒战，连牙缝里都在"咝咝"冒冷气。见了谁，他就一把拉住对方，问有没有看见他的秧苗。就在他疯疯癫癫地四处奔走时，一个身影走了过来，是妻子邓则，怀里抱着才几个月大的儿子。她走近他，看着他，一言不发，便跟着他一起四下寻找。直到事发后的第四天，在找遍了学校的每一个角落后，他们终于在一口井里发现了井水上漂浮着的几根秧苗。袁隆平"咕咚"一声就扎进了水井。他曾经多次扑下水去抢救那些溺水者，而这一次他是在拯救杂交水稻的生命。那井有几丈深，袁隆平水性再好，拼尽气力也钻不到那水底下去。学校调来抽水机，抽了两天两夜，才把井水抽干，但沉没在井底的厚厚一层秧苗早已沤烂了。袁隆平呆呆地望着死去的苗子，而那难以洞穿的世道人心，比那一口水井更深不可测。万幸的是，在他颤抖的指缝间，还有几株奄奄一息的秧苗，这也是秧苗中最坚韧的生命。

鲁迅先生尝谓："我向来是不惮以最坏的恶意，来推测中国人的。"从"5·18"毁苗事件的决绝程度看，绝非犯事者一时冲动，而是处心积虑蓄谋已久，很可能有人在暗中一直盯着袁隆平和他的试验田，伺机下手。而要在一夜之间连根拔掉试验田里的所有秧苗，然后扔进一口深井里，也绝不会是一人所为。一向与人为善的袁隆平，在安江农校的十几年里，也没有和谁结下什么仇怨，那么又是谁对他怀着这样的深仇大恨呢？从事发之后的情况看，既有人对袁隆平充满了真诚的同情，也有无端的谣言纷起，有人甚至"以最坏的恶意来推测"袁隆平，说他是一个地地道道的科技骗子，把国家科研经费骗到手了，那"鬼五十七"（湘方言，大意是很鬼，做事情不按常理出牌）的试验搞不下去了，没法交差了，于是干脆来了个"自我毁灭"，如此，既可向上面交差了事，又可嫁祸于人！

这事到底是谁干的？最清楚的也许就是那些在背后造谣的人，而最想搞清楚这件事的人就是袁隆平，但当时正处于一个混乱时期，经多方调查，最终也未能查清真相。而在一般人看来，被毁灭的也不过是一些秧苗，也不是什么非破不可的命案，最后也就不了了之了，至今也是一个未解的悬案。可当时又有谁知道，那在未来将养活亿万人的杂交水稻，差一点就这样被扼杀了，毁灭了。时过境迁之后，一直没有人站出来说一声"抱歉"，表达一下自己的忏悔。袁隆平说他其实早就知道是谁干的，但也早已原谅他们。

在那段最痛心、最绝望的时间，袁隆平在一天夜里梦到了他一直景仰的希腊先哲苏格拉底，这位为追求真理而舍生取义的伟大哲人。在苏格拉底的心中有一个宇宙理性的神，那是真正的善、爱与受难的象征，而人类因其被赋予了神性的一部分，有了灵魂，有了集爱与智于一体的心灵和理智。无论遭遇多少误解，背着怎样的骂名，你都必须为着自己认准的真理坚持下去。袁隆平认准了的真理就是他探索的杂交水稻之路，而他所做的一切就是为了人类不再饥饿，这是真正的善，而他也必然会经历种种痛苦的折磨，而人类探索真理的过程，其实就是爱与受难的过程。

那从水井里抢救出的五株秧苗，挽救了袁隆平五年来的心血，也再次挽救了杂交水稻。

接下来的一切，又将从那五株秧苗开始延续，而各种谣言也一直不断，谎言重复1000遍永远不会变成真理，但会变成遮蔽真相的舆论。袁隆平无暇顾及那些满校园风传的谣言，听见了，也只当是耳边风。经历了一场飞来横祸，吃了这样一次大亏，他不得不高度警惕和防范，对秧苗看管得更加严密了。越是有人想要毁灭他想要干的一切，他越是干劲十足，浑身反倒像充足了电似的，仿佛有使不完的劲头。

秋收过后，大雁南飞。1968年10月，袁隆平再次抛妻别子。这一次，他们将走得更远，去海南岛。从这年开始，南繁北育，成了袁隆平和助手们的生活常态，每当西伯利亚的寒流裹挟着的大雁飞过长江和洞庭，袁隆平就要带上助手上路，他的贤内助就要提前为他打点行囊。连儿子一听见天空传来大雁"嘎—嘎—"的呼唤声，就会挥舞着手臂抬起头，追赶着那排成人字形或一字形的雁阵，喊叫："爸爸要走啦，爸爸又要走啦！"

袁隆平选择走出去，也是"5·18"毁苗事件直接催生的想法。面对那些不可预测又难以防范的人为破坏，还有那些喋喋不休的谣言，不如主动避开这个干扰太多的是非之地，他惹不起，但躲得起。后来表明，这一选择让他们赢得了主动权，到了人生地不熟的外地，确实少了许多是非纷扰。

袁隆平选择走出去，还有一个前文提及的重要原因，那就是追着太阳走。这几乎是所有南繁人共同的追求。选择南繁，就意味着他们选择了一种远离家庭、颠沛流离的生活。袁隆平每次都是背着一个大包袱出门的，这里面装满了妻子和家人的深情。他背负着对妻子和家人的内疚，包袱沉重，却又放不下。每次一脚跨出家门，袁隆平都是一声不吭、头也不回地往前走，生怕一回头，就看见了站在门口目送着他的妻子和孩子，还有什么比这更让他难以承受啊。

他们是追逐太阳的人，也是追逐太阳的候鸟。那时还没有比较稳定的南繁基地，袁隆平和他的助手们，往往是春在长沙，秋在南宁，冬去海南，有时还要远赴云南。寒去暑来，南北辗转，这是与季节赛跑，也是与生命赛跑。尹华奇后来一直追随着袁隆平，对40多年的南繁北育经历，他是这样说的："袁老师在40多年里至少干了90多年的事，水稻的生长期是100天左右，在湖南一年只能种一到两季，到了海南岛，就可以在冬天多繁殖出一代种子。"实际上，南繁北育，就是要以大跨度的空间换取一年当作两年用的宝贵时间。每种一季水稻，从育种、播种、抽穗、扬花到结实、收获，一般都要三四个月的生长周期，而通过南繁北育，一年就可以种两代，甚至三代。按常规方式，搞一个新品种出来要八个世代，而通过南繁育种，只需要四年。如今已有人工气候室，三年就可以出一个新品种。

选择南繁，不仅是追逐太阳，而且也选择了一种艰辛、繁重、苦役一般的劳作。"南繁南繁，又难又繁"，这是南繁人对他们工作、生活的形容。但这些育种人员，可以辞别亲人，却从未辞别辛苦，他们就像科学的朝圣者，不远千里万里奔赴他们的圣城麦加。那时交通极为不便，岭南、海南、云南都是天遥地远的偏僻之地，一路上汽车转火车，火车转汽车。就以从安江到海南这段路为例，他们先要坐汽车到通道，再转车到桂林，然后改乘火车到湛江，又转汽车到濂江换乘渡船，横渡琼州海峡，抵达海口后，穿过海南岛，才能从海南岛最北端抵达最南端的崖县（今三亚），一个单程就要辗转七天。那些年，袁隆平每天的出差补贴只有两角七分钱，为了节省少得可怜的科研经费，一切只能从牙缝儿里省、手指缝儿里抠，袁隆平和助手几乎没有进过卧铺车厢，能坐上硬座就谢天谢地了。由于车辆稀少，一票难求。有一次，袁隆平和助手尹华奇凌晨2点就在火车站排队买票，一直排到早上8点，一扇紧闭的窗户终于打开了，结果只剩下两张票，他们是一直排在队伍最前边的两个人，可排队的不光是人，在他们前面排队的还有两个小板凳，那是车站职工的，售票员说票只能卖给他们。袁隆平、尹华奇就这样白排了，只买了两张无座票，坐在车厢的连接处或过道上，这也是他们坐得最多的"座位"。有时候，过道上的人不太多时，助手们便把行李堆在过道边，那就是他们的"软席"。坐在火车连接处还有一个好处，就是可以抽烟。袁隆平和几个助手烟瘾都不小，大伙儿吸着生烟丝卷的喇叭筒，一路上说说笑笑。就在他们云里雾里的谈笑间，一粒粒种子正在萌芽。在那段非常岁月里，车船极少能正点到达，一旦在路上耽搁了，不能按时赶到育种场，那种子就白瞎了。为了争取时间，他们从安江或长沙出发时就把稻种浸湿催芽，在旅途中把浸过的谷种捆在身上，利用体温催芽。人非草木，生命却是相通的，人的体温正好是稻种催芽的适合温度，但那浸湿的稻种捆在身上很不舒适，然而为了给种子催芽，他们哪里顾得上自己舒适不舒适。

地处中国最南端的海南岛，那时还隶属于广东省，在当时也是广东省最偏远落后的地区之一，却拥有多元共生和生机勃发的自然生态，是南繁育种的天堂。然而，哪怕到了天涯海角，你也找不到世外桃源，这里不仅有太平洋上卷起的风暴，还有一场席卷而来的人间风暴。据尹华奇回忆，他们第一次找到的是海南岛最南端崖县的一个农场，不巧正赶上了两派"武斗"，"乖乖，连机关枪都用上了，吓得我们连夜转移"。或许就是这次转移，让人在后来的历史追溯中有了错位之感。对他们第一次南繁育种的时间、地点，袁隆平说得很清楚："1968年10月，我带上两个助手，到海南陵水开展研究试验。"但大多数记录都说是海南岛最南端的崖县，那应该是后来的事了。

在家千日好，出门时时难。不过，他们在辗转奔波中都形成了顽强的适应能力，很少有水土不服的事情发生。袁隆平每次一到目的地，就先提一桶冷水，从头顶一下子浇下来，他笑称是自己给自己泼冷水，那感觉痛快淋漓，又特别有冲击力，一身的风尘与黏糊糊的汗渍顷刻间就被冲掉了，而经冷水一激，旅途的疲劳也荡然无存，人又变得精神抖擞了，眼神都显得特别亮。

最初几年的南繁育种，袁隆平在海南岛多地辗转，既没有固定的基地，也居无定所，育种田租用当地农场或生产队的土地。农场的条件相对要好一些，他们可以借宿会议室或仓库，没有床，只能在地上铺上一床草席，打地铺。借宿生产队时，条件比在湖南农村还要差，大多是住破败、狭窄、潮湿的房子，说是房子，倒不如说是窝棚。他们也只能和农民挤在这样的窝棚里。没有床，袁隆平卸下一块门板，铺上一张草席，挂起一顶蚊帐，光着膀子一倒就呼呼大睡了。在刚刚播种时，最大的天敌就是田鼠，白天还好，一到夜里，田鼠就钻出来了，一双双贼眼荧荧发光，在田里觅食稻种。师生三人轮流值夜，睡在稻田边上，砍几片硕大的棕榈叶子往地上一铺，再铺上草席就是床了，袁隆平照样睡得很香，却也特别容易被惊醒，哪怕在睡梦中，也能听见田鼠的动静。他一个翻身爬起来，一手拿着手电筒，一手挥着棍子，赶走田鼠后，立马倒头便睡。除了田鼠，还有"嗡嗡嗡"成群飞舞的蚊子和旱蚂蟥，但这些嗜血小动物从来不会干扰袁隆平的睡眠，他早已习惯了蚊子和蚂蟥的叮咬，养成了顽强的忍受力和免疫力，这也是适者生存吧。

在后来千军万马下海南育种之际，袁隆平还睡过大通铺，一间仓库里睡70多个人。那是蚊子、蟑螂、老鼠、蛇虫的天下，无论你怎么清扫，这些小东西还是无孔不入地钻进来，早晨起来，每个人都是一身红疙瘩，几乎每个人都得了奇痒难忍的皮肤病。最可怕的还是毒蛇，热带地区是毒蛇的王国，最毒的就是眼镜蛇，一旦被咬，就是致命的。在这样的条件下，袁隆平夜里还要点灯熬油，钻研专业书籍，制订育种计划，而为了直接阅读那些深奥的外文书刊，无论多么艰苦和忙碌，他都一直坚持学英语。白天就更忙了，天一亮，他们就在南国的田野里不停地奔走，一边寻找野生稻种，一边在试验田里育种，很多试验田都是他们开垦出来的处女地，毛荒草乱，那草里、水里都是蛇虫、蚂蟥窝。

海南岛一年四季如同湖湘的酷暑，头上烈日直射，地上湿气蒸腾，人一弯腰，全身的热汗便奔涌而出，这是我在南繁育种基地采访时的切身感受。哪怕什么也不干，只在太阳底下站上两三分钟，浑身上下就湿透了，整个人像从水里爬起来一样。如果再坚持一会儿，那浑身散发出来的烫人热气，就会让你出现中暑般的迷糊状态。我可以什么都不干，他们却顾不上这些，每个人都低着脑袋聚精会神地干着。尤其是到了一天最热、太阳直射的正午时分，正值水稻扬花授粉的最佳时刻，没有一个人会像我一样躲在树荫下。这时候你才会强烈而直接地感觉到，他们真是追逐太阳的人啊。几乎每个南繁育种人员，都曾有过中暑昏倒在稻田里的经历，但袁隆平是一个例外，他那身体还真像是特殊材料制成的。

无论条件多么艰苦，袁隆平都会给他的同事们带来快乐。他并非只是"拼命三郎"，还很会调剂生活，再忙他也会挤出一些空闲时间，带着自己的助手下海游泳，上树摘椰子，或在棕榈树下下象棋，打扑克。后来，南繁育种的人越来越多了，袁隆平还会邀上其他南繁育种人员，来一场游泳或象棋比赛。游泳一直是他的强项，这个自不用说，下象棋他也是高手。他在科研方面一直很谦卑，很低调，但在这些文体活动上一直很"高调"，他的助手也很自豪。一向言语不多的李必湖只要说到这些事，就会高兴得扬起眉毛，说："袁老师的游泳和象棋，那是打遍海南（崖县）无敌手！"

说起来还有很多有趣的细节。

由于他们租用的育种试验田大多处于远离城镇的穷乡僻壤，每次出门远行，他们只能从家里尽可能多地带一点吃的，腊肉、腊猪头、腊香肠、干辣椒……这也是袁隆平的贤内助每次都要早早准备好的。许多年后，袁隆平先生还时常哈哈大笑地说起20世纪70年代初在海南崖县南红农场发生的一个故事。那时他又增加了几个助手，罗孝和是其中之一，兼任管伙食的会计。他们从湖南带来的腊肉，到了海南温度高了，自然就会滴油，腊肉的分量就流失了。罗孝和每天晚上都会把腊肉称一遍，然后认真地向袁隆平报告："袁老师，今天又减少了2两！"

有那么一段时间，尹华奇的行踪忽然变得神秘起来。猜测他的行踪，便成了大伙儿寻开心的一个乐子。没过多久，谜团就揭晓了，其实大伙儿早就猜对了，他和一位姑娘谈恋爱了。尹华奇那时年岁也不小了，该找对象了，但大伙儿还是有些惊奇，他一个像农民一样黑头黑脸的外地佬，竟然获得了一个当地姑娘的垂青，这魅力、这本领，可真是了不得，用湖南话说是"下不得地"，让几个单身汉简直佩服得五体投地。一天，他带着恋人来见袁老师。这可给了大伙儿一个开涮的机会："哈，老尹哪，我们来这儿育稻种，你倒好，连人种也一起育上了！"

就是在这艰苦的条件下，袁隆平和无数育种人一样，苦在其中，也乐在其中。这都与那神奇的种子有关，哪怕一辈子与种子打交道，你也会感到神奇，每播下一粒种子，你都会充满憧憬和期待，也充满了对未知悬念的好奇：它到底会长成什么样子，是不是你渴望的那粒种子？这里既有定数又有变数，而他们所做的一切，就是揭示每一粒种子的生命密码。

去亦难，回亦难。每年4月，他们从海南岛赶往湖南安江，那像命根子一样的种子，他们不敢托运，每个人怀里都抱着一包包种子。一路上，种子需要多少温度，人就穿多少衣服，一边用体温催芽，一边赶路。这里可以提前讲一件事，1970年4月，袁隆平和尹华奇抱着种子从海南赶到通道，经过几天几夜的颠簸，两个人都已疲惫不堪。眼看就要回到阔别数月的安江，离家越近，他们越是归心似箭。可此时正是山洪频发的季节，在通道与安江之间横亘着一条双江河，因山洪暴发，河水猛涨。那时候很多支流水系都没有桥梁，全靠轮渡，客车在一个偏僻的小渡口被整整困了一天一夜，一车人也陷入了孤立无援的境地，在狂风暴雨中不敢下车，困守在车里又没吃没喝。最让他们焦急的还是种子，若不能马上赶回试验田去播种，这一季种子就要耽误了。终于，风雨渐歇，洪水稍退。此时风浪依然很大，轮渡还是不能摆渡，谁也不敢拿一车人、一船人的性命来冒险啊。他们只能冒险了，袁隆平和尹华奇一起跳出汽车，找到了一位老艄公，请求他在风浪中摆渡过江。如果这位老艄公也不摆渡，那就只能泅渡过江了。凭袁隆平的好水性，应该可以驾驭这样的风浪，可那也是冒着极大的风险。好在那位久经风浪的老艄公技术很好，他驾着一艘小船，几乎是从风浪与漩涡的缝隙中穿插而过，把师生俩有惊无险地渡到了彼岸。

五

生活的艰辛可以克服，最难攻克的还是科学上的那个大限。

杂交水稻的思路，袁隆平已经勾画得像路线图一样清晰，他也在一点一点地按照自己的思路推进。从1964年袁隆平发现天然雄性不育株后，他已培育和繁殖了一代代雄性不育株，并以此为母本，用1000多个品种作了3000多次杂交试验和上万次测验。袁隆平对无花粉型、花粉败育型和花药退化型不育材料的育性遗传进行了研究，对三系遗传关系有了更深入的认知，但都没有达到预期目标，反而产生了越来越多难以破解的谜团。

他发现雄性不育株的不育性受一对隐形基因控制，由于在现有品种中找不到保持系，他就借鉴美国科学家发明的植物雄性不育的"洋葱公式"以及国外玉米杂种优势的经验，对人工创造保持系的经验进行研究试验，以测交后代育性恢复的子一代为父本、测交父本为母本进行反交，其后代分离出不育株和可育株，再对不育株和可育株进行兄妹杂交来选育保持系，但他在这方面遭遇了一个一直难以突破的瓶颈，选育的结果是父本和杂种都不断发生育性分离，始终选不到稳定的保持系。在科学实验上，谁也不敢保证百分之百的成功，但杂交水稻必须找到一个能使后代百分之百地保持不育的品种。这就是袁隆平在理论上找到突破口之后，在实践中却一直无法找到根本突破口的关键所在。

袁隆平深知，虽说他尚未求得正果，但这些探索都是必然要经历的，他也感觉到自己正在一点一点地接近那个目标。然而，很多原本就对这一项目充满了怀疑的人就不这么看了。一个科研项目搞了这么多年，你拿出什么成果了呢？

袁隆平唯一能拿出来的成果，就是那篇题为《水稻的雄性不孕性》的论文。袁隆平这么多年来的努力其实就是一直在证明自己，但他确实拿不出实实在在的成果来证明自己。究其原因，不能不说，外在干扰是一个直接原因，尤其是两次毁苗事件，虽说还有一些秧苗劫后余生，但对试验材料造成了大面积损伤，接下来还会发生什么，一切还难以预测。

"山重水复疑无路，柳暗花明又一村。"陆游这充满了哲理的诗句，揭示了人生变化发展的某种规律性，也凸显了诗人与众不同的思维与精神——在逆境中往往蕴涵着峰回路转、绝处逢生的希望，哪怕深陷迷谷，只要你再往前走一步，眼前就是豁然开朗的境界了。而袁隆平迈出那关键的一步后，却一直深陷于山重水复之中，柳暗花明却不知何时才能出现。锲而不舍的意志和信念支撑着他去坚持，去求索。多少在半途止步或折返的人，就是因为缺少这样的意志和信念而错过了柳暗花明的美景，而这是我们这位主人公从来不缺乏的。

若他离开自己的试验田、自己的秧苗，那绝对不是他自身的原因，而是众所周知的原因。1969年6月，他从南繁基地回来后不久，试验田里的秧苗刚刚泛绿，校革委会忽然一声令下，他被发派到100公里外的溆浦县底庄煤矿去劳动锻炼。这是袁隆平无法拒绝的，他只能依依不舍地离开自己的试验田。临行前，他似乎有某种不祥的预感："水稻雄性不孕系选育计划"早已被列为省级科研项目，校革委会怎么会在这个节骨眼上把他抽走呢？难道又有什么变故？对上面的意图，他无法揣测，只能一再叮嘱李必湖和尹华奇把秧苗照顾好，那神情又如同托孤一般，让两位助手都心生悲怆。

他的预感还真是准确。就在他离去不久，杂交水稻试验又险遭扼杀的命运。

那时，安江农校已改名为黔阳农校，搬迁到了黔阳地区更偏远的靖县，也就是现在的靖州苗族侗族自治县。一天，从省里来了一位水稻专家，要来看看他们的试验田。刚开始，李必湖和尹华奇还有些惊喜，自从袁老师走后，他们就没有了主心骨，一直有些惶惶不安，但他们知道，省里一直是支持他们搞研究的，这让他们以为，这位从省里来的专家是来给他们打气鼓劲的。那位专家背着手绕着试验田转了一圈，一直皱着眉头。这让两位年轻助手感到有些高深莫测，不过，他们还是很仔细地向专家汇报了试验的情况。这位专家却带着一脸的不屑，说："你们年轻人懂什么，1000斤的禾，能打800斤的谷就不错了！"接着，他又以权威的口吻给他们上了一堂课，大讲了一通"自花授粉植物没有杂种优势"的理论，两位年轻人这才搞清了这位专家的来意，他是要推翻整个雄性不孕性研究，而他讲的"无优势论"，是袁隆平早已突破了的理论。两位年轻人人微言轻，也不敢与这位专家顶撞，只得客客气气地把他老人家送走了。

就在这位专家走后不久，突生变故，这一次变故不知与这位专家的态度有没有直接关系，却是一场差点扼杀杂交水稻研究的灾难：他们科研组的科研经费（当时已增加到每年1000元）随即就停止拨款了，李必湖和尹华奇的生活费也停发了。这就意味着，他们的科研小组连同科研项目被中止了。他们在毕业留校后给袁隆平当助手，但当时的身份还是农民，在科研组里也没有正式工资，每月仅领取18元的生活费，但他们兢兢业业，像袁老师一样，把试验田里的秧苗当作他们的命根子。这突如其来的釜底抽薪，让两位年轻人急得像热锅上的蚂蚁。他们想找袁隆平，一时也联系不上，他们在学校里地位卑微，打个电话还要领导批准，就是打通了，那在煤矿里劳动锻炼的袁老师又怎能及时接到他们的电话。不过，他们也有自己的优势，两人都是根正苗红的贫下中农子弟，又有一股初生牛犊不怕虎的冲劲，两人急中生智，作出了一个大胆的决定——给国家科委、湖南省科委、农业厅发电报、写信，这是非常冒险的举动，属"越级告状"。许多年后，尹华奇回忆起这事还是一脸的委屈和悲愤，说："当时我们两个吃饭都成问题了，被逼得没办法，什么顾忌也不讲了！"

这两位年轻人虽说胆大，却也心细，他们分别给省科委的杨武训、地区科委主管该项目的曾春晖发去了汇报情况和请求支持的电报。杨武训也曾是袁隆平所带班级的学生，对袁老师和他的杂交水稻研究都相当了解，在接到电报后的第一时间，他就报告了省科委并转告国家科委。如果不是这样，国家科委也不会在短时间内做出那么快速的反应。就在李必湖、尹华奇的电报发出一周后，国家科委就派出一位资深专家来安江农校调查情况。

那也是在中国杂交水稻发展史上值得铭记的名字——张孔湉。中科院遗传研究所的张孔湉教授既是一位遗传学家，也是一位研究杂交高粱的专家。这位来自北京的专家，还不知道安江农校已经改名搬迁，他从北京到长沙，又辗转来到雪峰山下的安江农校，一进校门就被一棵砍倒的老樟树拦住了脚步。接待人员冷冷地告诉他，安江农校已经搬到了靖县二凉亭的新校园去了，这座老校园已被黔阳地区革委会接管。那时全国各级政权，从省一级到工厂、学校的政权机构已经全部改名为"革命委员会"，那位接待人员也不是安江农校的，而是黔阳地区革委会的一位干部。

原来是这样，张教授这才发现自己走错了地方。

靖县地处湘、黔、桂三省区交界处，雪峰山脉的西南端。张孔湉一路颠簸赶到靖县，好不容易才找到了黔阳农校新校区，找到了校革委会的一位负责人，结果又碰了一鼻子灰。按说，这位来自中科院的资深专家，肩负着国家科委的委托，来头也不小了吧，但他愣是没有一点架子，特别谦逊，一见面就规规矩矩地用双手递上了国家科委的介绍信。但他没想到，校革委会负责人斜眼瞟了瞟那介绍信，连一声请坐都没说，就跷着二郎腿问他有什么事。张孔湉也不计较，微微弓着腰，向他询问水稻雄性不孕性研究项目是不是遇到了什么困难。那负责人一下子拉长了脸，又浊又重地哼了一声，说："李必湖、尹华奇越级告黑状，他们的事，我们校革委会不再管了！"这位校革委会负责人既不接待张教授，还以公事公办的名义把他的介绍信给扣下了。那时候，没有介绍信几乎寸步难行，学校没有安排他的住宿，他又无法到招待所去登记住宿，只得在校园里四下打听那个水稻雄性不孕性科研小组在哪儿办公。他又哪里知道，这个科研组的组长袁隆平早已被发派到百里外的煤矿里去了，另两个"社来社去"的助手还像学生时代一样住在八人一间的学生宿舍里呢。

世上还真是没有不透风的墙，李必湖和尹华奇听说国家科委派人来了，也正在焦急地寻找张教授呢。安江农校的新校园也不大，你找我，我找你，三个人在一个果园边上碰上了，资深专家身上那股特有的书生气质，让李必湖一眼就认出来了，他连忙上前去打招呼："您是北京来的专家吧？我们就是袁老师的助手。"

三个人就像亲人相见了，两个年轻人一起紧握着张教授的手，热泪都在眼眶里打转了。此时天色已晚，张教授又没有了介绍信，怎么安排住宿呢？张教授爽快地说："你们住哪？我就跟你们挤一宿吧，晚上我们正好好好交谈。"一位国家科委派来的资深专家，这晚就住在安江农校的学生宿舍里。湘西人古道热肠，热情好客，可两位年轻人每月18元的生活费已经停发了，两人连食堂也吃不起，就在宿舍的廊檐边上垒了个小灶,从家里背米,在地里种点小菜,勉勉强强度日。这一切张教授都看在眼里,也暗自在心里叹息:没想到国家科委那样重视的一个科研项目,科研成员的日子竟然过得这样艰难。那是一个月朗星稀的初夏夜,田野里的稻禾正在扬花灌浆,晚风吹来甜丝丝的气息。两个年轻人和张教授在蛙鸣声中聊了整整一夜,从两次毁苗事件,到科研经费停拨、生活费停发,还有袁老师和他们这几年来经历过的一次次不白之冤和流言蜚语,他们都一五一十地讲了出来。如今,袁老师被发配到煤矿去"接受工农兵再教育",而他们连饭都没得吃了,两个年轻人禁不住悲愤地喊了起来:"我们也是人,也得吃饭啊!"

第二天一早,张教授看了那些从陶瓷厂捡来的坛坛罐罐,它们原本就是报废品,一个个歪歪扭扭,奇形怪状,但那试验的秧苗却长得生气勃勃。那半亩实验田的禾苗也长得一片葱茏,又快到抽穗扬花的季节了。张教授不只是看看,他一丝不苟地对所有试验材料做了检测,还仔细翻看了两位年轻人每天记下的田间档案,连袁隆平以前所做的田间档案都仔细翻阅了。那一页页纸张上都浸透了发黄的汗渍,密密麻麻的数据上沾满了无意间落下的指纹。在揭示出水稻的生命密码之前,张教授仿佛已经窥探到了这些基层科研人员的生命密码。他一边看,一边感叹:在这样一个动荡的年代,在一个条件这样艰苦简陋和技术队伍这样薄弱的山区农校,还有人在兢兢业业地搞科研、搞试验,而且是向世界级的难题攻关,这本身就是奇迹啊!袁隆平所勾画出的清晰的思路和各种试验数据,让这位遗传学专家看到了杂交水稻成功的希望。作为一位研究杂交高粱的专家,他自然知道杂交水稻研究蕴含着多么巨大的价值。经过深入仔细的调查,他作出了一个结论:水稻雄性不孕性科研小组的研究"具有极高的科学含金量和实用价值",也明确表示支持"自花授粉植物有杂种优势"的观点。小麦不也是自花授粉植物嘛,其杂种优势早已在墨西哥的实践中验证了，所谓"无优势论"已经被实践推翻了，那是一个落伍的论断了。临别之际，张教授还给两位年轻人传授了许多遗传育种方面的知识，解答了他们在试验上遇到的种种疑难，又一再鼓励他们："山重水复疑无路，柳暗花明又一村，无论遇到什么困难，都要咬着牙挺过去！"

在回京复命之前，张教授心中已有了十足的底气。他找到黔阳地区革委会负责人，这次，他像是变了一个人，一改来时的谦逊，以国家科委特派调查专家身份，向地区革委会通报了他的调查结果，并明确提出，必须把袁隆平从煤矿调回来，水稻雄性不孕性科研小组决不能解散！这已不是一个专家的意见，他肩负着的是国家科委的使命。随后，湖南省科委又派来了以陈国平为组长的联合调查组，他们调查的情况和张孔湉教授调查的结果高度一致。在省科委和省农业厅的干预下，一个多月后，袁隆平终于调回来了，而省科委和农业厅通过这次调查，也发现把一个重要科研项目放在一所已经划归地方的农校，日后还有可能遭遇种种干扰，于是决定将这一项目收归省农业厅，交给湖南省农科院主管，并成立杂交稻科研协作组，袁隆平和两位助手一同借调省农科院。除了袁隆平和两位助手，再从有关单位抽调一些业务骨干充实到科研协作组，以加快科研进度。这个科研协作组依然由袁隆平负责，两位助手也还是不拿工资的聘用人员，但生活费从每月18元增加到26元，原来每年1000元的专项经费则一下子增加到了3000元。对此，袁隆平感慨道："由此可见，省里是真正重视和支持这项研究工作的，这是我们将研究坚持下去的必要保证。有了这份保证，我们才有信心，所以尽管研究中遇到各种七灾八难，但我们的研究小组还是咬着牙挺下来了！"

事实上，在一个科学论断被验证之前，很多东西已被提前验证了，并且一直在被验证。无论风云怎样变幻，总有一群追逐太阳的人。不只是袁隆平和他的助手，还有张孔湉、陈国平和许多我没有提及的人，他们都是追逐太阳的人。

这年冬天，当寒流又一次袭来，袁隆平又带着两个助手上路了。这次，他们将要奔赴云南省元江哈尼族彝族傣族自治县。元江，古称"西南荒裔"，虽说是偏远荒凉之地，但受印度洋西南暖湿气流和太平洋东南暖湿气流的影响，空气湿度大，降水量多，日照充足，冬暖夏热，是一个天然的育种温床。袁隆平等人抵达元江后，租居在元江县农技站的一座无人居住的平房里，还租了农技站的一片水田作为实验田。放下行囊后，他们第一件事就是把随身带来的种子浸下了水。

傣族同胞头上插着孔雀羽毛，敲打着系着花绸带和彩球的象脚鼓，欢欣鼓舞地迎来了1970年的元旦，也迎来了20世纪70年代。然而，谁也没有想到，元旦刚过几天，袁隆平他们又陷入了一个不可预测的危境。1970年1月6日凌晨，发生了载入中国地震史的滇南大地震，震级超过里氏7.2级。一片漆黑中，躺在床上的袁隆平忽然感觉到一阵起伏摇晃，睡意模糊中还以为是在做梦，但剧烈的摇晃很快让他惊醒了，啊，地震，发生地震了！他从床上一跃而起，眼看房子摇摇欲坠，天花板上的石膏板"噼噼啪啪"地往下掉，赶紧拍醒了两个还睡得挺沉的年轻人。"快起来，地震了！"三个人光着膀子从屋里冲了出来，还没站稳脚跟，袁隆平猛地想到：种子，种子还在屋里啊！他奋不顾身地冲回屋里，两个助手也紧跟着，把种子从屋里抢救出来。对于他们来说，这可真是命根子啊，其重要程度甚至超过了他们自己的生命。

他们守着种子，在屋前的水泥篮球场上一直等到天亮，余震依然不断。这时，农技站的老支书来看望他们，说："这里是危险区，你们赶快转移吧。"

袁隆平摇了摇头，指着浸在铁桶里的种子说："书记啊，这种子马上就要播种了，我们怎么能离开啊，如果误了农时，我们这么远跑来，就白来了，这一年的种子就断代了啊！"

在接下来的三个月里，余震一直不断，他们租住的房子虽然没有震塌，但四处开裂，已是危房了。他们只能在那个水泥篮球场上用塑料布拉起了一个帐篷，白天搞试验，晚上睡草席。他们将种子从铁桶里捞起来，装在布袋里，就挂在绳子上，随着余震一阵阵摇晃，师徒三人轮流照看，就像精心照看自己的孩子一样，每隔几个小时就浇一次水，让稻种在布袋里发芽。

终于，种子发芽了，在试验田里播种了。在摇晃的大地上，那些无忧无虑的种子渐渐生根，试验田里很快就泛出一片嫩绿，又在阳光与春风中化作一片葱茏。师徒三人赤脚坐在田边，看着悠悠摇曳的秧苗，回首这六年来的育种经历，充满了岁月流逝的感叹。

此时的袁隆平，不知不觉间已迈进了不惑之年，但依然有太多难以解开的疑惑。一个迟迟拿不出实际成果的科研项目，让他一直无法证明自己的技术路线是正确的，而这么多年来，他仿佛一直在以失败的方式验证那个水稻杂交的"无优势论"是正确的。很多人对这个论断越来越深信不疑了，袁隆平的技术路线也越来越被质疑，其中也不乏水稻育种方面的权威专家和学者，他们认为这个全世界都没有解决的难题，一个在现代遗传学上早有定论的问题，不是能不能从根本上突破的问题，而是一个根本走不通的死胡同。那么多国内外权威专家都久攻不下的世界性难题，难道就能在一个普通农校老师手里被攻破？说句实话，作为一个历史追踪者，如果我在那个年代听说了此事，也会连连摇头。怎么可能？几乎不可能！

但袁隆平依然坚信他的技术路线是对的，那一粒神奇的种子是存在的，也是能够找到的。他这样比喻："这好比一个人听收音机，他收不到信息，就愣说人家电台没播音，这是没有道理的。科学这个东西是不讲情面的，它不会因为谁是专家就青睐谁，成功的阶梯永远铺在勇于探索者的脚下。"他也反复思索过这六年来的经验教训，他觉得自己的思路并没有错啊，问题到底出在哪里呢？很多事还真是当局者迷。在长久的沉思之后，袁隆平才意识到，他们虽说走出了雪峰山，把南中国都变成了他们的试验田，但一直都没有跳出栽培稻的小圈子。这么多年来，他们一直在选用栽培稻作为亲本材料，利用人工杂交培育雄性不育系，实际上已经形成了一种经验惯性和思维定式，他们就这样被卡在瓶颈里了。若要从中突破，就必须打破思维定式。而人的思维空间是无限的，有人这样比喻，思维就像曲别针，至少有亿万种可能的变化。正是这种对思维定式的觉悟和改变，让他脑子里的灵感又一次乍现，他又一次豁然开朗了。倘若能够利用远缘的野生稻与栽培稻杂交，通过核置换的方式，创造出新的雄性不育材料，从而培育出雄性不育系，是否会从根本上得到突破呢？尽管此时这还是一个假设，但接下来的科学事实验证，对于袁隆平，对于杂交水稻研究取得突破性进展，这又是一个"决定性的思考和选择"。袁隆平和他的助手最终就是沿着这个思路获得了根本性突破。

按照袁隆平的这一思路，首先就要在大自然中找到野生稻，再用野生稻同栽培稻进行远缘杂交，利用远缘种间的生殖隔离特性来产生新的雄性不育材料。除了理论上的可能性存在，袁隆平也有信心，中国有着辽阔而丰厚的适合稻子生长的水土，而野生稻一般分布在岭南、海南、云南等热带和亚热带的偏远地区，这些省区都是历史悠久的稻作区，蕴藏着丰富的物种资源。袁隆平这次云南之行，虽说遭遇了一场大地震，但祸兮福所倚，他还真是不虚此行。经过小半年的辛勤劳作，他们又繁育出了一代雄性不育的种子，而更重要的是，袁隆平又为未来的杂交水稻研究勾画出了一条思路，并在1970年4月搜集到了云南野生稻，用来做野栽杂交试验。说来可惜，由于这次试验没有对野生稻进行短光周期处理（对感光性较强的品种进行人为缩短光照时间的诱导处理，能促进发育，提早开花日期），袁隆平把野生稻栽在靖县的试验田里后，野生稻生育期太长了，最终没能抽穗。这一次野栽杂交试验失败了。

失败，我实在不忍再用"失败"这个词，对于经历了太多磨难、太多失败的袁隆平，这个词实在太残忍。失败不一定就是成功之母，也可能是接二连三的失败直至最终的失败。而借用英国化学家汉弗里·戴维的一句话也许比较科学："我的那些最重要的发现是受到失败的启示而作出的。"袁隆平接下来将验证这一箴言。

对于从1964年袁隆平发现第一株天然雄性不育株到1970年的这六年，新华社的一篇通稿曾做出这样的评价："六年是多少个日夜呢？没有成功也就没有鲜花和掌声。这是追求理想锲而不舍的六年。这也是人类进行水稻革命最有意义的六年，难度之大，压力之大，条件之差，时间之长，超过了居里夫妇对放射性镭的艰苦探索。"湖南省科技信息研究所原党委书记陈明山也是一个追逐太阳的人，多年来一直关注和支持袁隆平的杂交水稻研究。他曾如是感叹："袁隆平最苦、最难是1970年以前，但他从来没有消沉过，也没有抱怨过，即使再多困难也难不倒，这样的人我还没有发现第二个!"

第三章

人类的福音

一

随着袁隆平作出又一个"决定性的思考和选择"——从亲缘关系较远的野生稻身上寻找突破口，接踵而来的依然是希望极其渺茫的寻找。他要寻找的不是一般的野生稻，而是与栽培稻有某种关联、同栽培稻杂交能产生雄性不育后代的野生稻，那是与栽培稻有着神秘血缘关系的远亲。如果能够找到，那将是他生命中的第三株秧苗，也将是杂交水稻科学探索之路上的第三个神奇发现。

这一粒种子的寻找，依然是山重水复，依然不见柳暗花明。

此前，袁隆平先后在海南多地育种。这年夏秋，他们来到了海南黎族苗族自治州（海南省旧名）南红良种繁育场（南红农场）。这里地处海南岛最南端的崖县，已是真正的天涯海角了。这次，除了李必湖和尹华奇两位助手，南红农场的一些技术人员也来跟班学习育种技术，其中有一个为杂交水稻立了大功的人——冯克珊。他1963年农专毕业后就被分配到南红良种繁育场担任农业技术员，又在袁隆平科研组跟班学习，也可以说是袁隆平的学生和助手。白天，袁隆平和几个助手一起下田劳动，手把手地传授他们杂交水稻的技术，晚上还要给他们讲理论。而这次他们来海南，除了南繁育种，还有一个更重要的使命——寻找野生稻。冯克珊虽是初次接触袁隆平和杂交水稻研究，但他在这一方水土生活，对这里的野生植物分布情况比较熟悉。听了袁隆平关于野生稻的描述，他立马想到在南红农场附近有一种老乡们所说的"假禾"，其外形和栽培稻极为相似，一般生长在沼泽、沟渠旁和低洼荒地，穗粒又小又少，一碰就掉，这很可能就是袁隆平要找的野生稻。

这年秋天，袁隆平带着多年得到的试验数据再次进京，向中国农科院的专家求教。他又一次拜访了鲍文奎先生。自从袁隆平第一次拜访鲍先生，一晃已过去近十年了，此时鲍先生已年过花甲，满头白发。这些年他也遭了不少罪，动乱之初就被关入了"牛棚"，袁隆平来拜访时，他刚从"牛棚"出来不久，门可罗雀。走在路上，许多人碰到了他就像没看见一样，谁也不想与一个刚从"牛棚"里出来的人靠近。鲍先生没想到，这时候袁隆平还来拜访他，向他请教。他很高兴，亲自下厨炒了几个拿手菜，在家中招待袁隆平吃了一顿饭。当袁隆平说到这些年来在杂交水稻研究上的进展和遇到的技术问题时，鲍先生认为他的技术路线没有问题，若找到同栽培稻杂交能产生雄性不育后代的野生稻，那就离成功不远了。当然，何时才能找到，就很难说了。

而这次进京，袁隆平在中国农科院图书馆的一本外文杂志上，看到了一条让他非常震惊的消息，当他几乎在与世隔绝的状态下搞杂交水稻研究时，日本研究者早已捷足先登，于1968年就搞成了杂交水稻的"三系"配套。但日本人也遇到了一个大难题：杂交一代的优势不明显，迟迟不能投入生产。这给袁隆平带来了一种时不我待的紧迫感，同时也增添了信心，既然日本人能搞成"三系"配套，就证明"三系"配套的技术路线是对的。袁隆平判断，日本人搞成的"三系"配套，实际上也还只是一个阶段性的试验成果，说白了，杂交水稻就是要利用水稻的杂种优势，你没有明显的优势，又不能在生产中推广应用，那就说明他们还只是半步迈进了杂交水稻的门槛。袁隆平很想了解日本研究杂交水稻的详情，但除了一则简短的消息，遍寻不着更详细的资料。而此时，他的几个助手，正在天涯海角的烈日之下寻找一粒神奇而又渺茫的种子。

很多事还真是难说，当袁隆平在北京看到那条让他震惊不已的消息时，一个必将震惊世界的神奇发现已逼近眼前。1970年11月23日，又是一个必将载入史册的日子。对于这个神奇的发现，两个发现者的讲述，由于年深日久出现了一些细节上的偏差，但我们也可以互相弥补地去看，这样或许能逼真地还原当时的真相。

据冯克珊回忆，一个多月里，他把记忆中每块野稻地都翻了个遍，几乎找遍了崖县、乐东等县的野生稻生长地，但就是找不到袁老师说的那种野生稻。一天深夜，他翻来覆去，怎么也睡不着，又在床上苦思冥想：还有哪个角落没有找呢？他慢慢想起来了，在离农场不远的老铁路边上还有片野稻地。他一骨碌从床上爬起来，拿着手电筒就朝那儿跑。那天夜里下过一场雨，他深一脚浅一脚地踩在一条烂泥路上。到了那里，他用手电照着野生稻，一株一株地寻找，这是特别费工夫的事，每一株野稻子都要看清楚，还要看清花蕊里边有什么异样。一块地走到尽头了，天也亮了。就在他失望地准备回去时，突然，一株异样的野生稻闪现在他眼前。他使劲揉揉眼，生怕看错了。没错，就是袁老师讲的那种野生稻！那一刻，他忘了自己是踩在烂泥里，兴奋得一下子蹦了起来，结果一下子滑倒了，滚了一身烂泥。爬起来后，他便一路狂奔到试验基地，冲着李必湖大喊："找到了，找到啦！"还没等李必湖反应过来，冯克珊就拽着他奔向了桥下的那片沼泽地。

据李必湖回忆，他走到桥下那片野稻地，看见一大片长得稀稀拉拉的野生稻正在抽穗扬花。这么多年来，他一直跟着袁隆平，早已练就了一双火眼金睛，一眼就看见了三个有些异样的穗子。他

"扑通"一声就跳进齐腰深的野稻地，把站在一旁的冯克珊吓了一跳。紧跟着，冯克珊也跳了下去。李必湖扒开杂草和别的野生稻，一株还处于半隐蔽状态下的野生稻，此时被阳光彻头彻尾地照亮了。那三个稻穗生长于同一禾苑，是从一粒种子长出、匍匐于水面的分蘖。观察了植株的性状后，李必湖又用放大镜观察花蕊，发现其花药细瘦成箭形，色泽浅黄，呈水渍状，雄蕊不开裂散粉。这个过程只用了20分钟，凭借敏锐的目光和丰富的经验，他初步估计，这应该就是他们一直渴望着、寻觅着的雄性不育的野生稻！

当然，李必湖和冯克珊眼下还不敢确认这一发现将是多么神奇的一次发现，一切还有待袁隆平老师的进一步确认。李必湖几乎是跪在淤泥里，用双手一点一点地把带有三个穗子的稻株连根带泥地挖出来，又小心地捧到岸上，然后脱下衬衣，像包裹刚出娘胎的婴儿似的，严严实实地把稻株连着泥巴一起包好，这最少也有20斤。他抱在胸前，既不敢抱紧，也不敢放松，生怕一个闪失，就把那褪褓里的婴儿挤着了、伤着了。而在冯克珊的回忆中，他是赶着牛车，把李必湖载到这片野稻地边上的，那株野生稻是连泥巴一起包好后放在铁桶里，用牛车拉回去的。

直到李必湖和冯克珊把这株野生稻栽在试验田里，两人才长长地吁了一口气。李必湖在拿起沾满污泥的衣服到渠边涮洗时，才发现他的脚和小腿上，挂着三条又粗又长的蚂蟥，条条吃得如大拇指般粗。鲜红的血，顺着他的小腿，一路滴在被烈日炙烤得滚烫的田野上。

袁隆平当天接到助手发来的电报，连夜挤上火车，火速赶回南红农场，直奔试验田，立即拿出放大镜仔细观察。这株野生稻株型匍匐，分蘖力极强，叶片窄，茎秆细，有长芒，易落粒，叶鞘和桴尖颜色为紫色，柱头发达外露。他高兴地拍了一下李必湖的后背，连声说："高级，高级啊！"

"高级"，是袁隆平惯用的重庆方言，意思是好得很、了不得。他马上采样镜检，发现其花药瘦小，黄色，不开裂，内含典型的败育花粉，这可不是一般的野生稻，而是一种极为稀罕的"花粉败育型野生稻"，袁隆平当即将其命名为"野败"。后来很多人误会了，以为"野败"是"野稗"之误，还咬文嚼字，写信纠错，一个"泥腿子"农民科学家，怎么连稗子的"稗"字都写错了呢？其实，不是袁隆平的文化水平低，而是这些人的科学水平太低了，到如今很多人也搞不清野稗和野生稻有什么区别，由于其外形特别相似，很多人以为野生稻就是野稗子。其实，两者还是有很大区别的，野稗是稻田里的恶性杂草，也是混生于稻子间的一种常见的禾本科野草，既然同属禾本科，自然也和栽培稻、野生稻沾亲带故，但其亲缘则比栽培稻和野生稻的关系更为久远，其体内也蕴涵着可以利用的优势基因，这也是袁隆平在未来将要开发利用的。不过此时，他对"野败"的命名还真是与野稗毫无关系。"野败"，就是"花粉败育型野生稻"的简称，其国际上的英文名简称为"WA"。

这一发现，经实践检验，是杂交水稻"三系"配套成功的根本突破口，也可谓是袁隆平在杂交水稻培育中深陷于山重水复的困境后终于出现的柳暗花明的关键转折点。

可以说，"野败"的发现几乎可称为一个无法复制的传奇，但"野败"的基因却可以无限复制，这是科学的本质规律，具有可重复、可检验原则。这也是种子的本质规律：可复制，可繁育，可以大面积推广传播。如今国内外的杂交水稻的品种已经数不胜数，但大多数品种里都蕴含着"野败"的血缘或基因。对于这样一个极其渺茫而又神奇的发现，也难免有人觉得很偶然、靠运气。人类的每一个发现都有某种偶然性，自然也就有运气或机遇的存在，但诚如一代数学伟人华罗庚所说："如果说，科学领域的发现有什么偶然的机遇的话，那么这种'偶然的机遇'只能给那些有准备的人，给那些善于独立思考的人，给那些具有锲而不舍精神的人。"李必湖和冯克珊的发现再次验证了这一科学的真理，如此，才有那在一瞬间"照亮脑子"的眼光，才有那令人惊异而兴奋的灵感。对此，袁隆平先生说得更直接："一是李必湖是有心人，是专门来找野生稻的；二是他有这方面的专业知识。当时全国研究水稻雄性不育性时间比较长的，只有李必湖、尹华奇和我，所以宝贵的材料只要触到我们手里，就能被一眼识破。别人即使身在宝山，也不见得识宝。"

由于这一发现太重要了，也由于在年深月久后出现的一些情有可原的记忆偏差，后来有了一些是是非非，引起了不必要的争论，到底谁是发现"野败"的第一人？李必湖后来被称为"杂交水稻第二人"，这当之无愧，但冯克珊也功不可没。如果不是冯克珊首先发现了那片野生稻，把李必湖带过来，李必湖也许就不会发现"野败"。应该说，"野败"是李必湖和冯克珊共同发现的。

因为袁隆平在这一重要发现现场的缺席，后来又有人以此贬低袁隆平作为"杂交水稻之父"的开创性意义，这又是一叶障目了。设想一下，如果没有袁隆平此前的两次神奇发现，不是他第一个提出用野生稻与栽培稻进行远缘杂交以创造新的不育材料的新技术路线，没有他的言传身教，一切都将无从说起，李必湖和冯克珊也不可能发现"野败"，就是发现了，他们也不认得那就是雄蕊不育的野生稻。再退一步说，没有袁隆平，他们以及后来的许多人，甚至压根儿就不会走上杂交水稻的探索之路。又或许，在李必湖和冯克珊之前，就有当地的农人发现了"野败"，然而在他们眼里那只是一钱不值、有害无益的"假禾"。

对一个科学事实做出评判，必须从真正的科学精神出发，这样才能还原真相。袁隆平在谈到发现"野败"的功绩时就是从严谨的科学精神出发："用以前的材料与方法，采用筛选法和人工制造法，是很难获得保持系的，至少我们感到前景渺茫。唯'野败'表现与其他不育材料不同，真是异军突起，别开生面，给试验带来了很大起色！"

其实，无论是袁隆平，还是李必湖、冯克珊，他们都是心胸宽广的人，从来就不会去争谁是第一、谁是第二，所有的是非都是那些爱搬弄是非的人强加于他们身上的言说。李必湖作为袁隆平科研团队第一梯队的成员，还将在未来岁月续写他的传奇。冯克珊从发现"野败"至今，一直致力于野生稻的研究和保护工作，后来担任了海南省动植物检疫站副站长、高级农艺师。说到发现"野败"，这位如今已年过古稀的老人谦逊而又真诚地说："我只不过是尽了一个农科人员该尽的职责。我欣慰的是，袁隆平老师始终没有忘记我。2004年，他特意邀我去湖南长沙，参加'袁隆平科学基金奖颁奖'仪式，并领到基金会奖励的5万元奖金。"没有袁隆平，就没杂交稻，他像队伍的元帅，率领队伍奋斗，分享收获。没有他，杂交水稻就不可能有这么快的发展，不可能有农民丰衣足食的好日子！

二

一粒必将改变世界的种子已经找到了，但这还只是一个突破口，还必须培育、繁殖出大量种子，以此为母本，然后按照袁隆平的三系法的技术路线图，给它找到两个功能不同的丈夫，这就是杂交水稻首先要闯过的第一关——"三系"配套关。这也是国内外杂交水稻研究者一直难以攻克的一道难关，早已有人预言："三系三系，三代人也搞不成器。"

若要盘点袁隆平在杂交水稻上取得的第一个实质性的科技成就，那第一大贡献就是在我国率先开展三系法培育杂交水稻的研究，并成功实现了"三系"配套。这是比较严谨的评价，此前，我已提及，日本研究者早已捷足先登，于1968年就搞成了杂交水稻的"三系"配套。这里且不说日本走到了哪一步，至少在国内，袁隆平是无可争辩的第一人。

这里还是从"野败"的繁育说起。李必湖、冯克珊将它移栽到试验田后，师徒几人便连续五天轮番守在田里等它扬花，袁隆平笑称这是"守株待花"。这野种好像在故意考验人类的耐性，开得特别慢。每开一朵，袁隆平和助手就小心地用镊子夹着栽培稻的雄蕊花粉与之杂交，然后又观察其结实情况。但结实率很低，共结出11粒谷子，而结实饱满的有效种子仅有5粒。这就是他们以"野败"为母本最早培育出来的5粒金灿灿的杂交种子。但这5粒种子有休眠期，不能立即播种。种子可以休眠，他们却不能眼睁睁地等待种子苏醒，袁隆平和助手们又采取"割蔸再生"的方式做无性繁殖试验。一粒种子的神奇就在于其源源不绝的繁殖力。那5粒杂交种子在1971年春天开始加速繁殖，袁隆平和助手用20多个栽培稻品种与"野败"杂交，又获得了200多粒杂交种子，一蔸"野败"通过繁殖，增加到了46蔸。但直到此时，袁隆平还不敢百分之百地断定，"野败"将给他带来一个百分之百的结果。他也曾坦诚地说："那时我还没有预见到它是一个突破口。第二年深入研究才发现，这家伙真是个好东西！"那46蔸不育株，百分之百都是雄性不育的。到1973年，"野败"已繁育出了数万株，全都是百分之百的雄性不育株！

袁隆平兴奋地说："这个时候，我如释重负，感觉终于看到曙光了！"

然而，"野败"除了不育的性状外，其他性状基本上与普通野生稻一样，在生产上并没有直接利用价值，必须通过转育，把其野生的、雄性不育的基因转入栽培稻，进而培育出可用于生产的品系材料。说到这里，我又要交代一下，就严谨的专业术语而言，一粒种子只有通过严格的审定、在大田推广播种之后才能被称为品种，而在此前只能被叫作材料（科研试验材料）。对于袁隆平来说，这是他又一次面临抉择：是把"野败"这一几乎绝无仅有的试验材料封锁起来，自己关起门来搞研究试验呢，还是把"野败"材料分享出去，让更多的科研人员一起来协作攻关呢？若从自身的功利考虑，袁隆平科研小组在占有材料的优势上是绝对领先的，一旦将"野败"分享出去，所有人一下子就站在了同一起跑线上。而作为一个以造福人类为信仰的科学家，在发现"野败"的第一时间，袁隆平就毫无保留地向国内同行通报了他们的最新发现，随后又将他们利用"野败"繁育出来的种子无偿地分送给全国13个省区的100多位科技人员。尽管每个省只分到了十几粒种子，但每一粒都如同稀世珍宝。随着一粒粒种子在各省区的稻田里播种，"春种一粒粟，秋收万颗子"，何尝不是那远古神话传说中的神农撒种、"天雨粟"的又一个版本！袁隆平后来被誉为"当代神农"，实在是一点也不夸张。正是有了袁隆平科研小组的无私奉献，才大大加速了全国杂交水稻的科研进程，全国杂交水稻研究也随着一粒种子转变了方向，那就是以"野败"为母本，发起一场大范围的将"野败"转育成不育系的协作攻关。

在这个关键的转折点上，1971年初，国家科委和农业部决定将杂交水稻研究列为全国重点科研项目，组织全国性协作攻关。一个省级科研项目由此升级成了国家行动。而在此前，就在发现"野败"的当年冬天，湖南省便决定成立由省（革）委常委挂帅的杂交水稻研究领导小组，而最初的那个水稻雄性不孕性科研项目几经更名和升级，此时已经明确为"湖南省杂交水稻研究"项目，并由湖南省农科院、安江农校、湖南师范学院生物系、贺家山原种场等单位组成了湖南省杂交水稻研究协作组，技术上一直由袁隆平负责。1971年，袁隆平从安江农校正式调入湖南省农科院水稻研究所，而当时的杂交水稻研究项目和新成立的杂交水稻研究协作组，也和袁隆平一样，挂靠在水稻所。袁隆平接到这一纸调令，也难免有几许孔夫子在春秋那条河边上发出的感慨，真是"逝者如斯夫，不舍昼夜"啊。从1953年夏天他拿着一纸介绍信走进雪峰山，到此时拿着一纸调令走出那座大山，这一进一出，走了整整18年，他走出了那条"中国的盲肠"。

但还不能说他就此告别了安江，他的家还在安江，安江也依然是他的重要试验基地，直到1990年，他才举家迁往长沙，至此，他已在雪峰山下的安江盆地生活了37年。但从人生的意义看，1971年无疑是袁隆平的一座里程碑。他一生经历了无数坎坷，说来其实也挺简单，这次调动就是他一生中唯一的一次正式调动，后来他担任了湖南杂交水稻研究中心的主任，还有很多重要职务，但基本上只是职务变动，而非工作调动。一份如此单纯的工作简历，在中国也是十分鲜见的。

袁隆平虽说正式调到了省农科院水稻研究所，但当时水稻所的绝大多数科研人员都是搞常规水稻研究的，为了充实杂交水稻的科研队伍，组织又从相关单位抽调了周坤炉、罗孝和等人来给袁隆平当助手。如果说李必湖、尹华奇是袁隆平科研团队的第一梯队成员，这批在20世纪70年代抽调或正式调入的人员，陆续形成了袁隆平科研团队的第二梯队。也正是有了省里在人力、物力上给予的有力保障，尤其是在杂交水稻研究上升为国家行动后，才让接下来的攻关势如破竹。对此，袁隆平在日后的讲述中连用了两个"关键"："这是杂交水稻协作研究可持续发展的关键，是杂交水稻能迅速突破的关键。"

从1971年开始，中国杂交水稻研究仿佛也从那条"中国的盲肠"或时空的隧道中走出来了，随着其重心移往长沙和海南南繁基地，在接下来的几年里几乎是一年一座里程碑。

这年早春，海南岛冷清而遥远的南红农场，一下子变得门庭若市，全国18个省区的育种人员纷至沓来。袁隆平将繁育出的200多粒"野败"种子无偿分享给了100多名育种科研人员，一场利用"野败"作为杂交水稻不育材料的全国性协作攻关就这样开始了。但一开始，这些从不同方向涌来的人潮，如同刚刚涨起来的潮水，还有些迷茫和涣散，基本上还处于一盘散沙、各自为战的状态。经过一段时间的摸索，参与协作攻关的育种人员都感到必须有更紧密的协作和更明确的目标。

1972年10月，相关单位在长沙召开了第一次全国杂交水稻科研协作会议，进一步明确了主攻方向，全国育种专家对雄性不育系的选育，由此集中转向了以培育质核互作型不育系为主。这种不育系为细胞质基因和核基因互作控制的不育型，能够恢复不育系雄性繁育能力，是"三系"配套的一个关键。在此后的几年间，又先后召开了九次杂交水稻科研协作会议。这些会议都是在攻坚克难的节骨眼上召开的，有时候一年就要开几次，每一次都是啃硬骨头，这对于杂交水稻从科研到生产上推广应用都起到了很关键的推动作用。直到1975年，在第十次全国杂交水稻科研协作会议上，才正式组成了全国杂交水稻科研协作攻关小组，袁隆平任技术总顾问。其实，无论袁隆平有无名分，一直以来，他实际上就是中国三系法杂交水稻的总设计师，一切都是按他的技术路线推进的。

袁隆平不但在分享育种材料上毫无保留，对自己苦心钻研了多年的杂交水稻育种技术也毫不保密。当时，全国各省区的南繁协作组轮番来请袁隆平去指导，他均有求必应。数十家育种基地大多散布在偏僻的乡下，近则十几公里，远则几十公里，又没有车辆，那通往田间的烂泥路上连自行车也没法骑，袁隆平只能靠自己的双脚在烈日炙烤得滚烫的土路上来回奔走。每到一块试验田，他都将其当作自己的试验田。为了避免大家在同一层面上重复试验，袁隆平指导他们各有侧重，从不同的方面去突破，把加法变成乘法。除了上门指导，各省区的育种人员大多来袁隆平的基地跟班学习过，袁隆平带着他们走进自己的试验田，手把手地给他们传授杂交操作技术。来的人多了，他就在田边支起小黑板给他们讲课，在大太阳底下，他讲得口干舌燥，好在他的嗓音虽然低沉，却很少嘶哑。汗水从发根漫过那黑而瘦削的脸颊，他那坚忍的眼神，还有那标志性的微笑，几乎成了那一代南繁育种人的集体记忆。

若是哪个协作组遇到了问题，他比那些遇到了问题的同行还着急。

福建协作组也分享到了"野败"种子，但在南繁育种试验中，秧苗出了问题，这可把他们急坏了，眼看试验就要中断了，这一趟就算白来了，而育种试验又是绝对不能断代的。袁隆平听说后，立马就把自己试验田仅有的一蔸"野败"第二代不育株连着泥巴挖了一半，用塑料袋包好，亲自给他们送了过去。感激的话就不用说了，在那一刻也说不出来了，就像一个人身陷绝境，忽然有人向你伸出了援手，你的第一个本能反应就是想要紧紧抓住他的手。这双像农人一样粗糙的、沾满了泥巴的大手，在当时几乎伸向了所有参与协作攻关的育种人员，他还将伸向世间所有的生命。那半蔸"野败"第二代不育株在福建协作组的试验田里分蘖、繁育，在杨聚宝等科研人员的主持下，育成了"威41"不育系和相应的保持系，为福建杂交水稻研究创了首功。

说到福建协作组，还有一个后来被誉为"杂交水稻之母"的育种专家谢华安。那时，他才刚刚踏进杂交水稻育种的门槛，一到海南，就到处拜师取经。那时大家都是搞粮食的，可大家也都是靠粮票吃饭，那像命根子一样的种子也不能当饭吃。谢华安有时候跑了大半天，跑到一个地方，看了，请教过了，又只能饿着肚子，拖着沉重的脚步赶回来。这还算好的，虽说饿着肚子，但也不虚此行。

可有一些单位把自家的篱笆子扎得很紧，不但没人请你吃饭，你还时常会吃闭门羹。而袁隆平的育种基地是向所有人敞开的，你想看什么，他都让你看；你有什么问题，他都不厌其烦地给你解答。到了吃饭时间，他也留你吃了热乎乎的饭再走。说起来还有这样一个细节，有一天，外省协作组的几个人来湖南请教，袁隆平客气地留他们吃了饭，又不好意思收人家的粮票和饭费。这让管伙食的罗孝和犯难了，从哪里支付这餐饭钱呢？罗孝和一气之下，决定狠狠"报复"一下袁老师，把客人的饭钱记在了袁隆平的名下。"哼，你袁老师一个月几十块钱的工资，一天两毛七的补助，穷得吸生烟丝卷的喇叭筒，看你心痛不心痛！"

让谢华安念念不忘的还不是"一饭之恩"，而是袁隆平"心底无私天地宽"的人生境界。如果换了别人，对于越是有可能超越自己的人，越是要想方设法捂住你，不让你出头，而袁隆平只恨不能"揠苗助长"，一心想着怎么让大伙儿早出成果、多出成果。谢华安几乎逢人便说："袁老师的'野败'令全国同行一下子处在同一水平线上，全国大协作很快红火起来，袁老师这种崇高无私的境界今天看来愈加珍贵。"后来，谢华安根据袁隆平"三系"配套的技术路线，育成了堪称一代天骄的杂交组合"汕优63"，创造了连栽时间最长、推广速度最快、推广面积最大、增产稻谷最多等世界稻作史上的几个"最"。谢华安当选中国科学院院士后，也难免有人说三道四，但袁隆平和谢华安都是虚怀若谷的科学家，当有人把他与袁隆平相提并论时，谢华安总是谦逊而又充满感激地说："我和袁隆平先生相比是有层次差别的，袁老师是中国杂交水稻领域的开拓者、奠基者，我培育的一些品种虽然推广面积较大，产量较高，但毕竟是站在巨人的肩膀之上啊！"

当年最早参与协作攻关的，还有后来当选中国工程院院士的颜龙安。1970年冬，颜龙安还是江西萍乡农科所的一名科技人员，在袁隆平的南繁育种基地跟班学习。袁隆平是江西人，自有一份与生俱来的乡情，而江西人一提到袁隆平和颜龙安也充满了自豪，这两个江西人在杂交水稻"三系"配套中都起了关键作用。颜龙安是最早分享到"野败"原始株进行研究试验的幸运者之一。他以"野败"为母本，并兼顾不同纬度选择籼稻、粳稻品种做了七个杂交组合，收获了48粒种子，带回萍乡播种试验。那时还没有恒温箱催芽，颜龙安只能用当地老农的经验，用牛粪堆催芽，但一周过去后，牛粪堆里的种子仍然"无动于衷"。颜龙安推测，这些带有野生亲缘关系的杂交后代种子，休眠期可能比一般的稻种要长。他又从牛粪堆里把种子一粒粒挖出来，用湿润的棉花裹紧，再用塑料布包扎好，放在贴身的衣袋里，经过七天七夜的体温催芽，种子终于发了芽。他将这些发芽的种子种在试验田，到了9月中旬陆续开始抽穗。他从中选取两个组合作为重点回交对象。1972年冬，颜龙安选育的"珍汕97A"和"二九矮4号A"经过南繁北育连续四代回交，不育株率达100%，不育度也接近100%。它们是我国首批育成的"野败"型细胞核、质互作雄性不育系，其中，"珍汕97A"还是我国应用时间最长、选配组合最多、推广面积最大、适应性最广的不育系。1981年，全国籼型杂交水稻科研协作组获得首个国家特等发明奖，颜龙安作为第二完成单位的主持人被列为主要获奖者之一。袁隆平对他在杂交水稻上的突出贡献也给予了高度评价，并授予袁隆平农业科技奖。

在当年的协作攻关中，张先程也是一个不能被遗忘的名字，而他也一直感念袁隆平的慷慨奉献。当时，他还在广西农学院工作，加入了广西协作组。他向袁隆平要一斤"野败"种子搞试验，袁隆平二话不说，给了他一公斤。谁都知道那种子有多么珍贵，但袁隆平对同行的支持从来不打折扣，而是加倍奉献，这种加倍奉献所产生的不是加法效应，而是乘法效应，张先程后来率先测配筛选出三系中的恢复系。

有人把袁隆平无私奉献出来的"野败"种子称为"全国农业科技工作者协作攻关的连心纽带"，这何尝不是在人间播种，利用人类聪明才智的优势进行一场科技杂交？在短短两年里，袁隆平和来自全国几十个科研单位的近百名科研人员，选用上千个品种与"野败"进行了上万个测交和回交转育试验，这大大提高了杂交组合的选择概率，加快了"三系"配套的进程。

随着我国第一批"野败"型骨干不育系及其相应的保持系宣告育成，"三系"配套只差恢复系了。事实上，"野败"不育系的选育和恢复系的选育是同时起步的，但在恢复系上却颇费周折，这也成为"三系"配套的最后一道难关。又有人预言：袁隆平在20世纪60年代搞不育材料易找恢复系，却一直难以育成100%的保持系，而在发现"野败"后，终于攻克了保持系这一难题，但又找不到恢复系！面对这种绝对化的预言，袁隆平这位三系法的总设计师也就笑笑而已，尽管恢复系还未找到，但根据已发现的具有恢复基因的苗头，他做出了乐观的预言："用不了多久，恢复系就一定会筛选出来。"

这是一场你追我赶、不是竞赛的"竞赛"，很多育种科研人员都作出了开创性的贡献，这里不妨按时序梳理一下。

1972年，袁隆平和周坤炉等助手在攻克"三系"配套关中一马当先，利用"野败"和不同的籼稻、粳稻杂交，于1972年率先育成了我国第一个用于生产的不育系"二九南1号A"及同型保持系"二九南1号B"，并开始向全国提供不育系种子。

周坤炉，这个名字已在前文提及，这个人物是不能一笔带过的，在中国杂交水稻发展史上，他的贡献足以用"杰出"来形容。他于1966年毕业于湖南省常德农校，被分配在湖南贺家山原种场工作，1969年加入袁隆平的科研团队，主攻杂交水稻三系亲本及新组合选育，在协助袁隆平育成"二九南1号A"之后，又育成了"威20"（V20）不育系，这是配成杂交晚籼稻组合推广面积最大的不育系，也是中国杂交水稻利用面积最大的不育系之一。后来，全国利用"威20"不育系选配了20多个强优组合，推广面积达7亿多亩，增产稻谷700多亿公斤。其中，他于1975年育成的"威优6号"组合，在全省、全国区试中均居第一名。

1973年，在不育系和保持系相继突破的基础上，袁隆平和全国协作攻关的科研人员将三系选育的重点转入恢复系，方法以测交筛选为主。广大科技人员广泛选用长江流域、华南及东南亚、非洲、美洲、欧洲等地的1000多个品种进行测交筛选，找到了100多个具有恢复能力的品种。袁隆平、张先程等人率先在东南亚品种中找到了一个优势强、花药发达、花粉量大、恢复率在90%以上的恢复系。江西的颜龙安再接再厉，在1972年至1973年又成功筛选出"7101""7039"等恢复系，为"三系"配套再立新功。经实践验证，"IR661""IR24""泰引1号"为强优恢复系，用这些恢复系配制的杂种一代具有明显的杂种优势。

随着三系相继告破，1973年9月，在长沙马坡岭实验田，袁隆平和周坤炉转育的"二九南1号"不育系，经过连续三年共七代的测交和回交，十个株系共3000株实验稻，终于达到100%不育且性状与父本完全一致的标准。100%，意味着，"三系"配套，成啦！

这些首功或第一，都为实现全国籼型杂交水稻的"三系"配套作出了重大贡献。1981年，袁隆平、李必湖、颜龙安、周坤炉、张先程等人均为当年国家特等发明奖的主要获奖者，而因研究杂交水稻而当选"两院"院士的也不乏其人。

透过这一番梳理，可以还原一个科学事实：袁隆平是三系法的总设计师，但杂交水稻绝非袁隆平一人之所为。袁隆平也从未把杂交稻的成果归为一己之功，而是一再强调："集体的力量和智慧才是巨大的，在团队的智慧面前，任何天才都显得微不足道。"协作精神，也是科学精神的一个突出体现，尤其是现代科学，一个科研项目往往就是一个系统工程，必须依靠多学科和社会多方面的协作与支持才能完成。直到今天，袁隆平还对当年为攻克杂交水稻难关在全国13个省区的18个科研单位进行的科研大协作感慨不已，对所有参与协作攻关者为此而付出的心血也充满了感激，"没有这样的大协作，杂交水稻研究决不会取得今天这样令世界瞩目的成果"。

1973年10月，金秋季节，第二次全国杂交水稻科研协作会议在太湖之滨的苏州召开，这里也是全国九大商品粮基地之一。袁隆平正式宣布籼型杂交水稻"三系"配套成功，标志着我国水稻杂种优势利用取得了重大突破，这一年被公认为中国杂交水稻诞生的元年。

三

如果水稻的杂种优势无法被人类利用，此前的一切努力依然只能归零，没有任何实质性的价值。就在袁隆平率领全国杂交水稻科研人员开展协作攻关之际，仍有不少资深专家坚持水稻杂交的"无优势论"。1971年，一个民间性质的研讨会在海南岛召开，会上请来了两位老先生，其中一位是中国科学院学部委员（院士）、著名的玉米育种家和细胞遗传学家李竞雄先生。李先生是中国利用杂种优势理论选育玉米自交系间杂交种的开创者，但他认为，像玉米这样的异花授粉植物有很强的杂种优势，而水稻作为自花授粉植物，没有杂种优势。

那是袁隆平第一次真正接触这位德高望重的前辈，一直怀着敬佩之情侧耳倾听。但听了李先生的这番高论，他实在有点坐不住了。他尊重权威，却不迷信权威。针对李先生的观点，他以李先生选育玉米自交系间杂交种为例，当场就提了几个问题：玉米是异花授粉作物，其杂交种选育"难在选系，重在组配"，而李先生解决了这一难题，在选育玉米自交系的过程中把不良基因淘汰掉，并通过玉米自交系组配，显示出了杂交玉米很强的杂种优势。而水稻则是天然的自交系，为什么没有杂种优势呢？袁隆平的发问直击要害，李先生一时回答不上来。当时会上有很多人都是搞杂交水稻的，都站在了袁隆平一边。这位原本很有雅量的老先生，情急之下，把手一挥，说："不跟你们谈了！"

看着李先生拂袖而去的背影，袁隆平后悔了。他只是依据科学事实提出自己的问题，向李先生请教，但如果换一种方式，不是当着这么多人的面，而是私下里沟通，也许效果会好些。一直到现在，他还觉得有些对不起李先生，因为他是打心眼里尊重李先生的。"那个时候我还年轻，血气方刚，初生牛犊不怕虎。我觉得我理直气壮，就和他争论。后来我反省自己，不应该对老先生那样，即使观点不同，把道理讲清楚就行了，态度上不应该那么咄咄逼人，没有尊重他，这是不对的。有理由，也应该谦虚点，不要搞得人家下不了台。"

其实，有理无理，哪怕是真理，最终都要用实践来证明。

1972年春夏之交，袁隆平将"野败"与栽培稻杂交转育成功的种子播种在湖南省农科院在长沙马坡岭的试验田里，与常规品种进行对照试验。这块稻田仅有四分地，却承载着杂交水稻是否具有优势的试验。这个重任就落在了袁隆平的助手罗孝和身上。

罗孝和，1937年生于湖南省隆回县金石桥镇，1961年毕业于湖南农学院，此后一直在母校执教。1971年，湖南省农科院成立杂交水稻研究协作组，罗孝和主动请缨，被抽调到协作组，他和周坤炉都是继李必湖、尹华奇之后加入袁隆平科研团队的第二批（第二梯队）成员。这是一个在未来将要为杂交水稻开创多个史上"第一"的育种专家，不过此时，他还年轻，才30多岁，在杂交水稻科研之路上才刚刚起步，这也让他闹出了不少"笑话"。

说来，罗孝和和袁隆平一样，都是天生的乐天派。袁隆平是冷幽默，罗孝和却成天乐呵呵的。在湖南方言里，"罗"和"乐"谐音，"孝和"又与"笑呵呵"谐音，大伙儿便叫他"罗呵呵"（乐呵呵）。此前，他一直是搞玉米研究的，后来虽说自告奋勇地加入了袁隆平的团队，但一开始对袁隆平还有点儿不服气。这其实也在情理之中，他是一个大学教师，而袁隆平一直在一所山沟里的农校当老师。一见面，他就想探一探袁隆平的深浅，半开玩笑地说："袁老兄，现在我已归你管了，你能不能露两手功夫给我看看？"

袁隆平笑了笑说："罗老弟，你要想学到真功夫，我劝你先从孟夫子开始。"

他说的孟夫子不是孟子，而是经典遗传学的奠基人孟德尔。罗孝和在大学里所学所教的遗传学主要是米丘林学说，自新中国成立以来，从米丘林学派到"李森科主义"一直是中国生物学和农业科学的"主题思想"，对孟德尔、摩尔根的遗传学基本上持批判的态度。而此时，还是"文化大革命"时期，"宁要社会主义的草，不要资本主义的苗"依然是喊得山响的口号。罗孝和性格耿直，一听孟德尔的名字，就一脸的批判态度，说："孟德尔是资产阶级理论，我们学的是米丘林遗传！"

袁隆平也不跟他争辩，还是眼见为实吧。他把罗孝和带到一片试验田，指着那些参差不齐的秧苗，说："这是F2代（杂种二代）发生的性状分离，按孟德尔的分离定理，应该是3∶1，不信，你可以数一数看。"罗孝和挽起裤腿，下田数了一遍，又按单位面积默算出了一个结果，果然是3∶1。但他还是将信将疑，说："没错，这也许是偶然现象吧！"

袁隆平依然微笑着，一点也不生气，倒是越来越欣赏罗孝和这较真劲儿，这其实体现了科学的求真精神。别人说什么，哪怕是权威的论断，也只能是参考，科学不停留在定性描述层面上，确定性或精确性是科学的显著特征之一，每一个结论，都必须依据精确的数据和分析，才能在严格确定的科学事实面前做出自己的判断，如此才能维护真理，对权威、独断提出质疑，向虚伪和谬误发起挑战。袁隆平是这样的人，罗孝和也是这样的人。罗孝和对第一块试验田的结果作出了"这也许是偶然现象"的判断，这个判断也许是对的，因为科研的基础绝不能是偶然，那就必须继续看。结果，罗孝和一连看了三块试验田，其性状分离的比例都是3∶1，他这才心服口服，对袁隆平真有相见恨晚之感，若是早一点认识了袁隆平，早一点开始钻研孟德尔的经典遗传学，他也许就不会走这么多年的弯路了。但生性好强的他，还是有点不服输，想跟袁隆平再比试比试。

一天傍晚，几个南繁育种人像往常一样走向离他们最近的那片海滩。罗孝和跟袁隆平一样，也是一看见水就眼珠子发亮的人，他还是湖南农学院的游泳冠军呢，当即便向袁隆平发起了挑战："袁老兄，我俩来一场游泳比赛如何？"袁隆平一听又乐了，好哇，他也正想游泳呢，这么多年来还很少碰到对手，还真巴不得有个强劲的对手来向自己挑战呢。

罗孝和指着200米外的一块礁石，说："我们先来一轮蛙泳赛，看谁先游到那块礁石！"

李必湖和尹华奇站在岸边当裁判，海水蓝得透明，视野也特别清晰，眼看两人已游出100多米，浪花飞溅中几乎分不清谁先谁后。李必湖心想，看来袁老师这次还真是遇到对手了。接下来比的就不是速度，而是耐力和后劲了。离礁石还有50多米远，两个原本不分上下的身影此刻看得一清二楚了，袁隆平已把罗孝和甩到了后边，当他游到那块礁石旁，一身轻松地抹着脸上的水珠时，罗孝和还奋力地游着呢。这又是罗孝和的可爱之处了，明明已经输了，却不肯放弃，仿佛还在跟自己比赛。

罗孝和喘着粗气，却还是不服气，歇了一会儿，他又提出要比比自由泳。

袁隆平咧嘴一笑，要知道他的强项不是蛙泳，而是自由泳。他一个差点就进了国家游泳队的游泳健将，罗孝和怎么游得过他呢？但既然这小子喜欢挑战，那就激将他一下吧。

袁隆平说："这样吧，我让你20米！"

罗孝和急了，连脖子根儿都红了，说："袁老兄，你也太吹牛了吧？"

袁隆平又狠狠地刺激了他一下，说："我让你20米，你也不一定游得过我。"

这强烈的刺激，让罗孝和热血沸腾，一下水就使出了浑身解数，那被晚霞照得一片彤红的身影，如着了火一般，在大海中熊熊燃烧起来了，那股子狠劲儿，几乎是在冲锋陷阵。袁隆平静静地坐在岸边，看着他冲出了20多米，他才不紧不慢地下了水，又不紧不慢地游向那块礁石，一个看似轻松自在的身影，却如箭一般划过。这一次，罗孝和被他抛出更远了。

游泳不是袁隆平的对手，罗孝和还想跟袁隆平比比别的。他爱下象棋，象棋也是袁隆平的爱好之一。一看袁隆平正跟别人下棋，他又踌躇满志地发起挑战了："袁老兄，我俩来几盘如何？"

这一次，袁隆平还真输了，两负一胜。罗孝和得意扬扬地说："袁老兄啊，我这回总算胜过你了，以后咱俩不比别的，就比下棋！"

袁隆平倒也输得心服口服，说："这几盘棋我已经尽了全力，我承认，你下棋还真是比我厉害，你这敢于挑战、不肯服输的劲头我也特别喜欢，但咱们不能光比下棋，你这劲头要用在攻关上啊，咱们要在稻田里比比看，如何?"他模仿着罗孝和的口气，用一种充满了热切期待的眼神看着这个乐观又热烈的年轻人。

罗孝和被袁隆平那眼神深深打动了，这样一个人，失败了就坦承自己的失败，对人又那么宽容，在他身上有一种历尽磨炼、叫人血热沸腾、令人向往的东西。罗孝和心悦诚服了："袁老师，你不光有一身真本领，还这么豁达大度，我罗孝和从此一辈子就跟着你干了!"

从此，罗孝和就改口叫"袁老师"了。

"袁隆平三服（三伏）罗孝和"，堪称杂交水稻史上的一段佳话。从此，罗孝和成为袁隆平科研团队的一员干将，并作出了许多重大的、突破性的贡献。这里且不说以后，只说眼前。

一茬南繁种子已经在马坡岭试验田里播种，水稻到底有没有杂种优势，将在这片试验田里得到检验。罗孝和一天到晚扑在试验田里，从稻种生根、发芽开始，每天都要观察、记录试验品种和对照品种的长势。这一对比，很快就形成了鲜明的反差，对照品种还只有六七寸高时，杂交品种就长到一尺多高了；对照品种只有四五个分蘖时，杂交水稻竟有七八个分蘖了。那对照品种也是常规稻中的优良品种，可在杂交水稻表现出来的优势面前相形见绌，越到后来，差距越大，一边是根深叶茂的杂交稻，傲岸而又炫耀，一边是矮了一大截的常规稻，看上去没精打采的，连青蛙都跳得比那禾高。与其说是对照，不如说是陪衬，把杂交水稻衬托得更加茁壮了。

眼看杂交水稻的长势越来越旺，罗孝和热情高涨，见了谁都乐呵呵的，还带着小小吹嘘的口气，说："我们种的是三超杂交稻!"

哪"三超"呢? 就是产量要超过父本、母本和常规稻的优良对照品种。

"三超"的牛皮吹出去后，引得很多人来探虚实。

当时，在"文化大革命"尚未结束的特定历史条件下，湖南省农科院还处于军管时期，主持工作的是一位军代表，他们对粮食生产也非常重视，一听杂交水稻长势很好，就来看了，看了才知道，牛皮还真不是吹的，杂交水稻的长势和优势，就是瞎子也看得见。那位豪爽的军代表竖起了大拇指，连声称赞杂交水稻有优势，有前途！很快，省军区司令员和政委也闻讯赶来了，只见那稻禾一株株挺立着，军人们看了特别兴奋，仿佛在检阅威风凛凛的军阵，下意识地就想"唰"地敬个军礼。这喜讯，也传到了省领导的耳朵里，他们也赶来了，又是看，又是摸，又是闻，就像看见了长得特别棒、特有出息的孩子，啧啧称赞。

他们都是发自内心的夸奖，也是满心的希望，经历过饥荒的人们，谁不希望粮食夺高产呢？当然，也有一些人不买账，杂交水稻到底怎么样，最终还得看到底能打多少粮食，那才是真功夫。到了秋收时，结果竟然让人大跌眼镜，在长势上一直保持强大优势的杂交水稻，在产量上非但没有超过对照品种，甚至比对照品种低，而杂交水稻的稻草却堆积如山，竟然比常规品种增加了七成，一眼看过去，只见稻草，不见稻谷。这下好了，那些原本就对杂交水稻不买账的人，纷纷冷嘲热讽地说起了风凉话："唉，可惜啊，人不吃草，人要吃草呢，你这个杂交水稻就有希望、有前途了！"

一直乐呵呵的罗孝和，这时想笑也笑不起来了，恨不得找个地缝儿一头钻下去。

那些连声夸奖杂交水稻有希望、有前途的领导们，此时也有些灰心失望，杂交水稻搞了这么多年，竟然搞出了这么一个结果，在产量上没有什么优势可言，收那么多稻草有什么用呢。杂交水稻又走到了一个关口，还要不要支持杂交稻搞下去呢？

一个决定杂交水稻命运的会议来了。

除了领导，参加会议的还有水稻科研人员。那时，在省农科院水稻所，常规育种派还占绝对优势，而杂交水稻科研组只是挂靠在水稻所，寥寥几个人，往会议室一坐，一看就是少数派。在常规育种派理直气壮的质问声中，一向不服输的罗孝和被问得张口结舌，哑口无言，他"耿直"的脖子渐渐弯了下去。那压力有多大，局外人是难以体会的。当然，谁都清楚，罗孝和并非主角，真正的主角是袁隆平。那强大的压力，他比罗孝和感受得更强烈，如果杂交水稻真的就此失败了，那压力还不知道有多大，而他将成为一个"罪魁祸首"。不过，此时他考虑的不是自己的命运，而是在思考，为什么会是那样一个结果？

面对一双双咄咄逼人的眼睛，袁隆平不疾不徐地开口了："结果不用我说了，杂种优势利用是为了增产，但我们的稻谷减了产，的确，从表面看，我们这个试验是失败了。但如果换一个角度，从本质上看，我们又是成功的，为什么？刚才大家争论的焦点，就是水稻这个自花授粉作物究竟有没有杂种优势，这是个大前提，我们现在用试验证明了——有！水稻具有强大的杂种优势！这个大家都看到了，杂交水稻的稻草比常规稻增加了七成，这不是优势，是什么？至于这个优势是表现在稻谷上，还是稻草上，这不是水稻有没有杂种优势的根本问题，这是我们的经验不足，在杂交优势组合上配组不当，结果使杂交稻的优势表现在稻草上了。既然不是根本问题，而是技术问题，那就不能从根本上否定杂交水稻，我们可以通过改进技术，选择优良品种重新配组，使其优势发挥在稻谷上，这是完全做得到的。"

袁隆平短短几句话，就把一个科学道理讲透彻了。一位一直认为自花授粉植物作物没有杂种优势、搞杂交水稻没有前途的老专家，听了袁隆平的一番话，当即表示赞同，支持把杂交水稻继续搞下去。一位从不看好杂交水稻的专家，在杂交水稻还没有表现出增产优势之前，转而为杂交水稻说话，足以表明这是一位只认科学不认人的专家。这位专家是水稻育种方面的权威，他的表态也影响了军代表和院领导，大家纷纷点头赞同："是啊，老袁讲得有道理，我们应该继续支持杂交水稻！"

这时候，一直低着头的罗孝和马上把腰杆挺了起来。散会后，他没大没小地拍着袁隆平的肩膀，说："袁老师，还是你高明一筹啊！"

一次貌似失败的试验，恰好验证了袁隆平多年追寻的一个正果。这也让袁隆平对失败和成功的辩证关系有了更深的理解，透过现象看本质，失败里面往往包含着成功的因素。很多人只看到表面结果的失败，就灰心丧气了，甚至绝望地后退了，却看不到那失败中已经蕴涵着本质上的成功，发觉不了那表面的失败已经非常接近成功。如果说他真高明一筹，就在于他这种透过现象看本质的洞察力。至此，水稻有没有杂种优势，水稻的杂种优势能否得到利用，都已不是问题，只需要在技术上进行改进。

1974年，袁隆平利用自己此前育成的水稻雄性不育系"二九南1号A"与恢复系"IR24"配组，育成了我国第一个强优势杂交组合"南优2号"，在安江农校的试验田作为中稻试种，亩产突破600公斤大关（628公斤），几乎超过了常规水稻的一倍。作双季稻大田种植20亩，平均亩产突破500公斤大关（511公斤）。袁隆平的大学同学张本也从他这里拿了"南优2号"种子，在贵州金沙县种植了四亩，亩产竟然超过800公斤！随后，"南优2号"开始在生产上推广，成为我国第一个大面积生产应用的强优势组合，累计推广超过260万亩。这是中国杂交水稻的一个重要里程碑，标志着杂交水稻闯过了第二道难关——优势组合关。在袁隆平的指导下，参与协作攻关的科研人员通过改进品种组合，纷纷闯过了优势组合关。

袁隆平又一次笑了，说："牛皮还真不是吹的，罗孝和吹牛的三超杂交稻变成了现实！"

四

在接下来的协作攻关中，还将突破第三道难关——制种关。

一粒小小的种子，其实是一个系统工程，你育出了好种子，还要制出好种子，更要有人用你的种子来栽培出好稻子，一环一环，环环相扣。杂交水稻若要在生产上大面积推广，就必须大面积制种，这是从育种家的试验田走向寻常百姓家的关键一环，却是一道让许多先行者望而却步的难题。日本、美国和国际水稻研究所（IR-RI）在杂交水稻上都曾取得一度领先的研究成果，却在制种关上被卡住了，这让他们的成果仅仅是试验性的成果，他们一直没法走向杂交水稻的产业化，其后的研究因一直无法从根本上突破，也就不得不中断了。一项科研成果，如果不能从试验田走向老百姓播种耕耘的大田，从田野走向餐桌，也就失去了可推广的实用价值，更不可能改变世界、改写人类命运。这也让许多国内外科学家再次回到了先前那个宿命般的预言："即使你闯过了'三系'配套关、优势组合关，也难以闯过制种这一关，无法应用于大规模生产。"此言，几乎是一语成谶。

袁隆平及其团队能攻下这最后一道难关吗？这里又得从发现"野败"说起。袁隆平首创的中国三系法杂交水稻，是利用"野败"这株野生稻雄性不育株培育出来的，但它的杂种优势只能保持在第一代，若要将杂种优势延续下去，每年都要繁种和制种。很多人都把育种、繁种和制种混为一团，其实它们根本不是一回事。育种是制造动植物遗传变异、改良遗传特性、培育优良动植物新品种的过程。繁育是繁殖已有种质资源或已育成的品种的过程。而制种是生产已培育成功的作物杂种一代种子。杂交稻育种就是一个培育杂交稻品种的过程，制种是一个生产这一品种的过程，让已经培育成功的杂交稻品种在种子田里生产，生产出的种子才是用于大田播种的种子。

在杂交水稻初创时期，从育种到制种都是极为烦琐而细致的劳作，从浸种、催芽、播种育秧、移苗插秧，到之后一系列的田间管理：施肥、中耕、除草、喷药防病防虫、杂交授粉，再到收获种子，一环扣一环，一轮又一轮，如同永无尽头的轮回。风里来，雨里去，无风无雨的日子，头上便有烈日暴晒。

袁隆平几乎整天泡在田里，甚至脚趾头都被泡烂了，流脓流血，痛苦不堪，可无论你怎么劝，他也不肯离开稻田。夜深了，他还打着手电，对秧苗进行观察、测量。若把袁隆平他们比作辛勤的农民，还真是低估了他们，他们比农民还辛苦，还累。一般农民劳作，通常是太阳出来做工，刮风下雨收工，再累，中午也要回家吃饭歇晌。但他们却不管，天晴、下雨都往田间地头跑，时时刻刻都检查水位，水浅了，秧苗会被太阳晒死；水深了，秧苗会被淹死。而他们除了劳作，还要细心观察，做性状观察记录，时刻关注杂交水稻的长势长相，一旦遇到了什么难题或症结，还要绞尽脑汁地解决。几年下来，袁隆平和他的助手们记载的试验材料竟有几麻袋。一些了解情况的农民兄弟说："你们育种人比我们农民还苦啊，我们种田出汗出力，动手不动脑，可你们出力流汗，还要动脑，既是脑力劳动，又是体力劳动！"而在整个杂交育种、制种的过程中，袁隆平他们就像水稻的亲生父母，精心呵护自己的孩子，怕它冷了，怕它热了，怕它干了，怕它淹了。这样的细腻、悉心，又是哪个父母亲可比的。这也难免让许多人感叹，如果杂交水稻能开口说话，一定会叫袁隆平一声"爸爸"，他真是一位名副其实的"杂交水稻之父"啊！

　　袁隆平很少提到自己制种有多苦，但通过他的一双手，你也能够想象他有多苦。制种的关键就是人工辅助授粉，为了扫除人工授粉的障碍，先要割叶剥苞，还要赶粉。很多杂交水稻育种人员都有一双大手，那是在搞杂交制种授粉时炼出来的。别看这些稻叶一片葱茏，煞是好看，其实它们特别蒸人，稻叶上的毛齿就像锯子，而割叶、剥苞、授粉都是特别细致的活儿，育种人员又不能戴手套什么的，只能任其在裸露的手上、臂膀上划开一道道血口子。一个小伤口无所谓，但这样的伤口多了，也会让你两只手伤痕密布，严重的还会化脓，但化了脓，也得干。你不给它授粉，它就不给你结实。就这样，袁隆平和许多育种人的双手在稻叶中经历了一个又一个季节，从被稻叶划伤，到伤口化脓流血，再到结出一层层厚皮老茧，粗糙的大手就这么炼成了。

　　那时育种、制种不仅极为烦琐，产量也很低。以袁隆平和他的助手为例，袁隆平第一年制了两亩多田的种，每亩仅收获17斤种子，这在当时已是高产了，而他的助手最低的亩产只有两斤种子。可想而知，一亩田只能生产出如此之少的种子，若在大田里推广应用，那投入的人力、物力该有多大，成本该有多高。这个结果根本不用估算，就算杂交水稻能大大提高产量，从制种的成本看，那也是得不偿失！这是一个几乎令人绝望的难关，一直闯不过制种关，杂交水稻就只能是一条死路。一开始，袁隆平以为问题的关键在于水稻的花粉量不足，于是在制种试验中采取多插父本，让母本紧靠父本种植，他原以为这样就可以提高单位面积的花粉量，让母本接受更多的花粉，但试验的结果恰恰相反，种子的产量更低了。

　　那么，症结到底在哪里？袁隆平通过对制种田的详细调查和计算，发现水稻单株的花粉量确实比玉米、高粱等异花授粉作物少得多，但就制种田单位面积的花粉量来看，差异并不大。譬如"南优2

号"制种田，每天开花两三小时，平均每平方厘米面积上可散花落粉450粒左右，这个密度相当大，完全可以满足异花传粉的需要。看来，问题不是出在水稻花粉少这一与生俱来的症结上，影响制种产量的根本原因并非花粉不足，而在于要使花粉散布均匀并精准地落在母本柱头上。这个症结解开了，关键是要让父本、母本的花时相遇。于是，袁隆平又重新设计了试验方案，采取一系列针对性措施，终于形成了一套比较完整的制种技术体系。按照这一体系，也并非一蹴而就，袁隆平用了一个比喻，制种产量就像矮子爬楼梯，要一步一步往上爬。

在攻克制种关时，袁隆平和助手舒呈祥、罗孝和也摸索出了一些"独门绝技"。赶粉就是他们摸索出来的一种最简单但很有效的办法：首先将不育系和恢复系的水稻间隔种植，到了扬花期，将用于制种的杂交稻叶片割掉，扫除花粉传播的障碍。在晴天中午时分，两人牵着一根绳子，或一人举着一根细长的竹篙，徐徐扫过父本的稻穗，在风力的作用下，父本雄蕊的花粉就会均匀地飘落到母本颖花的柱头上，细小如尘埃，却也被阳光照得闪亮缤纷。这就是杂交水稻还处于初级阶段的关键技术之一——赶粉。这种"一根竹竿一条绳"的授粉方式，看似原始，却解决了杂交水稻授粉的一道难题，很快就在育种人员中普及了。在不断摸索和试验中，舒呈祥又提出一套切实而有效的高产制种技术，而罗孝和则首先试验在水稻制种的花期喷施"920"，也提高了制种的产量。到1975年，袁隆平和他的科研组制种27亩，平均亩产接近60斤（59.5斤），比一开始高了三倍多。一亩田能够亩产近60斤种子，那人力物力的成本就大大降低了，这也标志着，他们在1975年就闯过了三系法杂交水稻的最后一关——制种关。

至此，袁隆平于1964年勾画的三系法路线图已经全线打通，而他们摸索出来的"独门绝技"，也像稻田里的花粉一样纷纷传播。但仅靠当时参与协作攻关的南繁育种人员育成的种子，还远远供不应求，随之而来的便是种子告急。

偏居于长沙远郊马坡岭的湖南省农科院，一向很少有人问津，但忽然一下子火了，干部们争先恐后地涌向农科院大门。这些干部还不是一般的干部，很多都是地州和县里的"一把手""二把手"。无事不登三宝殿，他们来这里没有别的事，就是伸手要种子，你要200斤，他要300斤，一个湖南省就有十几个地州、100多个县，加起来得要多少种子？在你争我抢的重重包围中，当时的院长既无法抵挡，又抹不开情面，开了不少"空头支票"，而这"空头支票"只能让袁隆平去填。袁隆平和他的科研组刚生产了一茬种子回来，又在院长的催促下赶紧去海南制种。院长还提出了一个硬指标——亩产种子60斤。这个要求并不过分，袁隆平当时在试验田里的产量也差不多达到了，可这是大面积制种，他还没有这个把握。袁隆平在海南制种时，院长又接二连三地打电报来催，要他们三天汇报一次到底能有多少产量。可结果出来之前，有太多难以预测的因素，如台风啊，病虫害啊，人算不如天算啊。罗孝和吹了一次小牛皮，结果闹了笑话，袁隆平更是不得不谨慎低调，一开始他只报了亩产20斤。院长拿着电报，急得连连跳脚，说："这怎么得了，这怎么得了？"眼看湖南就到了春播季节，好多地方都在等米下锅呢，堂堂一个院长，他那些"空头支票"该怎么兑现啊？于是，一封加急电报又飞到了海南。袁隆平眼看种子田的秧苗长势很旺，感觉可以多报点儿了，便在电报中报出了亩产25斤的产量。可院长还是急不可耐，他许出的"空头支票"，每亩必须达到60斤的产量才能兑现。直到种子田的稻子收割了，产量出来了，袁隆平才报出了最后的结果，有60斤！院长接到电报，长长地舒了一口气，这口气也够长的，仿佛从长沙一直舒到了海南。袁隆平在海南也长长地舒了一口气。

　　这一茬种子种下去，到了秋收季节，湖湘大地捷报频传，各地试种的杂交水稻，亩产大多突破了千斤大关（500公斤），比常规品种普遍增产两三成，有的地方甚至创出了翻番增产的奇迹。此时，几乎没有谁还对杂交水稻的增产效果有什么怀疑，一个共识已在全国上下达成——杂交水稻优势强，产量高，真是了不起！

　　这下好了，那实打实的增产效果，让杂交水稻更火了，不光湖南，全国各地的水稻主产区，从四面八方伸出了手：种子，给我种子！

　　怎么办？袁隆平提出建议："扩大南繁，尽快获得足够的不育系种子。"

　　这一建议被时任湖南省农科院副院长、分管科研工作的陈洪新采纳了。他提出，湖南作为全国杂交水稻研究协作组的牵头单位，应该在大发展中继续带好这个头。这一年，湖南率先组成了8000多人的制种队伍，加上全国各地的南繁育种人员，千军万马下海南。又何止千军万马，在那几年里，每年都有近2万人从全国各地奔赴海南制种。在那从前人迹罕至的天涯海角，无处不是人海汹涌、稻浪翻滚的场景。当时，湖南仅有的300多斤（177公斤）不育系种子，在一年多时间内连续加番繁育（四次扩繁），共收获了11万公斤种子。用袁隆平的话说，"打好了扩大南繁的第一仗"，目的只有一个，力争1976年杂交水稻在全国大面积推广种植。

　　一边是波澜壮阔的扩繁育种，一边是频频告急，这么多种子怎么从海南岛运往全国各地？这么多人力、物力、技术力量所必需的经费又从哪里来？一切已经迫在眉睫，如果杂交水稻要向全国推广，必须依靠国家的力量。

　　1976年，是共和国历史上极不平凡的一年，周恩来、朱德、毛泽东这三位共和国的缔造者相继逝世。"三星陨落"，再加上吉林发生了极为罕见的陨石雨，京畿之地发生了唐山大地震，这次强震所产生的能量相当于400颗广岛原子弹爆炸。被噩耗和巨灾席卷的中国，最担心的就是会不会发生灾荒。而此时，一粒在很多人眼里还很神秘、很新鲜的种子，至少已让人们提前看到了一线光亮。

1976年1月，全国首届杂交水稻生产会议在广州召开。这里有必要提示一下，这次会议并非此前召开过多次的全国杂交水稻科研协作会议，而是一次关于杂交水稻在生产上推广应用的会议。从这年开始，杂交水稻迈进了大面积推广、大幅度增产的历史阶段。在科技成果推广史上，杂交水稻的推广速度和广度在中国乃至世界都是前所未有的。

湖南在杂交水稻科研上一马当先，在推广杂交水稻的面积、速度、规模、成效上，也一直充当全国的"领头雁"。1976年，全国各省区在海南的制种面积达6万亩，其中湖南就有3万余亩，占全国的一半多。而杂交水稻不论是播种在山区、丘陵区，还是平原区，又不论是做中稻种，还是做双季晚稻种，普遍比当时的当家品种每亩增产100—200斤。

这里以湖南省典型的山区县桂东为例。该县位于湖南省东南部，正好处于罗霄山脉南端和南岭北麓，境内大山南北耸峙，四面环山，是湖南省平均海拔最高的县境之一，"一山有四季，十里不同天"，每一座山都形成了各自的小气候。1970年夏天，袁隆平走进了这大山中，他发现，这不同的海拔高度和各有特色的山地小气候，特别适合进行杂交水稻研究试验，这也使大水乡有幸成为桂东第一个试种杂交水稻的乡镇，一首民谣也很快就在大水乡传开了："大水山峰高又高，层层梯田挂山腰，种子撒在云雾里，银河两岸种杂交。"1975年，全县试种杂交水稻近百亩，平均亩产接近600公斤。如此优质高产的种子，让农民从试种到争着抢着种，连当时的县委书记雷纯章也在自家的院子里和房顶上放上了大水缸，种上了杂交稻。1976年，桂东县的杂交水稻一下子推广到了7.5万亩，全县

60%的稻田都种上了杂交稻，其中4万多亩种中稻，每亩比1975年的常规中稻品种增产130多斤，而县农科所试种的两亩多"南优2号"，亩产超过了800公斤。桂东县成了全省、全国第一个实现水稻杂交化的样板县。记得20世纪60年代初，袁隆平到黔阳县硖州公社秀建大队参加生产和劳动锻炼时，生产队队长老向说过一句话："袁老师，你是搞科研的，能不能培育一个亩产800斤、1000斤的新品种，那该多好啊！"如今，袁隆平向这些渴望良种的农民交出了一份大大超过了他们期望的答卷。

随着杂交水稻在生产上大推广、大增产，作为第一环节的制种技术也在日益提高，从最初的每亩仅能收获十多斤种子，到如今平均亩产已达400斤，这样既能够满足大面积生产，也大大降低了大田用种的成本，减轻了农民负担。这里不妨对比一下，一亩常规稻产出的种子，一般只能满足80—100亩的大田用种，而一亩杂交水稻制种田产出的种子，足以满足150—200亩的播种生产。这也证明了，只要能在技术上得以突破，水稻的杂种优势可以说无所不在。如果说还有什么问题，那一切都不是水稻这种自花授粉作物有没有杂种优势的根本问题，而是有待于人类继续去攻克的技术难题。

五

随着一道道难关被攻克，中国终于迈进了杂交水稻的时代，成为世界上第一个在生产上成功利用水稻杂种优势的国家。

如果以1961年袁隆平发现"鹤立鸡群"天然杂交稻稻株为开端，他在这条路上已跋涉了15个春秋。如果以1966年袁隆平发表我国学术界第一篇关于杂交水稻研究的论文《水稻的雄性不孕性》为开端，袁隆平研究杂交水稻的时间正好贯穿了"文化大革命"时期。而在这十年里，原本就是一身瘦骨的袁隆平，比原来又瘦了差不多30斤。那种瘦，不是消瘦，而是瘦削，瘦得凌厉而刚劲，越瘦，越是显出一身筋骨。这样一个人，尽管经历了多次失败、挫折和打击，也一直都没有偏离过自己预设的那条路，如今，按照他的思路，"三系"配套终于成功了，他当年的假设已不再是假设，猜想也不再是猜想。

农学或农业科学，是一门以解决人类的吃饭、穿衣问题为首要任务的应用科学，又何尝不是一门深奥而复杂的科学。而水稻杂种优势利用并非狭义的农业科学，而是农业科学与遗传学"杂交"出来的一个分支学科。在袁隆平之前，关于水稻杂种优势的科学理论、原理和方法，在中国还是一片处于空白状态的处女地。一直以来，袁隆平不但是杂交水稻试验和实践的先行者，也一直在不断推进杂交水稻的科学理论研究，是这一领域的拓荒者。从他1966年发表论文《水稻的雄性不孕性》，到1976年已历十年了。为此，他追索了十年来杂交水稻研究、试验与应用的成败得失，又撰写了一篇题为"杂交水稻培育的实践和理论"的论文，于1977年发表在《中国农业科学》上，这也是袁隆平在杂交水稻研究理论上的第二个重大贡献。这篇论文为发展遗传学的实践与理论提供了新的内容，除了解释水稻杂种优势利用的科学原理之外，还澄清了一些由来已久的错误观点，其主要贡献体现在三个方面：一是丰富了雄性不育和三系关系的遗传理论；二是否定了稻、麦等自花授粉作物没有杂种优势的旧理论；三是给某些其他自花授粉作物的制种技术提供了良好的借鉴。

这篇论文的意义其实不是为了追究过往，袁隆平的目光一直执着地紧盯着未来。

那流逝的岁月对于人类来说从来就不是单纯的时间，在时间之下还隐含着深刻的心理时间。

1978年注定是要铭刻在亿万中国人心坎上的一年，这一年被称为中国改革开放的元年，依然年轻的共和国迈进了一个黄金时代，而此时已近天命之年的袁隆平也进入了春秋鼎盛的岁月。这年早春，被冬日阴云长久笼罩的北京，云开日出，而那让人们期待已久的春风，也给在春寒料峭中匆匆行走的人们吹来了丝丝暖意。袁隆平也从南方的稻田里匆匆赶来了，赶来参加他绝对不能缺席的一次划时代的盛会。

1978年3月18日下午，全国科学大会在北京人民大会堂隆重开幕，这是一个伟大时代启航的盛典。这次会议酝酿已久，早在1977年5月末，中国科学院党组负责人方毅等向中央政治局汇报科学院工作时，有关领导就提出要开一个全国科学大会，把劲鼓起来。7月，中共十届三中全会决定恢复邓小平党内外一切职务，邓小平复出后主管科学和教育工作。这何尝不是一个政治家非凡的战略选择。"文化大革命"时期，科学技术领域是重灾区，一大批科学家遭受迫害，绝大多数科研工作陷于停顿。好了伤疤，但疤痕还在，心灵的伤痕更难愈合。痛定思痛，如果一个时代、一个社会将知识或知识分子置于弱势地位，甚至将知识分子推向敌视的境地，势必对知识分子的理性和人格造成强烈的冲击和压迫，那将是一个非常不幸的时代。当知识分子在灵与肉、理想与现实之间陷入人生与精神的困境乃至绝境时，整个社会实际上已经发生了价值危机和精神危机。在坚守与冲击中，袁隆平一度也陷入了价值选择的困境和对自我身份认同的焦虑，这也是那个时代知识分子普遍的人生处境和精神困境。而拨乱反正，就是让一个社会回归到正常的状态，让知识和知识分子回归其应有的价值定位。

在大会开幕式上，邓小平那充满了震撼力和穿透力的讲话，成为开启一个伟大时代的关键话语。他指出"现代化的关键是科学技术现代化",重申了"科学技术是生产力"这一马克思主义基本观点,再次明确提出"知识分子是工人阶级的一部分",就这几句话,让一向不关心政治的袁隆平猛然间有了切身的体验。他感觉那长期束缚着自己的、无形的绳子终于松开了,那长期禁锢着自己的桎梏也应声而解了。而这次大会最根本的意义在于解放思想。这次大会一直开到3月31日下午,在人民大会堂举行闭幕式和授奖仪式,袁隆平获得了全国科学大会奖,这也是他获得的第一个国家级奖项。在时任中国科学院院长郭沫若那篇《科学的春天》充满激情、充满诗意的祝福与呼唤中,大会徐徐闭幕了,而"我们民族历史上最灿烂的科学的春天到来了"。

就在这一年,袁隆平晋升为湖南省农业科学院研究员。在接下来的几年里,他还被评为全国先进科技工作者、全国劳模等,而对于他,对于杂交水稻,还将获得新中国成立以来的一项崇高的荣誉。

那是1981年夏天,袁隆平正在菲律宾的国际水稻研究所进行技术指导与合作研究,一份加急电报传来,要他第二天赶到北京。由于电报里没说是什么事,他的眼神掠过电报时,心里兀自一惊,不知出了什么事,福兮祸兮?他从菲律宾首都马尼拉飞向北京,一路上心还怦怦跳个不已。这也是那一代知识分子的心病,经历了太多的风云突变、变幻莫测,心有余悸啊。赶到北京,他才知道,"原来是特大好事"。国家科委发明奖评选委员会经评审,一致认为,由袁隆平主持研发的籼型杂交水稻的学术价值、技术难度、经济效益和国际影响都很突出,在报请国务院批准后,决定对袁隆平领导的全国籼型杂交水稻科研协作组授予国家特等发明奖,从历史上看,这是新中国第一个也是迄今为止唯一一个国家特等发明奖。6月6日,袁隆平在北京出席了隆重的颁奖大会,在这次大会上,袁隆平成了主角，他代表协作组上台领奖，时任国务院副总理方毅将奖状、奖章和十万元奖金颁发给袁隆平。方毅在讲话中给予了很高也很客观的评价："美国、日本、印度、意大利、苏联等十几个国家的科学家，开展杂交水稻的研究已有十几年的历史，但都处在试验阶段，而我们是走在前面了。"会上，还宣读了国务院给全国籼型杂交水稻科研协作组发来的贺电："籼型杂交水稻是一项重大发明，它丰富了水稻育种的理论和实践，育成了优良品种。在有关部门和省、市、自治区的领导下，大力协作，密切配合，业已大面积推广，促进了我国水稻大幅度增产。为此，特向你们并通过你们向参加这项发明、推广这项成果和参与组织领导工作的科技人员、农民、干部致以热烈的祝贺。籼型杂交水稻的育成和推广，有力地表明科学技术成果一旦运用于生产建设，能够产生多么大的经济效益。发展农业生产，一靠政策，二靠科学。殷切期望广大农业科技工作者再接再厉，继续奋进，为发展我国农业生产作出更大的贡献。"

袁隆平代表科研协作组发言。一个实实在在的人，哪怕站在了国家的最高领奖台上，也是实话实说。虽说杂交水稻已取得根本性突破，并已在全国大面积推广应用，也显示出了大幅度的增产效果，但他一点也不掩饰，指出目前在水稻的杂种优势利用上还不尽如人意，在制种上还比较烦琐，而尤为重要的是，要提高杂交稻的抗病、抗虫、抗自然灾害等抗逆性。如果不能有效抵抗病虫害和自然灾害，杂交水稻是很难在生产上大规模推广的。他把这些缺点和问题一一挑明了，但他有一种低调的自信，无论杂交水稻有多少缺点和问题，都不能否认水稻杂种优势利用这一大方向的正确性，尽管中国率先成了水稻杂种优势利用的国家，但这项工作还只能说是刚刚开始，杂交水稻还蕴藏着巨大的增产活力，这都需要继续去努力改进和完善，特别是在选育强优势的早稻、多抗性的晚稻，发掘更好的不育系品种资源，提高制种质量，推进基础理论研究方面，还要下很大的功夫。

他这一番发言不像是获奖感言，更像是为杂交水稻接下来的研究指明方向的宣言。

事实上，袁隆平首创的三系法杂交稻育种系统，通俗地说就是三系法杂交水稻，还只是杂交水稻发展史上的第一阶段，也可以说是初级阶段，这也是袁隆平在杂交水稻研究上的第一个足以用"伟大"来形容的贡献。在共和国的历史上，第一次颁发特等发明奖，就授予了袁隆平领衔的全国籼型杂交水稻科研协作组，是对这一发明创造的最高认定。此举不仅在国内引起轰动，也引起了世界的极大关注。尤其是十万元奖金，在当时可是名副其实的重奖，连袁隆平也说："在那时候是很多的了！"但袁隆平拿到手的其实很少，经各协作单位分配，他仅得5000元。一个伟大的发明和创造，当然不是奖金和荣誉能够衡量的，而袁隆平主持研发的杂交水稻后来被称为中国继四大发明后的"第五大发明"，又与这个国家特等发明奖有莫大的关系。

那么，这个"第五大发明"真是中国的发明创造吗？这是不少人一直在质疑的一个问题。若要还原历史真相，必须以科学精神实事求是地正本清源，这就必须把视野扩展到全球，看看世界杂交水稻研究的进程。

在袁隆平之前，印度的克丹姆、马来西亚的布朗、巴基斯坦的艾利姆、日本的冈田子宽等都已相继开始杂交水稻研究了。20世纪40年代，世界各国的遗传育种学家就在理论上探索通过雄性不育来实现杂种优势的技术路线，如希尔斯在总结前人研究工作的基础上，于1947年提出了"三型学说"，把雄性不育的遗传划分为细胞核雄性不育、细胞质雄性不育和核质互作型雄性不育三种类型；1956年，爱德华逊将希尔斯"三型学说"中的核质互作型和细胞质合并为一类，称之为"二型学说"。但这些还只是基于"雄性不育遗传"推论出的一个方向，而一条清晰而具体的三系法的技术路线，在中国，早已公认是袁隆平在《水稻的雄性不孕性》一文中首次提出来的，而且他是在几乎与世隔绝的状态下提出的。

说到国外的情况，就不能不提到我们的东邻日本。日本在水稻育种上是世界上最先进的国家之一，也是开展杂交水稻研究最早的国家之一。日本后来公开的历史资料显示，1958年，日本东北大学的胜尾清利用中国红芒野生稻与日本粳稻"腾坂5号"杂交，经连续回交后，育成了具有中国红芒野生稻细胞质的"腾坂5号"不育系。而后，日本科学家又陆续育成了多个不育系。这些研究试验一点一点地推进了杂交水稻发展的进程，但这些不育系均未在生产上应用。此外，日本育种专家还提出了一系列的水稻育种新方法，比如赶粉等。这些思路与方法与袁隆平勾画的杂交水稻路线图似乎不谋而合，但在当时的封闭状态下，袁隆平还无从得知日本人在杂交水稻研究上的最新科技成就，日本人也有高度的保密意识，如有相似之处，只能说是"英雄所见略同"。尽管日本的实验设备和科技手段都处于世界领先水平，日本杂交水稻育种学家在袁隆平之前，也就是在1968年实现了"三系"配套，但出于种种原因，至今无法在生产上推广应用。科学是生产力，尤其是应用科学，其根本出发点就是为了推广应用，这样，其科学的社会功能才能得到充分的体现。从水稻杂种优势利用的根本目标看，日本只能说半步迈进了杂交水稻的门槛，既没有走进去，也没有走出来，后来的研究也因一直无法从根本上突破，也就中断了，这是事实。同样是"三系"配套，日本为什么就不能在生产上利用呢？对于这个问题，袁隆平已经回答过很多遍了，他列举了地理、气候、品种等多种复杂因素和技术难题：由于其三系的亲缘关系太近，没有表现出明显的杂种优势，加上又是高秆品种，日本又是台风的重灾区，这种高秆杂交水稻一直过不了倒伏关。

当我追根究底地问，在种种原因中哪个才是根本原因时，袁隆平下意识地顿了一下，忽然冒出一句让人心里一抖的话："可能根本原因是，他们没有像我们那样挨过饿吧。"

看过日本，再看看美国这个世界头号发达大国在杂交水稻研究试验上的进程。1963年，亨利·比谢尔与他的学生古尔德夫·辛格·胡什博士在印度尼西亚研发出一种高产大米，俗称"神米"。美国驻华大使馆于2011年8月公开发布的一篇《解决世界饥饿问题》的文章声称，这一成果"使世界大米产量在30年内翻了一倍多"，亨利·比谢尔与他的学生古尔德夫·辛格·胡什博士也因此于1996年荣膺世界粮食奖。亨利·比谢尔还因此成了继"绿色革命之父"诺曼·布劳格之后的又一位为解决世界饥饿问题而贡献卓著的美国科学家。但无论是在美国的官方文章中，还是在国际杂交水稻界，都没有把亨利·比谢尔研发出的"神米"视为杂交水稻，他也许采用了一些杂交的方式，但就像中国水稻育种专家丁颖、黄耀祥等培育出的高产大米一样，还不是真正意义上的杂交水稻。而国际上公认的事实是，美国在20世纪70年代初才开始研究杂交水稻，并获得了不育系，但其不育性不过关。美国加州大学在1971年至1975年对水稻的杂种优势进行了研究试验，在150多个组合中，有11个组合显著超过最好的对照品种，增产幅度平均超过四成，但由于他们的三系一直未配套，在生产上一直无法利用。

再看国际水稻研究所的研究情况，该所于1970年至1971年也曾进行过杂交水稻研究，但由于培育出的杂种优势不强，且一直难过制种关，这一课题不得不中断。

经过这一番正本清源的梳理，杂交水稻是中国人的"第五大发明"，是一个确凿无疑、当之无愧的事实。这也是国际上早已公认的事实："中国杂交水稻是在脱离了西方这个所谓农业科学源头的情况下，自己创造出来的一项成果。"

还有什么疑问吗？当然有，一个疑问紧接着一个疑问，自从袁隆平被誉为"杂交水稻之父"后，长期以来一直有人质问：作为"杂交水稻之父"，袁隆平是中国和世界上第一个提出水稻杂种优势利用的吗？他是中国和世界上研究杂交水稻的创始人吗？

作为一个历史追踪者，我有责任向读者作出诚实的报告。

从中国杂交水稻发展史看，一切的一切，归根结底，都离不开袁隆平在《水稻的雄性不孕性》一文中勾画出的杂交水稻选育的思路和第一幅实施蓝图。唯其如此，国家科委在授予全国籼型杂交水稻科研协作组特等发明奖时，才把袁隆平摆在首位，这其实也是一种科学的认定。袁隆平是国内最早研究水稻杂种优势理论的学者，也是中国杂交水稻最早的、成绩最突出的实践者，无论在理论上，还是在实践中，他都是当之无愧的"中国杂交水稻第一人"。

从世界杂交水稻发展史看，袁隆平是世界上成功利用水稻杂交优势的第一人，而这正是杂交水稻或水稻杂种优势利用的关键所在。哥德巴赫提出了"哥德巴赫猜想"，但他没有证明"哥德巴赫猜想"，一个猜想没有被证明就永远只是猜想，而袁隆平不只是最终验证了水稻领域的一个"哥德巴赫猜想"，还纠正了以前的种种错误猜想，有的甚至是权威的定论。而当世界上最权威的水稻专家都在一个大限前止步时，是中国的袁隆平和他率领的全国籼型杂交水稻科研协作组，率先突破了这个大限，攻克了一个人类久攻不下的世界性难题。他迈出的这一步，同别的科学家相比，也许只是超越了一步，乃至半步，却是一次关键性的、世界性的超越。这里不妨通俗地比喻一下，别的研究者不是胎死腹中，就是孕育已久却一直迟迟没有生出来，杂交水稻这一神奇的婴儿第一个在中国诞生了！

这么说吧，他干成了一件全世界的人都没有干成的事。

中国杂交水稻是在脱离了西方这个所谓农业科学源头的情况下，自己创造出来的一项成果。这不是国内的评价，而是国际公认的。美国普渡大学教授汤·巴来伯格曾经当过四届美国总统的农业顾问，在他1988年出版的《走向丰衣足食的世界》一书中，他用一个专章（第16章）来写"袁隆平和杂交水稻"，对袁隆平给予了高度评价："袁隆平为中国赢得了宝贵的时间，他增产的粮食实质上降低了人口增长率。他在农业科学上的成就击败了饥饿的威胁，他正引导着人们走向一个丰衣足食的世界。他把西方国家抛到了后面，成为世界上第一个成功地利用了水稻杂种优势的伟大科学家。"

1985年10月，袁隆平又获得了世界知识产权组织（WIPO）颁发的"杰出发明家"金质奖章和荣誉证书，这是他首次获得国际奖。总部设在瑞士日内瓦的世界知识产权组织是联合国组织系统中的16个专门机构之一，是一个致力于促进使用和保护人类智力作品的国际组织，管理着涉及知识产权保护各个方面的20多项国际条约。而袁隆平获得这一含金量很高的权威奖项，既是对他本人具有原创性和开创性的智力成果的认定，也标志着被誉为中国"第五大发明"的杂交水稻获得了世界知识产权组织的正式认定。该组织拥有180多个成员国，他们对袁隆平科技成果的认定，也可以说是举世公认。

杂交水稻被誉为中国"第五大发明"，在2007年2月，又被评选为中国当代"新四大发明"之首。这一活动由搜狐网发起，评选标准为"具有原创性、具有世界级影响力、能产生社会效益"，经公众持续三个月的投票评选，最终入选的有杂交水稻、汉字激光照排、人工合成牛胰岛素和复方蒿甲醚。对杂交水稻，主办方给出了这样的评语："1973年，中国的袁隆平向世人捧出了杂交水稻这一震惊世界的答卷。这无疑是史书上值得浓墨重彩的一笔。人口众多、人均耕地面积不多的中国，不仅解决了自己的粮食问题，还为亚洲甚至全世界粮食产业作出了巨大贡献。"对于人类来说，还有什么比吃饭更大的事，杂交水稻以最高票当选中国"新四大发明"之首，也足以证明了这一人类的共识。

第四章

第二次绿色革命

一

　　随着三系法把中国率先推进杂交水稻时代，人类对水稻的杂种优势利用不再是神话，而三系法则是一个被反复验证、屡试不爽的神器，又被遗传育种学家称为"经典的方法"，按这一方法育成的种子，在中国、美国、印度和东南亚的稻田里掀起了一场绿色革命，产生了大面积、大幅度增产的奇迹。然而，这还只是杂交水稻发展的第一阶段，也是袁隆平对水稻杂种优势利用的第一个开创性的贡献。假设一下，即便他就此止步，也足以奠定他作为"杂交水稻之父"的地位。

　　但袁隆平注定是不会停下脚步的。作为三系法的总设计师，他在国家特等发明奖的颁奖大会上就自揭其短，指出三系法还存在诸多的缺陷和局限。这绝非"过分的谦虚"，而是一个科学家的本色，搞科学研究就是一个不断探索、修正和完善的过程，一旦发现问题，就必须实话实说，寻求解决之道。三系法为什么会出现这样那样的缺陷？一直以来，袁隆平的每一个"决定性的思考和选择"，都是从追问、怀疑和否定开始的。他从怀疑、否定米丘林的"无性杂交"论、某些权威遗传学家的"自花授粉作物无杂种优势论"开始，迈出了关键的第一步，独辟了三系法水稻杂种优势利用的路。而这一次，他要否定的不是别人，而是自己。当时，杂交水稻播种到哪里，哪里都是一片丰收在望的景象；他走到哪里，哪里都是一片啧啧称赞声。在农民眼里，这个"泥腿子"专家跟他们一样风里跑、雨里钻，成天巴着个水稻，可他有本事搞出花样，产量一年比一年高，让种田人一年比一年有奔头。"'袁隆平'，这三个字特值钱！"这是农民说出来的大实话。就在许多人为杂交水稻大推广、大增产而头脑发热时，袁隆平发现问题了，用他自揭其短的话说，是"前劲有余，后劲不足；分蘖有余，成穗不足；穗大有余，结实不足"。他这样说，既是给那些头脑发热的人们浇浇冷水，更是冷峻地揭示出了初创时期的杂交水稻还存在诸多绝对不能回避和掩饰的缺陷。

袁隆平此前曾打过一个形象的比喻，三系法技术体系就像"一妻嫁二夫"的奇特婚姻关系，并且是包办婚姻，这就决定（甚至是命定）了在杂交组合上，作为母本的不育系（母稻）在选配保持系和恢复系这两个父本（公稻）时，由于受到遗传因素的制约，用专业术语说就是受到"恢保（恢复系和保持系）关系"的限制，其优势组合的概率极低，而难度又极大，若要选配一个具有杂种优势的组合，在现有籼稻品种中仅有1‰可转育成不育系，只有5%可用作恢复系，这就造成了选配概率低、制种环节多、种子生产成本高、在育种上进度缓慢等诸多症结，而且难以解决杂交水稻高产与优质间的矛盾。还有一个后遗症，随着亲缘关系在选配过程中相对拉近，其杂种优势也会"裹足不前"，甚至逐渐减退，增产潜力越来越有限，这也就是袁隆平指出的"前劲有余，后劲不足"。

归根结底，三系法的所有症状都可归结为一个症结，就是其技术体系和育种程序太复杂、太烦琐。大道至简，如何才能化繁为简？这是袁隆平一直在思考的问题，但要闯出一条路来绝不简单。

就在三系法杂交水稻获得国家特等发明奖的第二年，1982年，袁隆平担任了全国杂交水稻专家顾问组副组长。这并非一个荣誉性的虚职，此前此后，他一直都在为全国杂交水稻的研究和推广应用谋篇布局。随着杂交水稻的大面积推广，迫切需要为杂交水稻研究搭建一个更理想的工作平台，也是中心平台。

1983年初，湖南省科委正式提出了成立湖南杂交水稻研究中心的建议，向国家计委递呈申请拨款的报告。那正是百废待兴的年代，被十年浩劫折腾得元气大伤的中国，还处于恢复期，国家财力捉襟见肘而到处都要"输血"。尽管如此，国家计委对杂交水稻科研却非常慷慨，竟然一下子拨款500万元！国家计委在决定立项拨款后，为解决亿万人吃饭问题的这个"大道"，在办手续、走程序上一切从简，一路开绿灯。所谓大道，从来就是极其简单的，简单到一两句话就能说明白，如"民以食为天"，如"吃饭第一"，如"吃饭比上天重要"。就这么简单，只有经历过那段非常岁月的人，才会对这个简单的道理有直接而深切的体会。对这样一个结果，袁隆平先生一直到现在还连连惊叹："那实在是一个天文数字！说明党和政府对杂交水稻事业给予了极大重视，寄予了殷切厚望！"

一个大难题竟然如此简单地解决了，湖南省科委随即展开了选址、征地、设计、调配人员、购置设备等一系列烦琐的工作，一听是搞杂交水稻研究，几乎每个单位都大开方便之门，一路绿灯，在不到一年的时间里，一幢幢办公楼、实验楼和宿舍楼就在长沙市东郊马坡岭拔地而起，这个速度，简直比当年的深圳速度还快。1984年6月15日，湖南杂交水稻研究中心正式挂牌成立了，这是国内外第一家杂交水稻的专业科研机构，也是杂交水稻发展史上的一座里程碑。到了1995年，又以其为依托成立了国家杂交水稻工程技术研究中心。两个中心，两块牌子，一套人马，这也是一种大道至简的运行体制。事实上，这两个中心也是世界杂交水稻研究的中心，后来又陆续盖起了科研楼、培训楼、开发楼、科技馆、基础理论和分子育种实验楼各一幢，还建起了温室、人工气候室、种子仓库等科研必备配套设施，并配备了各种大中型科研仪器200多台（件）。如今，中心已拥有60多位研究员和副研究员，其中，博士20多人。离中心大院不远处，就是180亩试验田，当地老乡也挺干脆简单，直呼其为中心试验田。

除了长沙本部，中心还在海南三亚设有南繁基地。这里不说袁隆平和他的助手辗转于广东、广西和云南的南繁经历，只说海南。袁隆平最早于1968年秋在海南陵水县农科所搞南繁育种试验，1970年秋转到崖县南红农场，后又搬到荔枝沟火车站工段附近，条件之艰苦简陋就不用说了，既居无定所，又无试验田，一切都是租用的。直到1982年，湖南省农业厅拨款2万元，在三亚警备区师部农场建了一座平顶砖房，他们才有一个遮风避雨的"家"。再后来，因为有了国家计委那笔拨款，他们才得以继续向师部农场租用土地，在20多年里盖起了办公楼、实验楼、宿舍和食堂，还租用了60亩试验田。

2015年深秋，我特意去海南南繁基地探访。此时的基地在三亚地图上，已经有了一个醒目的标志——湖南杂交水稻研究中心海南南繁基地。这让我少走了不少弯路，直奔那个让我憧憬已久的现场。而这条捷径，其实也是袁隆平和他的助手们独辟蹊径开拓出来的，1968年至2015年，差不多半个世纪，袁隆平和他的助手、同事每年都像追逐阳光的候鸟一样，在长沙和三亚之间南来北往，年复一年，从未间断过。

继续回到1984年。在湖南杂交水稻研究中心筹备成立之际，有人暗自猜测、私下议论谁将出任中心主任。从科研的角度看，非袁隆平莫属，但袁隆平是一位党外人士，在组织全国籼型杂交水稻协作攻关时，也一直负责技术方面的工作，而这个中心主任是单位的行政"一把手"，按惯例，一般都是由党员干部担任。当时，袁隆平正在天涯海角的南繁基地，一如既往地扑在稻田里，压根就不去操那份心。在他心里，无论谁当中心主任，都只有一个中心，那就是杂交水稻研究。而这次人事安排，也是大道至简，袁隆平这位没有任何行政级别的党外人士，被直接任命为中心主任。当接到任命通知时，他是怎样的心情呢？他很清醒，也很有压力，说："我很清楚，这表明了组织上对我的信任，同时我也感到肩负着一份重大的责任，因此，我接受了这项任命。"

有了研究中心这样一个平台，肩负着这样一份重大的责任，一个新的战略设想，又在袁隆平的头脑里开始酝酿了。随着他的思路越来越清晰，一个战略设想呼之欲出。

1986年10月，首届杂交水稻国际学术讨论会在长沙召开，来自美国、日本、印度、菲律宾、澳大利亚等遍及世界五大洲的21个国家和地区的200多名代表参加了会议。像这样的国际学术讨论会，既有唇枪舌剑的激辩，也有欲说还休的试探，当然，也有一些在农业科技上一直领先的发达国家代表心高气盛，正在暗地里狠下决心，发誓要让自己的科技水准在这一领域赶超和领先中国。但有一个事实却是谁也不能否定的，从1976年杂交水稻开始大面积推广，到此时已整整10年，中国杂交水稻累计种植面积超过9亿亩，仅增产稻谷就已超过900亿斤，多养活了1亿人口。

一个黝黑而精瘦的身影，无疑是这次国际会议上最引人注目的。

袁隆平的学术报告，也是这次会议最受关注的环节之一。这不是一般的学术报告，而是他酝酿已久的关于杂交水稻分三步走的战略设想：从育种方法上说，杂交水稻的育种可分为三系法、两系法、一系法三个战略发展阶段，朝着程序上由繁到简而效率越来越高的方向发展；从杂种优势的水平上分，一是品种间的杂种优势，二是亚种间的杂种优势，三是远缘种间的杂种优势。上述的三种育种方法和三种优势水平之间存在着一定的内在关系，可以概括为以三系法为主的品种间杂种优势利用、以两系法为主的亚种间杂种优势利用、一系法远缘杂种优势利用。这篇题为《杂交水稻研究与发展现状》的学术报告，经与会代表一致认可，作为会议的主题写进了会议文件，随后又以《杂交水稻的育种战略设想》为题在《杂交水稻》1987年第1期发表，被业界视为杂交水稻发展的一份纲领性文件，被世界农业科技界称为"袁隆平思路"。袁隆平也因此被誉为杂交水稻科研领域的"伟大战略家"。

从这一卓越的战略构想看，他已从理论上把杂交水稻的科学探索推向了又一个全新的境界，接下来的路，如他所预言的一样，在程序上将由繁到简，在效率上则越来越高，但在关键技术上也越来越难。这不仅仅是一个农业科学家的战略设想，一经他提出，随即得到了国家的高度重视。1987年，两系法杂交水稻研究被列入国家高技术研究发展计划（简称"'863'计划"），而袁隆平又一次肩负起国家赋予他的责任和使命，担任责任专家，主持全国16个单位协作攻关。

此前，对于以三系法为主的品种间杂种优势利用，我搞了很长时间才多少懂得了一点基本原理，而对以两系法为主的亚种间杂种优势利用又如何去理解呢？水稻有籼稻和粳稻两个亚种，所谓亚种间杂交，说白了就是籼稻和粳稻之间的杂交，如果这一技术能从根本上突破，就能从不育系、保持系、恢复系中省去一个保持系，这样就简化了种子生产程序，其最显著的优势还在于它不受"恢保关系"的限制，配组自由，同一亚种内几乎任何正常品种都可以作为其恢复系，因而在理论上更易于选配出杂种优势更强、增产潜力更大的杂交水稻新组合。然而，要省掉三系之一，又何其难也。

为了让我这个门外汉一听就懂，袁隆平又打了个形象的比喻，同三系法那种"一女嫁二夫"而且是"包办婚姻"的奇特婚姻关系相比，"两系法是一夫一妻的自由恋爱，而一系法则是独身主义"。这个比喻让我忍不住乐了。说到这里，还有一段趣话，福建育种专家刘文炳是名噪一时的"植物性学专家"，他有一个创造，就是让水稻充分享受到"性福"。此事说来有趣，却并非异想天开，而是合乎生命规律的科学论断。水稻是植物，也是生命，培育良种，就是让水稻像人类一样优生优育。刘文炳在育种中发明了一套在水稻扬花期间让水稻享受"性福"的方法，具体怎么搞，我也听不懂，但道理我懂，那就是给不育系催花煽情，让雌雄蕊在享受性高潮的快感中更充分地受孕结合，这样，结出来的谷粒才会丰富饱满，优质高产。

所谓大道至简，其实是一个从简单到复杂又重新回到简单的过程，如以前的常规水稻品种育种其实用的也是一系法，在经历了三系法、两系法后再到一系法，这个一系法就是培育不分离的杂种一代，将杂种优势固定下来，免除年年制种，凭借杂种一代植株的种子逐代自交繁殖，那已是一个更高境界的一系法了，那个简单已是非同一般的简单了！

二

追溯两系法的肇始，也是为了澄清一些模棱两可的历史事实。

袁隆平并非两系法的肇始者，在他第一次公开提出分三步走的战略设想之前，模糊岁月中就有了一些默默无闻的探索者。早在20世纪60年代末，安徽省芜湖地区农科所就育成了部分不育系和带显性标记性状的恢复系。后来，只要追溯两系法杂种优势利用，最早就会追溯到这一研究成果。我说是模糊岁月，而他们遇到的也是一个模糊难辨的问题，由于区分杂交种和自交种时困难太多，在当时还根本没有清晰的两系法思路，后来这些技术路线也均未走通，但这些探索者的研究试验对两系法是有启示意义的。

我在前文已一再重复，其实也是反复强调，在三系法中，作为母本的雄性不育系是雄蕊退化、不能自交结实繁育后代的，如果要在两系法中省去保持系，对母本就有了更加特殊的要求：当有父本和它杂交时，要求它能保持100%的母性，如此才能接受父本的花粉，生产出高纯度的杂交种子；当没有父本和它杂交时，又要求它的雄蕊恢复正常，也就是恢复水稻这种雌雄同花、自花授粉作物的本色，能够自交结实繁育自己的后代。然而，在茫茫无涯的"水稻王国"里，又到哪里去找那株非常特殊的母稻呢？谁又将成为第一个发现者？

这个发现，同三系法中对"野败"的发现一样，必将在两系法的探索之路上，从根本上打开一个突破口。说来，这又缘于一个神奇的发现。只要提到两系法，作为全国协作攻关的责任专家的袁隆平，一定会提到一个为此立下首功的人——石明松。

石明松，江苏如皋人，1938年生于湖北省沔阳县（今仙桃市），1959年毕业于湖北省荆州农校，后被分配至沔阳县，从事农业技术推广等工作，担任沙湖原种场农技员。1973年10月上旬，石明松在沙湖原种场栽种的晚粳稻大田中寻找雄性不育株，在单季晚粳品种"农垦58"大田中，发现了三株典型的雄性不育突变株（后被命名为"农垦58S"）。这一发现的突破性意义，犹如李必湖、冯克珊发现"野败"。但若从严谨的科学事实来衡量，两者之间还是有大小之别的。"野败"的发现让以袁隆平为首的中国科学家成功培育出三系法杂交水稻，而它更重大的意义是把中国乃至世界都带入了杂交水稻时代，从此开创了利用水稻杂种优势的新纪元。而石明松发现"农垦58S"，则把杂交水稻从三系法推进到了两系法的时代。

这一发现，也更凸显了1973年在中国的杂交水稻发展史上的划时代意义。几乎就在石明松发现"农垦58S"的同时，在苏州召开的第二次全国杂交水稻科研协作会议上，袁隆平正式宣告我国籼型杂交水稻"三系"配套成功，杂交水稻从此诞生了。而石明松这一发现，将在未来岁月把杂交水稻带进第二个时代——两系法的时代。真是充满了巧合，三系法宣告成功的一年，恰好又成了两系法的开端之年。

当然，这个神奇的发现，只是找到了一个突破口，若要真正跨进两系法杂交水稻时代，从发现到研究、试验，从试验田到大田生产应用，还有很长的路要走。而一个基层农技员，也不可能在第一时间就知道他的这一发现将"照亮整个水稻王国"，他也将经历相当长的摸索与试验。第二年，他利用"农垦58S"自然结实的种子种植了48株，发现这些水稻表现出了雄性不育和雄性可育两种类型。这是怎么回事呢？只能继续摸索试验。

当我追溯石明松极为艰辛的科研探索之路时，时常觉得，这就像是对袁隆平此前经历的一段复写，他的身影里时常会出现袁隆平的影子。作为一个基层农技人员，石明松的本职工作是推广农业技术，而他却要搞科研，这在很多人看来是"自不量力"，而用湖北人的比喻更形象："鸭子都能捉鱼的话，还要鹭鸶做么事？"其实鸭子也能捉鱼，只是没有鹭鸶那样专业。这也是袁隆平曾经的遭遇，无论是从起点看，还是从专业水平看，一个西南农学院的本科毕业生起点自然要比一个农业中专生高许多，而一个安江农校的老师，其专业水平自然也要超过一个农场的农技员。但袁隆平开始向水稻杂种优势这道世界性难题进军时，一开始也遭遇了许多冷嘲热讽。在这方面，他们的性格挺相像，不管你说什么，他们都执着于自己那个顽固的念头，一心扑在稻田里，扑在自己的试验上。石明松一开始也像袁隆平一样，孤军奋战，能给他当帮手的只有妻子。他妻子也是县农科所的职工，对丈夫的试验也多了一份理解和支持，除了上班、做家务，她一有空就到试验田里来。还在上学的两个儿子也是小帮手。稻子抽穗扬花的季节，正值暑假，他们可以帮着父亲授粉、赶田鼠、撵鸟雀。到了晚上，他们把竹床搬到稻田里，父子三人轮流守护着稻田，以防田鼠、野猫、黄鼠狼祸害稻子。当然，人也不能不提防，很多人早就看不惯这个"自不量力"的家伙了。就这样，一家人都围着石明松转，围着他试验田里的稻子转，而石明松则围着太阳转。他对杂交水稻的一个重大科学发现，就是揭开了光照与水稻的密码。不过，这还要等待数年。

对一个基层农技人员来说，那注定是一条极其艰难的科学探索之路，且不说专业水平，搞科研需要精密仪器设备，可别说精密仪器，他连最基本的科研设备也没有。他是自主自发地搞科研，没有科研经费，也没有科研时间，只能在他干好本职工作后，忙里偷闲地挤出时间来。一有空，他就往田里跑，记下一个个试验数据和田间档案。这一切，和袁隆平开始搞科研时的状况差不多，甚至更差。石明松比袁隆平年轻七八岁，基本上就是同一代人，他们的经历很相像，如经历过战乱、饥荒，承受过颠倒的是非。他们的家庭生活也相像，袁隆平的妻子邓则在县农技站工作，石明松的妻子也在县农技站工作，袁隆平膝下有三个儿子，石明松也有三个儿子。据石明松的次子石水华回忆，"一个夏天下来，他手肿了，脚烂了，人又黑又瘦"。那时，石明松两口子的工资都很低，上要赡养老人，下有三个都在上学的儿子，日子过得紧巴巴的，根本掏不出钱来买科研设备。在一无所有的情况下，只能付出比别人更多的心血，这是不用钱买的，也是钱买不来的。袁隆平最早的秧苗是在从废品里淘来的坛坛罐罐里培育出来的，石明松的试验也是因陋就简。"土法上马"，是从前中国人搞科研的一大特色，很多土办法其实都是被逼出来的。有些事说起来让人发笑，猛地一想又让人想哭。沔阳属于江汉平原，育种季节正是阴雨连绵的日子，必须用烘烤箱烘干种子。但他没钱买烘烤箱，眼看稻种就要霉烂了，他急得团团转，转着转着，一眼看见了灶台上那口炒菜的锅，一拍脑袋，就用这炒菜的锅来烘干种子。这事又落在了妻子身上，她用小火慢慢地烘烤种子。这一个粗糙的土办法，却是典型的慢工细活，火候特别难以把握，一不小心就把种子炒熟了。到了授粉季节，先采用人工去雄的方式剪颖去雄，再用专门的杂交袋套住，并用专门的夹子固定，但他没钱买专门的去雄镊子和套袋固定用的夹子，就自己动手做。到了杂交时，没有专门的杂交袋，他就找来一大堆旧信封代替。没有遮光室，就找几个煤油桶来遮光。终于，又一茬试验用的种子生产出来了，但还需要个储藏室，他把家里最好的一间卧室腾出来做了储藏室，一家人挤到了十多平方米的小房间里。就这样，他还不放心，生怕老鼠糟蹋了种子，又把种子分成一个个小包，吊在一根根铁丝上。

谁能想象，谁又相信，一粒将要"照亮整个水稻王国"的种子，就是一个基层农技人员在这样简陋的条件下配制的。1974年至1979年，石明松对他发现的"农垦58S"不育株进行多轮测交和回交，在一片光亮下，一个光照与水稻的秘密也渐渐露出了轮廓。他发现不育株能够自交结实，而分期播种的结果表明，其育性与光照长度有关，在夏天的时候是雄性不育的，花粉是败育的，而到了秋天却又是正常的，育性自然恢复。很明显，这种不育株的育性随着光照长度而变化，这也正是光照与水稻的一个还从未被人揭示的密码。当然，这不是一般的水稻，而是典型的雄性不育突变株。这一试验结果，让他知其然，但还不知其所以然。但哪怕知其然，也足以让他在杂交水稻育种上萌生了一个前所未有的设想：在长日高温下制种，在短日低温下繁种，这样就可以一系两用了。他将这种雄性不育系命名为"晚粳日照两用系"。

这一阶段的试验，石明松钻研的重点是搞清楚晚粳自然不育株的育性转换的原因。这种既能表现完全雄性不育，又能自交结实繁种的两用核不育系，其遗传机理是怎样的？它到底受什么因素控制？是气温、肥料还是光照？他要解开水稻的自然之谜。经过反复试验，他逐渐排除了气温、肥料等因素对育性转换的影响，从而把注意力聚焦在光照上。后来的实践证明，这是他最成功之处，也是最大的一个误区。

石明松率先发现的、湖北最早育成的光敏核不育系"农垦58S"，为两系法杂种优势利用立下了首功，但在1985年10月通过鉴定时，"湖北光敏感核不育水稻"还只是一项试验性的成果，当时人们普遍都认同了石明松的观点，这种"一系二用"的不育系在育性转换上只受光照长度的影响，因此很快就能在大田推广应用。也正是因为有了如此乐观的认定与预期，这一发现一时间好评如潮，被誉为"世界领先的顶级发现"。"这一成果是继黄耀祥开创的矮化育种、袁隆平开创的三系杂交水稻后的第三次重大发现，摘下了中国水稻皇冠上第三颗明珠，从杂交水稻的发展史看，这是继三系法后的第二次划时代的发现，摘下了杂交水稻皇冠上第二颗明珠。"后来的事实证明，虽然这一发现有开创之功，但作出如此乐观的预期和崇高的评价为时尚早。或可说，石明松已发现那颗皇冠上的明珠正在闪烁发光，但要真正摘下那颗明珠还有很长的路要走，而且还要经历一次让人们几乎陷入绝境的挫折。

接下来发生的灾难性事实也验证了，光敏核不育系连两系法杂交水稻的不育关也仅仅闯过了一半。但这一成果意义重大，引起了政府部门的高度重视，被国家自然科学基金委员会列为重大项目予以支持。国家科技攻关计划和国家"863"计划也相继支持了这一重大研究项目。一时间，业界掀起"两系法杂交水稻技术"研究热，并在长江流域开始试种。两系法应用于生产，似乎已经呼之欲出。

一段历史追踪到此,难免有人又要发问了:这一成果好像没袁隆平什么事啊?这还真是问到点子上了。那么,作为三系法的总设计师,袁隆平在两系法上又有何作为呢?此时还真得少安毋躁,冷静往下看。

袁隆平此前没有参与"农垦58S"的协作攻关,但他是国家"863"计划两系法杂交水稻专题的责任专家,安江一直是袁隆平团队的科研基地,而他的学生李必湖也是参与协作攻关的科研人员。这里又要提到另一个重要发现者——邓华凤。这位1963年出生的杂交水稻育种专家是湖南沅陵人,苗族。他1984年于安江农校毕业后留校从事杂交水稻教学和科研工作,是李必湖的学生和助手。说来,也是一次神奇的发现改变了他的命运。1987年夏天,在袁隆平和李必湖的指导下,邓华凤在安江农校三系杂交水稻试验田中发现了一株"怪怪的母稻",不是模样怪,而是它对光照和温度的反应很敏感。在安江盆地8—9月上旬的这段时间,日照强,温度高,白昼长,这株水稻开花时,雄蕊退化而雌蕊正常,这是典型的雄性不育性状,必须通过父本授粉才能结实。到了9月中下旬,随着日照时间缩短、温度逐渐降低,它又恢复了水稻自花授粉的自然本色,雄蕊和雌蕊都正常,不用父本授粉也可以自交结实。这一现象被称为育性转换,有人将其形容为"像两栖动物一样功能强大"。对于两系法的杂种优势利用,关键就在掌握和利用这种育性转换的自然生命规律,石明松也正是利用这一规律率先培育出了"晚粳日照两用系"。

邓华凤发现的这株"怪怪的母稻",也成了袁隆平科研团队的第一个两系法母本。如果不出意外,只需将杂交水稻制种、播种时间提早一点,让它在8月开花,正好与父本花期相遇,就可以尽情享受刘文炳所说的"性福",结出丰富饱满、优质高产的果实。若要繁殖母稻种子,则可推迟播种时间,让它9月下旬后抽穗扬花,这样就可以省掉一个保持系，育成两系法杂交水稻了。当年，邓华凤便将所得的11粒种子带到海南冬繁。一开始，他们也觉得这种水稻的性状变化主要是受光照的影响，与石明松的发现有所不同的是，他们发现的是籼型水稻的"光敏不育系"，而石明松发现的则是粳型"光敏不育系"。如果只有这么点儿差别，在科学发现上也不算什么，只能说两系法有两个重大发现：第一个是石明松发现并育成的粳型光敏核雄性不育系——"农垦58S"，第二个是邓华凤发现并育成的籼型水稻温敏核不育系——"安农S-1"，并且最终被定义为光温敏核雄性不育系。那么邓华凤的发现和石明松的发现有什么不同呢？差别其实只有一个字——"温"。在我等门外汉看来，多一个"温"字和少一个"温"字简直不值一提，若不仔细看，甚至根本就看不出来。可这微小的差别，却是根本性的，也正是这一发现为袁隆平的两系杂交水稻研究打开了突破口。

这里又回到我此前的一个伏笔，一个很关键的伏笔。这里再重复一下，石明松想要搞清楚"农垦58S"雄性不育突变株的育性转换到底受什么因素控制，是气温、肥料还是光照。经过反复试验，他逐渐排除了气温、肥料等因素，最终选择了光，也把注意力聚焦在光照上。后来的实践证明，这是他最成功的地方，也是他最大的一个误区。这么说吧，他最大的成功就是揭示了光照对水稻育性转换的规律，而他最大的一个误区，就是排除了温度对育性转换的影响，这是致命的影响。这其实并非他一个人的误区，当时绝大多数的人都认为，光敏不育系的育性转换，只受变化很有规律的光照长度的影响。而邓华凤的发现之所以神奇，就是这一发现恰好弥补了被石明松排除了的这一重要因素，那就是温度对育性转换的影响。正是这一发现，让两系法杂交水稻在一个致命的误区中得到了起死回生的拯救。事实上，这也是对此前"两系法杂交水稻"定义的一次科学改写。

说来奇怪，就在中国第一个光温敏核不育系"安农S-1"育成后的第二年，两系法就遭遇了一次致命的挫折。那是1989年盛夏，在长江流域出现了罕见的盛夏低温，许多原本已宣告育成并通过鉴定的不育材料又变成了可育。当热潮遭遇寒潮，人会感冒、"打摆子"，而靠光温自然调节的两系法杂交水稻受气候影响，也会出现"打摆子"的现象。对人"打摆子"，早已有了苦口良药，而对杂交水稻"打摆子"，当时几乎无药可治。眼看那一派前所未有的蓬勃生机，转眼间就变得死气沉沉，很多热情高涨的人在束手无策中一下子坠入了绝望的境地，而方兴未艾的两系法杂交水稻也一下子被推到了"生死存亡"的关头。每一次科研上的重大挫折，首先就是给科研人员带来巨大的危机感，这让很多原本雄心勃勃的科研人员也开始"打摆子"了。这条从1973年秋天走过来的两系法探索之路，原本以为走到了柳暗花明的境界，没承想到1989年夏天，突遭如此挫折，不说走到了穷途末路，却也是进退维谷。这让两系法杂交水稻变得前途未卜，如果连不育关都过不了，这又怎么能在大田生产上推广应用呢？

这也是科学试验往往会表现出来的两个极端，一极是每一次科技探索在成功之前尤其是在最初时所遭遇的冷漠，甚至是极端的低温，而一旦自以为"大功告成"，又会走向另一个极端，热情高涨、头脑发热，甚至有人早早宣告"中国从此进入了两系法杂交水稻的时代，袁隆平的三系法杂交水稻将要被石明松开创的两系法杂交水稻彻底淘汰"。当天气处于高温状态时，必须发出高温预警，而袁隆平就及时发出了这样的"高温预警"："两系法杂交水稻技术绝不像原来认为的那么简单。"可惜，当时很少有人能冷静地听他发出的警示，甚至有人觉得他马上就会沦为一个被历史淘汰的人物。然而，两系法一旦遭遇挫折，很多人的态度又急转直下，从情绪高涨到一落千丈，一时间，从科技界到管理部门都充满了悲观情绪。"不少研究人员丧失了信心，甚至出现全盘否定两系杂交水稻研究的倾向"——这是袁隆平先生的原话。其实，当时压力最大的还是他这位主持全国协作攻关的责任专家，那种被逼到了悬崖边缘上的感觉又一次出现了。这是他第一次走进雪峰山的感觉，也是他后来一次次遭遇困境时的感觉，这其实也是每一个科学探索者命定的遭遇。当一道悬崖峭壁挡在你面前时，只有两种抉择，其中一条是退回去，这也是很多人当时的想法，既然此路不通，那还不如退回"经典的方法"——三系法，毕竟那是一条已经走通了的路，只要对三系法存在的缺陷和局限逐一攻关，在技术上不断改进，这条道就会越走越宽，或许那才是杂交水稻的正途与大道。对此，袁隆平也有过审慎的思虑，是回归三系法，还是攻克两系法？这是决定两系法命运的一次生死抉择。

袁隆平既是这样一位执着而豁达的科学探索者，也是这一科学真理的验证者。虽说沿着三系法这条路，也可以在方法、效果上不断改善，但若要开发出杂交水稻所蕴藏的巨大潜力，就必须从根本上找到突破口，只有冲出三系法，迈出他"三步走"战略的第二步，才有可能把杂交水稻产量推向更高的水平。这是他认准了的路，哪怕面临悬崖绝壁，他也铁了心要走下去。

三

采访袁隆平先生时，他回忆起这一关键抉择，神情凝重，脸上的骨骼线条也显得特别坚毅。他说："在此严峻关头，如何选育出实用的水稻光温敏核不育系，是成败的关键。面对重重困难和巨大压力，我和协作组的重要成员都没有动摇，更没有放弃。"

当时，摆在袁隆平眼前的一个症结已经非常清楚，两系法杂交水稻遭遇的危机，已被验证不是一场光的灾难，而是一场温度的灾难。常言道，"天有不测风云"，自然温度变化莫测，比光照的规律更难为人掌控。温度不可控，必然会给不育系的繁殖和制种带来极大的挑战。尽管此时袁隆平还不清楚育性转换与光温的作用机制，但有一点他已经认准了：既然温度是一个影响育性转换的主导因素，那么首先要考虑的就是育性对温度高低的反应，而不仅是光照的长短。据此，他率先提出了选育"实用光温敏核不育系"的新思路，要揭开水稻育性转换与光温之间的生命密码，探明其温敏感时期和敏感部位以及导致雄性不育的临界温度。他的这一思路，在其后"能进一寸进一寸，得进一尺进一尺"的试验中得以验证，这是一条极为关键的技术路线。正是这一技术路线，让袁隆平一步一步地揭示出了水稻光敏核不育性转换与光、温关系的基本规律，从而提出了实用光温敏核不育系关键技术指标选育理论及选育与鉴定技术，最终通过掌控临界温度的方法解决了这一难题。

经反复试验，袁隆平和协作攻关的科研人员终于探悉了不育系育性转换的起点温度为23.5摄氏度，不育系在温敏感期的温度低于临界温度时表现可育，而高于临界温度时则表现不育。一把密钥终于找到了，袁隆平又风趣地笑着打比方了：两系法是一夫一妻、自由恋爱结婚，虽说制种少了保持系这个"丈夫"，但母稻对生儿育女的要求很高，你对她的冷暖还得特别关心，她稍不满意就使小性子，一赌气又变成了原来的样子（常规水稻）。

接下来又将是一段充满了科学术语的叙述，而科学就是由这种坚硬而枯燥的东西组成的。在找到一把密钥之后，袁隆平又率科研人员对原始不育系"农垦58S"育性转换的光温条件、育性的遗传行为、花粉败育的生理生化特性、光敏核不育性的转育效果、光敏核不育性的地区适应性等进行研究。在袁隆平的直接指导下，罗孝和等科研人员以"农垦58S"作母本、"培矮64"作父本进行杂交，在杂种二代（F2）选择与"培矮64"相似的核不育株，再与"培矮64"进行回交，其杂种后代经长沙、海南多代双向选择，终于育成籼型水稻低温敏雄性不育系"培矮64S"。与对照品种"培矮64"相比，它在18摄氏度至23摄氏度的冷水条件下才能繁殖，不育起点温度低，穗颈伸长度短，终花时间较长，适宜在我国长江以南稻区推广应用。接着，又有多个参与协作攻关的科研机构遵循袁隆平的这一技术路线，育成了一个个新的实用光温敏核不育系及其两系杂交组合，但杂种优势表现最优秀的，还是罗孝和主持育成的"培矮64S"两用核不育系。在"培矮64S"育成后，又配制出"两优培特"组合，这成为全国第一个通过省级鉴定的两用不育系和两系先锋组合。

到了1991年九十月的高温期，袁隆平又观察到"863"协作组培育的粳型光敏核不育系"7001S"又开始"使小性子"了，出现了从自交结实转为不结实的现象。这让他更加坚信自己此前的判断。那时候，尽管实用光温敏核不育系和两系杂交组合均已获得成功，但在两系法杂交水稻大面积生产应用中还有一道没有攻克的难关，表现为在繁殖过程中的临界低温"漂移"现象，其起点温度随着不育系繁殖世代的增加而逐代上升。试验显示，经3—4代繁殖，不育系中部分植株的不育起点温度会上漂，导致制种失败或种子纯度不达标。若不解决这一隐患，两系法杂交水稻制种就存在很大的风险，依然无法大面积生产应用。

就在两系法艰难推进之际，袁隆平于1990年受聘为联合国粮食及农业组织（FAO）顾问。联合国粮食及农业组织是联合国的常设专门机构之一，粮农组织在联合国成立之前就设立了，其宗旨是"提高人民的营养水平和生活标准，改进农产品的生产和分配，改善农村和农民的经济状况，促进世界经济的发展并保证人类免于饥饿"。而这个在第二次世界大战中成立的组织，最关心的就是饥饿引发的动乱与战争，并作出了灾难性的预言："在21世纪中期之前全球粮食必须增产60%，否则将面临严重的粮食短缺，从而引发社会动荡及内战。"高度的危机感，也让联合国粮食及农业组织对粮农专家给予高度的尊重和礼遇。1992年，袁隆平被联合国粮食及农业组织派往印度指导杂交水稻生产，住的是五星级宾馆，一天500多美元的工资，一个月就是1万多美元。这在20世纪90年代初的中国，是想都不敢想的高薪。联合国粮食及农业组织要他在印度工作三个月至半年，结果他只待了三个星期就心急火燎地赶回来了。当时两系法杂交水稻正处于攻关的节骨眼上，一会儿这里出了问题，一会儿那里又告了急，再高的工资，再优厚的待遇，袁隆平也无福消受。一回来，他就奔向了试验田。

在两系法的攻坚战中，袁隆平和协作攻关的科研团队几乎是一直在同温度作战。经反复试验，他和"863"协作组终于揭开了水稻光、温敏核不育系的秘密。1992年，袁隆平在《杂交水稻》上发表了论文《选育水稻光、温敏核不育系的技术策略》，正式提出了水稻光敏核不育的育性转换模式："光敏不育系只能在一定的温度范围内，才具有光敏特性，即长光下表现不育，短光下可育，超出这个范围，光照长短对育性转换并不起作用。当温度高于临界高温值时，高温会掩盖光长的作用，在任何光长下均表现不育；当温度低于临界低温值时，低温会掩盖光长的作用，在任何光长下均表现可育。同时，在光敏温度范围内，光长与温度还有互补作用，即温度升高，导致不育的临界光长缩短，反之，温度下降，导致不育的临界光长变长。品系不同，光温临界指标不同。"同时，他在论文中对温敏不育系也提出了育性转换模式："品系不同，导致不育的起点温度不同。"这两个模式，以严谨而清晰的科学思维理顺了水稻光、温敏核不育系育性转换与光、温变化的关系，从而为选育实用的两用不育系指明了新的方向和技术路线。

为使起点温度相对稳定，袁隆平和"863"协作组又经过反复试验和探索，设计了一套科学的原种生产技术程序。1994年，两系法杂交水稻专题研讨会在扬州召开，袁隆平在扬州会议上提出了"遗传漂移"理论及建立以核心种子为主的不育系原种生产操作规程，既解决了育性稳定性问题，又针对不育起点温度低的特性，组织力量集中攻关，成功地探索出了冷水串灌技术，从而攻破了两系法育种繁殖的难关。其具体操作程序为："核心种子→原原种→原种→制种"，即每年用23.5摄氏度的起点温度，在人工气候室筛选不育系的核心种子，用来生产"原原种"，然后在严格隔离的条件下，用"原原种"繁殖原种，再用原种制种，用于大田生产。如此周而复始，就可保证不育起点温度相对稳定，从而避免两系法杂交稻"打摆子"和临界低温"漂移"现象。用这套技术方案指导制种，基本上就可以化解自然因素所带来的风险。如在湖南制种，始穗期放在8月中旬，从历史气象资料看，这一时段连续三天低于临界温度的低温气候仅为80年一遇，遭遇风险的概率只有1%左右。这标志着两系杂交稻终于闯过了温度不可控这一难关，同时也攻克了两系法不育系繁殖的难关。

两系法攻关和三系法一样，也是一道难关紧接着一道难关，若要在大田推广应用，还有一道难关，就是亚种间的优势组合关。在如何选育亚种间的强优势组合方面，袁隆平又经过多年的研究试验，从而有针对性地提出了八条原则："矮中求高，远中求近，显超兼顾，穗求中大，高粒叶比，以饱攻饱，爪中求质，生态适应。"这八条原则不但在两系法育种中屡试不爽，在接下来的超级杂交稻的选育过程中也成了法宝。

1995年8月，随着两系法杂交水稻相继闯过了不育关、繁种关和优势组合关这三道难关，袁隆平在1973年宣告我国籼型杂交水稻

"三系"配套成功后，又一次向世界郑重宣告："我国历经九年的两系法杂交水稻研究已取得突破性进展，可以在生产上大面积推广。"这也是中国独创的两系法杂交水稻诞生的元年。

很明显，袁隆平先生所说的"历经九年"攻关，是从1987年两系法杂交水稻研究专题被正式列入国家"863"计划开始算的，这也是很严谨、很正式的一种说法。此前，从1973年石明松发现雄性不育突变株"农垦58S"到1985年"湖北光周期敏感核不育水稻"通过鉴定，已历时12年，但从严格的科学事实看，两系法在当时还没有一条清晰的技术路线，这12年就像是一个漫长的前奏或引子。如果把这一段历史纳入其中，整个两系法的历史进程比三系法走过的路还要漫长，历时22年，中国科学家才终于摘下了杂交水稻皇冠上的第二颗明珠，中国从此才真正跨进了两系法杂交水稻的时代，这是中国杂交水稻发展史上的第二座丰碑。

当袁隆平揭开两系法杂交水稻的生命密码时，一个谁也无法颠覆的科学事实也昭然若揭，袁隆平绝非某些人所误解的那样跟两系法没什么事儿，他在两系法科研探索中扮演的是一个至关重要的角色。当两系法走到了生死关头，正是他提出的技术路线和理论依据让两系法起死回生。在杂交水稻发展史上，袁隆平是三系法杂交水稻的总设计师，在关键时刻又成了两系法杂交水稻的总设计师，既担纲两系法杂交水稻的顶层设计，在关键性的技术攻关中也是身体力行的实践者。若用科学的眼光看，袁隆平捕获了两个十分重要的基因信息：一是水稻的光温敏核不育基因，二是广亲和基因。他对这两种基因的及时捕获和在杂交水稻育种上的科学利用，使两系法和亚种间杂种优势利用得以实现。这也是他在杂交水稻发展史上的第二个重大贡献。

如今，中国早已进入超级稻时代，但其核心技术体系依然是两系法，也可谓是两系法的升级版，而袁隆平开创的这一技术路线，也为我国种业开拓国际市场提供了核心技术支撑。科学探索之路犹未尽也，两系法杂交水稻在1995年宣告育成后，也不能说是大功告成，作为"三步走"的第二步，此时也只是刚刚起步。每一项科研成果都需要经历长时间的探索试验，还要经历从试种到大面积推广应用的实践检验。2013年，在两系法杂交水稻诞生18年后，由袁隆平主持的"两系法杂交水稻技术研究与应用"项目获得了国家科技进步奖特等奖，这是继全国籼型杂交水稻科研协作组在1981年获得国家特等发明奖后，杂交水稻研究又一次获得特等奖。但这两个特等奖是不能混为一谈的，前者是新中国成立以来的第一个也是唯一一个国家特等发明奖，而后者则是国家科技进步奖特等奖。此时，离石明松的那个神奇发现已过去整整40年。这也足以证明，这是一项经得起长时间检验的科技成果，一直保持着长久的甚至越来越强大的生命力。在50位获奖人名单中，袁隆平名列第一，石明松排第二，这也是严格尊重科学事实的。

令人扼腕叹息的是，为两系法立下首功的石明松的名字上已加上了一个令人锥心的黑框。此时他已辞世25年了。1988年1月中旬，他在武昌参加学术会议期间，因招待所的电热水器漏电而触电身亡。一个"光的使者"，在电光火花中走完了短暂而灿烂的一生。生命中有太多难以预测的事，但他的生命依然在他发现的神奇种子里延续。我一直觉得，石明松更像一个王国里的"光的使者"，一个生命中的"光的使者"，他的发现的确"照亮整个水稻王国"，同时也照亮了他如电光火石般短暂而灿烂的生命。

四

　　岁月像一条深不见底的长河，那些前尘往事或随流水散，或旷日持久地沉淀在河底，或化作推动后浪的前浪。袁隆平是一个从不耽于回忆的过来人，他那双眼从未深陷在岁月里，永远如初开的光，充满好奇地憧憬着未来。

　　频频回首的其实是我等历史追踪者，或许是旁观者清，在蓦然回首间，我们反倒能更清楚地看清事情的本质。对于中国杂交稻的继往开来，1995年是一个非常关键的年份。这一年，随着中国独创的两系法杂交水稻宣告育成，袁隆平在杂交水稻和遗传育种领域又打开了一道玄之又玄的众妙之门，接下来的一切已经不是悬念，只待时间去一一验证。除此之外，还有许多值得载入史册的事情：5月，在一次次落选中科院院士之后，他终于众望所归地当选中国工程院院士；10月，他获得了联合国粮食及农业组织"粮食安全保障荣誉奖章"；12月16日，在湖南杂交水稻研究中心的基础上正式成立了国家杂交水稻工程技术研究中心，从此，他既是湖南杂交水稻研究中心主任，也担任了国家杂交水稻工程技术研究中心主任，肩负起了双重的职责和使命。

　　漫漫科学探索之路上，一代代科学家也在慢慢变老。这也是袁隆平的切身感受，每取得一项重大突破，人就要老好多岁。他从57岁开始两系法攻关，到1995年，他已66岁，换了其他人，可能早歇下来颐养天年了，但对于他，这只是人生中新打开的一扇门。"雄关漫道真如铁，而今迈步从头越，从头越，苍山如海，残阳如血。"一个伟人的长征诗篇，特别适合用来形容袁隆平此时的心境。这是一条关山重重之路，每闯过一关，他就要从头再作部署，而前途依然是苍山如海、残阳如血。如果没有那豪放劲健的气魄和顽强的意志，又怎能迈开下一步、闯过下一关？而他接下来还将不断超越自我，发起一轮又一轮的攻关。

在两系法杂交水稻开始在生产中推广应用之际，国际上早已掀起超级稻研究的热潮。超级稻，亦称超高产水稻。说来，又是日本人先声夺人。早在1981年，日本农林水产省便组织全国各主要水稻研究机构开展题为《超高产水稻开发及栽培技术确立》的大型合作研究项目——"逆753计划"，这让日本成为世界上最早提出并开展水稻超高产育种及栽培研究的国家。按他们设想的路线，先通过籼稻和粳稻杂交的方法选育产量潜力高的新品种，再辅之以相应的栽培技术，计划在15年内，把水稻单产提高50%以上（将亩产从420—540公斤提高到630—810公斤）。1981年至1988年，日本共育成了五个超高产水稻品种（"明之星""秋力""星丰"等）。按计划，日本的这一计划将在1995年实现，而中国独创的两系法杂交水稻也正是在1995年大功告成。不同的是，中国两系法杂交水稻搞成功了，而日本却和中国此前在杂交水稻研究上的遭遇差不多，他们从未输在起跑线上，却总是在半途铩羽，他们培育出来的这些品种，大多在抗寒性、抗倒伏、结实率和稻米品质方面存在这样那样的问题，可无论他们怎么左冲右突，都难以冲出他们的试验田在大田里推广。

国际水稻研究所的起步较晚，他们于1989年正式提出水稻超高产育种计划，后又改称"新株型"育种计划，试图育成一种有别于以往改良品种的新株型水稻，并计划到2000年时，育成产量潜力比当时最高品种提高两成以上的超高产水稻（将亩产从670公斤提高到800—830公斤）。1994年，就在袁隆平宣告中国独创的两系法杂交水稻可以推广应用的前一年，国际水稻研究所抢先一步向世界宣布，他们利用新株型和特异种质资源选育超级稻新品种已获成功，一些品系在小面积产比试验中的产量已超过现有推广品种的2—3成。实在说，这已是了不得的成就了，然而实在中还有实在，他们也像日本科学家一样遇到了很多难以攻克的难题，新品种也同样走不出科学家的试验田。一项科研成果无法得到实实在在的推广应用，对水稻亚种间的杂种优势利用亦如纸上谈兵。如果他们搞成功了，那就直接跨越两系法进入超级稻时代了。尽管这些先行者都没有搞成功，但不能不说，他们的探索有着开创性的意义。袁隆平对他们的探索与试验也从不使用"失败"一类的词语，他只是说："由于指标高、难度大、受技术路线的限制，他们的计划仍在努力实现中。"换句话说，他们的目标至今也未实现。超级稻正因为一直难以从根本上取得突破，搞了许多年一直没有搞成功，被人们称为一个"超级神话"。

那么，以袁隆平为代表的中国科学家，继中国独创的两系法之后，是否能把一个"超级神话"变成货真价实的超级稻呢？当袁隆平把目光投向超级稻时，就有人早早地为他捏了一把汗。按一般人的想法，他在三系法杂交水稻研究成功后，就已功成名就了，成了享誉中外、当之无愧的"杂交水稻之父"，如今又锦上添花，育成了两系法杂交水稻，最要紧的是爱惜羽毛，不能再冒险了。何况他年纪也很大了，这么多年来一直风里来、雨里去，该享享清福了。事实上，无论是此前，还是此时，都有人好心好意地提醒他："您现在已是国际同行公认的'杂交水稻之父'了，国家和省里都对您寄予了厚望，万一搞砸了，岂不坏了名声？"

这种担心并非多余，任何科学技术都有失败的可能，而失败率比成功率要高得多，有人说，成功是"万一"，连万里挑一都不止，而不成功则是"一万"，这世上有多少科技人员在默默无闻地探索着，又有几人能功成名就？如此渺茫的成功率，也让一些成功者抱有见好就收的心态，这也是一种比较普遍的心态，有些人取得了一项成果，便会百般的爱惜和呵护，在科学探索之路上变得谨小慎微，生怕一个什么闪失就毁掉了自己来之不易的英名。然而，以袁隆平的人生境界，他考虑的又岂止是自己这一世英名，他的人生目标是造福人类，何况长江后浪推前浪是自然规律，杂交水稻更新换代也是必然趋势。袁隆平一直在鼓励也真诚希望后来者能够超越自己，但他也一直在不断实现自我超越。一生酷爱运动的袁隆平，能走得这么远，一方面得益于他一直在锻炼自己的体魄，另一方面也得益于运动让他领悟到的人生与科学哲理。他常用跳高来打比方："搞科研如同跳高，跳过一个高度，又有新的高度在等你。要是不跳，早晚要落在后头，即使跳不过，也可为后人积累经验，只要能解决老百姓的吃饭问题，个人的荣辱得失又算得了什么？"

从三系法到两系法，袁隆平一直走得稳健而从容，但他也有压力，也有危机感和紧迫感。他说过这样一番话："人类的历史，像江河之水，总是奔流不息；科学技术，似接力赛跑，你追我赶，强者胜。我国杂交水稻的研究，亦如江河之水，赛跑之势，在绿色革命运动中，你追我赶，形势逼人，压力很大。"

1996年，关于中国的粮食安全，至少有两件值得载入史册的大事。第一件大事是，10月，国务院发布了《中国的粮食问题》白皮书，其中明确指出"农业科技在中国农业增产中的贡献率约为35%"，并突出强调要把科技作为"中国粮食生产再上新台阶的巨大动力"。第二件大事是，农业部正式启动了为期十年的中国超级稻育种计划。第二年，袁隆平提出的"中国超级杂交稻育种计划"又由国务院总理基金和国家"863"计划立项。在袁隆平的统领下，组织全国20多个科研团队协作攻关。这已是袁隆平第三次率领全国科研团队协作攻关。

中国超级稻育种计划的启动时间比日本晚了16年，比国际水稻研究所也晚了七年，但中国有句俗话：欲速则不达。随着中国超级稻研究的一步步推进，这一计划实际上已成为保障国家粮食安全的战略决策之一，而无论是在战略设想，还是在技术路线上，袁隆平都扮演着战略家的角色，有人甚至把他称为这一领域的"战略之魂"。然而，每一个战略在付诸实施和取得战果之前都是有风险的，而中国超级稻育种计划明确由袁隆平牵总头，他是负总责的首席专家，理所当然必须由他来承担随之而来的风险。按袁隆平提出的第一期产量指标，就要选育出亩产达700公斤以上的超级稻品种，不说别人替他捏了一把汗，连那些追随他多年、对他言听计从的学生和助手们也充满了怀疑："袁老师啊，这怎么可能达到啊？"他们的怀疑，其实已经被日本人用16年的时间、国际水稻研究所用七年的时间验证了，还真是达不到。但袁隆平对他的助手们说："别人没做到的，不等于我们不能做。杂交水稻以前别人没有搞成，但我们搞成功了，现在我们已经搞成了中国独创的两系法杂交稻，如果能把三系法、两系法的优势一起运用在超级稻攻关上，我们就有比别人更大的优势，抢占杂交水稻研究的国际制高点。"

随着袁隆平率中国科学家开始超级稻协作攻关，在全球范围内，日本、国际水稻研究所和中国成了在"水稻王国"逐鹿的几驾马车，前者已先声夺人，后者正奋起直追，而谁将马到成功，还将拭目以待。

迄今为止，人类一直不遗余力地提高农作物的单产，主要是通过两条途径：一是品种改良，一是形态改良。这两条途径并非平行线，可以交叉兼容，把两种优势结合在一起利用，所产生的不是加法效应，而是乘法效应，甚至可以促使农作物呈几何级数增产。

从品种改良看，最原始的方式就是农民在稻田里选种，拣穗子大、籽粒饱满的，留作来年的种子。还有就是"施肥不如勤换种"，在同一块田里，老是种着一样的种子，那种子再好也会退化。在杂交水稻问世之前，农业科技人员主要是通过改良常规品种和改变育种技术、栽培技术来提高作物的产量，但这样的改良增产潜力有限。直到杂种优势利用的潜力被开发出来，才让品种改良出现了质的飞跃。事实上，这已经不是改良，而是一场革命，而杂交水稻就是袁隆平在中国稻田里掀起的一场划时代的绿色革命。

从形态改良看，主要是因地制宜，改良株型，以提高作物的光合效应和抗逆性。如黄耀祥先生开创的"水稻矮化育种"及其培育出的半矮秆水稻，就是一个经典之作。以国际水稻研究所为代表的各国水稻育种家，一直以来主要就是采用改良常规品种和改良株型这两种方式，也曾创造出不少奇迹，但他们在超级稻上却没能再创奇迹，难以实现超高产的预期目标。这是被实践验证了的事实，无论是对常规品种的改良，还是单纯的形态改良，增产潜力都很有限。这也是人类把目光转向杂种优势利用的主要原因，而且成了20世纪农业科技革命和或绿色革命的主题。

按袁隆平早已提出的分三步走的战略构想，从三系法、两系法到一系法，与之对应的是杂种优势利用的技术路线。很多人误以为超级稻就是比两系法更高级的一系杂交稻，这是一个大误会。超级稻是一个以一定产量指标来衡量的概念，无论是常规稻，还是杂交稻，又无论是三系法杂交稻，还是两系法杂交稻，只要达到了预定的产量指标，均可称为超级稻。具体说到超级杂交稻，从袁隆平接下来的试验和实践看，主要是"两系法和亚种间杂种优势利用"，但那也只是两系法杂交稻的发展和延伸，通俗地说，就是杂交水稻的升级版和加强型，其基本原理和两系法一样，也是采用水稻的两个亚种——籼稻和粳稻进行杂交。这反过来又验证了，袁隆平从三系法到两系法这段路没有白走，它本身就是一座连接过去和未来的桥梁。谁不想获得跨越式发展呢，但无论采用怎样的科技创新手段，那也只能让你的脚步加速，那一个接一个的关键步骤，是不能骐骥一跃而跨越的。尽管两系法对亚种间的杂种优势利用比三系法的品种间杂交可以释放出更强大的能量，但超级杂交稻也吸收了三系法中的一些经典的方式，而当超级杂交稻发展和延伸到后一阶段，将越来越接近一系杂交稻的一些特征，如远缘杂种优势利用或分子间杂交。一句话，超级稻就是利用水稻的一切杂种优势来追求高产优质的目标。从三系法、两系法到超级杂交稻，一向喜欢拿比喻说事的袁隆平又开始打比方了："如果常规稻是鸟枪，杂交稻就是大炮，而超级稻就是核武器！"

按水稻领域的主流观点，水稻只有籼稻和粳稻两个亚种，也有一些科学家认为爪哇稻是水稻的亚种，但主流观点则认为爪哇稻属亚热带粳稻。从中国稻作区分布看，一般是南籼北粳，这两个亚种的亲缘关系比较远，而亲缘越远，其远缘杂交的生物学优势就越强。但两者之间也有一个大限，由于亲缘太远了，亚种间遗传分化程度大，就会不亲和，存在一定的生殖隔离，从而导致杂种受精结实不正常，看上去穗子很大，但大部分是空壳，一般只有两三成的结实率。据袁隆平当时估计，如果结实率正常的话，通过籼粳杂交，将产生强大的杂种优势，亩产可达到900公斤，甚至突破1000公斤大关，这在当时，可真是一个"超级神话"了。但袁隆平坚信这个神话是可以实现的，关键是如何突破不亲和这个生殖隔离的大限。

对于亚种间的生殖隔离，早在20世纪70年代，辽宁省农科院水稻研究所的杨振玉等科研人员就开始了打通籼粳之间生殖隔离的尝试。他们通过连续六年的试验，首创了"籼粳架桥"制恢（人工创造恢复系）技术，这一技术对两系法杂交稻的探索具有借鉴意义。日本科学家在这方面也作出了难能可贵的尝试，如袁隆平的老朋友池桥宏早在1982年就揭示了籼粳稻的不亲和性以及杂种结实率低的原因，并首次提出了"水稻广亲和现象"，在籼稻和粳稻两个亚种间找到一些中间型的水稻，如爪哇稻，这种中间型的水稻品种具有广亲和基因，无论是与籼稻杂交，还是与粳稻杂交，试验显示都能正常结实。池桥宏的发现，为袁隆平攻克生殖隔离的大限找到了突破口。他针对中国具有丰富的广亲和水稻资源，且亲和谱各异等特点，在攻克两系法时就主张"把光、温敏核不育基因与广亲和基因结合起来"，随后又在国内率先提出"水稻亚种间亲和性模式"，进一步阐明和发展了池桥宏提出的"水稻广亲和现象"，从而提出了比池桥宏更全面、更深入的"广亲和基因"和"辅助亲和性基因"的理论，按亚种间亲和性表现，将水稻品种分成广谱广亲和系、部分广亲和系、弱亲和系和非亲和系。在这个理论的基础上，袁隆平和他的科研团队对广亲和资源进行了大量的筛选和遗传研究，发现广亲和材料中还存在另外一些广亲和基因，这些基因在克服亚种间杂种的不育性方面同样具有重要的作用。经过协作攻关，以袁隆平为代表的中国科学家终于为水稻亚种间的杂交打通了生殖隔离，又攻克了一道世界性难题。池桥宏虽说是提出"水稻广亲和现象"的第一人，但他的设想在日本没有实现，而是在中国长沙付诸实施的，这让他对袁隆平和长沙抱有很深的感情，先后五次来长沙和袁隆平探讨交流，两人在稻田里结下了深厚的友谊。科学无国界，这也是一个典型事例。

袁隆平一只眼盯着种子，另一只眼也盯着株型。想想也知道，倘若那超高产的水稻结出了沉甸甸的稻子，但没有强有力的稻株，又怎么能承受得起？我在前文述及，在杂交水稻诞生之前，水稻育种的技术路线主要是从植株的高矮、形态着手进行改良，如黄耀祥先生当年培育的半矮秆水稻，就是这方面的经典范例。矮化育种可提高水稻的抗倒伏能力，在大田推广后，亩产为250公斤左右，这在当时已很了不起了，而按农业部分期制定的中国超级稻产量指标，第一期（1996年至2000年）亩产就要达到700公斤，那该要多么高大粗壮的稻株才能支撑起这么多稻谷？很明显，矮秆和半矮秆株型是不成的，必须拥有高大的株型，但稻禾一高就容易倒伏，这就必须培育出一种高大壮实的株型，既具有高度的抗倒伏能力，又能承载高出半矮秆水稻两三倍的稻子。而中国稻作区分布广泛，从平原到丘陵区、山区，由于生态条件复杂、气候变化多样，在株型设计上均要立足当地，到什么山上唱什么歌，这就需要众多的科研人员参与，这也是协作攻关的意义所在。每个协作攻关的科研人员都必须因地制宜、对症下药地琢磨如何改良株型。袁隆平一直紧盯着长江中下游流域，这是中国最重要的稻作区，播种面积约占全国水稻总面积的一半，若能大幅度提高这一地区的水稻产量，对确保我国粮食安全具有举足轻重的意义。

与其说袁隆平是一颗持续发光、热力不减的恒星，倒不如说他一直在经受烈日的长久考验。当田间的农人都回家歇晌后，那几个依然在稻田里俯身寻觅的身影，便是他和他的助手们。在茫茫稻海中想要寻找到理想的稻株非常渺茫，而偶然又必然的发现已是袁隆平一次次为我们展现的神奇风景。这一次发现，并未来得太迟。就在中国超级稻育种计划启动的第二年，1997年，袁隆平在观察两系法杂交组合"培矮64S/E32"时，便发现这是一个株型优良、极具高产潜力的组合。这一组合以湖南杂交水稻研究中心选育的低温敏核不育系"培矮64S"为母本，经罗孝和研究员与江苏省农科院邹江石研究员等协作攻关，最终筛选出了一个两系法杂交稻新组合，既可作为中稻栽培，又可作为连作晚稻，还可作为再生稻的理想品种。当然，袁隆平最看重的就是它的株型，其株高超过1.1米，秆高超过一米，那深绿色的叶片又厚又直，尤其是那顶部上三片功能叶，其横断面呈瓦状（V字形），剑口青秀挺拔，剑叶角度小。这稻禾让袁隆平眼前豁然一亮。他灵机一动，顿悟出超级稻的理想株型模式。这样的灵感或顿悟，在袁隆平的一生中频频发生，正所谓"迷闻经累劫，悟则刹那间"，他不禁又脱口而出那句他最满意时的夸奖："高级，高级啊！"

但要塑造出超级稻的株型模式，单凭一个灵感或顿悟是不可能完成的，还必须反复观察、分析和试验。袁隆平先生给我讲解，农作物高矮之间的关系，涉及一个力学公式，稻秆是空心的，以一个空心钢管为例，它所承受的压力和它高度的平方成反比，钢管越矮，它所能承受的压力就越大。经测试，一根高70厘米的钢管，比高一米的型号相同的钢管所能承受的压力大一倍。按这个力学公式，袁隆平参照"培矮64S/E32"的植株形态，并针对长江中下游流域的气候与水稻的性状特性，对超级稻的生长态势进行了量化分析，从而设计出了理想的超高产稻株形态模式。一是冠层要高，即上面的叶子高度要在1.2米以上，这有利于水稻的生长和结实。而抗倒伏是超高产的一个前提，一倒就会减产甚至颗粒无收，因此斜都不能斜，斜了以后，叶片就会相互遮阴，光合作用受到影响，养料运输受到阻碍，就不能达到超高产。这就必须对上三叶进行塑造，使其长长、直直地向上举着，这样既能增强其抗倒伏能力，又不会遮挡阳光，还能充分提高群体的光能利用效率，实现有效增源。二是穗层要矮，即稻穗的位置矮，当稻子成熟的时候，穗尖离地只有六七十厘米，它所有的重量（重力、重心）自然下垂，这样才有更强的承重力。为了让广大农技推广人员和稻农们熟记这些诀窍，袁隆平把理想的超级稻株型概括为几句口诀："高冠层、矮穗层、中大穗、重心低、库大而匀、高度抗倒。"

就在袁隆平主持中国超级稻育种计划协作攻关的第二年，他这个首席专家开始为捉襟见肘的科研经费犯愁了。这样一个关乎国家粮食安全的大工程，国家理所当然是最坚强的后盾。还别说，他又赶上一个机遇了。1998年8月，国务院组织一批优秀专家和教师去北戴河休假，袁隆平也在其中。在前往北戴河的火车上，他与国务院办公厅副秘书长徐荣凯和秘书三局局长袁隐坐在一起。而在此前不久，国务院成立了国家科技教育领导小组，由国务院总理朱镕基任组长，常务副总理李岚清任副组长，徐荣凯担任领导小组成员兼办公室主任，办公室设在国务院办公厅，具体工作就由秘书三局承办。袁隆平的这次北戴河之旅，还真是赶得早不如赶得巧。徐荣凯和袁隐打心眼里敬重这位誓言"不让老百姓挨饿"的"杂交水稻之父"。说来有缘，袁隐还和袁隆平亲热地攀起了本家，徐荣凯还半开玩笑地道："你远亲不如我近邻，我是重庆人，我家住在南岸，与袁先生老家所在的下浩只有一公里呢！"几个人就这样说说笑笑，越聊越亲热，越聊越投机。当两人关心地问起超级稻科研攻关的进展时，袁隆平也实话实说，技术上的困难他可以和科研人员一起攻关，但经费上的困难还需要国家大力支持啊。两人听了袁隆平的一席话，觉得责无旁贷，这正是他们的分内职责啊，他们建议袁隆平赶紧打报告，按照程序，通过徐荣凯呈送给朱镕基总理。朱镕基在第二天就作了批示："良种培育和基因转换的研究都很重要。同意按需要增拨经费。"随后，朱镕基又一次批示"国务院全力支持这项研究"，并从总理基金中特批1000万元专项资金予以支持。

　　报告这么快就得到了总理批示，再次凸显了吃饭问题多么重要，而科技则是保障国家粮食安全的一个战略支撑点。2008年发布的《国家粮食安全中长期规划纲要（2008—2020年）》，对此有一段简明夺目的表述："通过加快改良品种、提高农田生产力、推广现代生产技术和手段等，使我国粮食单产登上一个新台阶。"当然，朱镕基在袁隆平的报告上两次作出批示时，离2008年还有整整十年，在这十年间，袁隆平和他率领的科研团队，将向超级稻的第一期、第二期、第三期目标连续发起攻关，一次次刷新水稻超高产的世界纪录。

　　从中国杂交水稻发展史看，这是一个在探索、发现、创造和实践中不断演进的过程，也是"杂交水稻学"这一新兴科学的知识体系逐渐形成和不断完善的过程。作为总设计师的袁隆平在这一过程中的科学预见能力也在进一步强化，每到一个承上启下的关键点，他都会从理论和技术路线上作出纲领性的阐述。1998年8月，第十八届国际遗传学大会在北京国际会议中心开幕，这是20世纪国际遗传学界的最后一次盛会，大会的主题是"遗传学——为民造福"。中国现代遗传学奠基人之一谈家桢院士在致辞中以"人寿年丰"高度概括了遗传学对于人类的意义："人寿"，就是提高全人类的生命质量；"年丰"，就是提高全人类的生活质量，丰衣足食。袁隆平作了题为《超高产杂交稻选育》的学术报告，对超级杂交稻理论和选育技术路线进行了极具指导性的阐述，他提出超级稻必须以"增源"为核心，并由此提出了超级稻产量指标、株型模式和选育的技术线，育种应采取旨在提高光合效率的形态改良与亚种间杂种优势利用相结合，辅之以分子手段的选育综合技术路线。此外，还要针对超级杂交稻的特点，建立与之相适应的超高产栽培技术。

按照袁隆平设计的技术路线，他率协作攻关的科研人员发起了一轮轮攻关。

1999年，多年来一直担任袁隆平助手的罗孝和研究员和江苏省农科院邹江石研究员合作，由罗孝和提供母本，邹江石育成了世界第一个投入大面积生产的两系法杂交稻组合"两优培九"。这一成果通过鉴定，被农业部、科技部认定为"超级稻"，该组合也被袁隆平认定为超级杂交稻的先锋组合。这标志着，中国第一个超级杂交稻组合诞生了。这种水稻根系十分发达，茎秆粗壮，穗形大，杂种优势非常强大。每一个新品种在科研人员的试验田里试种后，还必须按照严格的科学程序走，逐渐扩展到示范片试种。示范片一般由当地农民种植管理，但有科研人员的悉心指导。而示范片也是不断扩大的，从百亩示范片扩大到千亩示范片，示范片的数量也会不断增加，并且分布在不同的地区，除了测试种子的效果，还要测试各种不同地域的环境因素的影响。这是一个反复试验、不断修正的过程，其对种子的选择是一个十分严格的过程，一粒种子可以承载人类的命运，也可以给人类带来难以估量的灾难，科技人员在自己的试验田里可以大胆试验，但在大面积推广应用之前必须慎之又慎。对于科学，"面面俱到"是一种全面而严谨的科学精神，每走一步都谨小慎微，连每一个细节、每一个在试种过程中发现的或可能出现的问题都必须考虑到。一句话，试验可以失败，但大面积推广应用绝不能失败。

这年的试验结果显示，"两优培九"仅在湖南就有四个百亩示范片，平均亩产超过了700公斤，若按农业部分期制定的第一期超级稻产量指标，已经达标了，但这年并未作出达标的认定，一粒种子的普适性十分重要，还必须在更大范围内试种。到2000年，"两优培九"又进一步扩大试种范围，8月25日、9月10日，在湖南郴州两个示范片举行了中国超级杂交稻现场验收会，经专家现场测产验收，两个示范片均达到第一期超级稻产量指标。当年，全国有16个百亩示范片和四个千亩示范片，亩产均达到或超过了700公斤，大面积的试种结果充分验证了这一品种既可在一般生态条件下大面积推广，也可在地形复杂的山区推广。除了产量，还有质量，经鉴定，第一期超级杂交稻的米质就达到农业部规定的二级优质米标准。这也标志着，从1996年中国启动超级稻育种计划起，历经四年，在人类跨入新千年、迎接新世纪的2000年，中国超越了日本和国际水稻研究所等先行者，率先迈进了超级稻时代。

此前，袁隆平在《中国稻米》1999年第4期上发表了《杂交水稻选育的回顾、现状与展望》一文，在19世纪末对新中国的粮食发展之路和杂交水稻的科学探索之路作了一番梳理和总结："迄今，我国在水稻育种上已有两次突破，并且都处于世界领先水平。第一次是矮秆水稻的培育成功，第二次是杂交水稻的研究成功，两次突破使单产潜力均在原有品种的基础上增加20%左右。现正在启动的超级杂交稻研究，其产量指标是比现有杂交稻增产30%左右，它的实现将是水稻育种上的第三次突破。因此，培育和推广超级杂交稻对于解决我国21世纪的粮食问题具有极其重大的战略意义。"

诚如袁隆平所说，在新中国历史上，粮食产量出现了三次突破，也可谓是三次飞跃，水稻占了一半功劳，尽管水稻种植面积仅约占我国粮食作物面积的三成，但产量却占了粮食总产量的一半。而这三次飞跃，从科技支撑的视角看，第一次飞跃，是以黄耀祥为代表的稻作育种专家在20世纪50年代后期培育出来的半矮秆水稻，从六七十年代开始大面积推广，在70年代中期登上了亩产250公斤的台阶。第二次是以袁隆平为代表的育种专家培育出来的三系法杂交水稻，在70年代末80年代初开始大面积推广，促使我国水稻平均单产在80年代中期登上了亩产300公斤的台阶，其后，从三系法到两系法所产生的增产效应，到90年代初期，又把单产提高到400公斤的水平。而超级稻作为两系法杂交稻的升级版或加强版，一经问世就显示出了愈加强大的杂种优势，由于产量高、品质好，具有广适性，适宜在我国南方大部分省区推广种植，大推广必然会带来大增产，这是杂交水稻发展史上的第三次飞跃，也是一个强有力的引擎，必将推动中国粮食产量的第三次飞跃。

在铆足劲儿攻关四年后，袁隆平终于可以长长地吁一口气了，对于助手们当初的怀疑和不自信，他现在可以底气十足地回答了："我们的超级稻计划比日本晚了16年，比国际水稻研究所晚了7年，但现在，我们跑在世界最前沿！"

1994年，美国学者莱斯特·布朗发表了一篇报告《谁来养活中国——来自一个小行星的醒世报告》，而就在1999年10月，经国际小天体命名委员会批准，中国科学院北京天文台施密特CCD小行星项目组发现的一颗小行星（8117）被命名为"袁隆平星"，猛地一想，还真是神了，冷静地一想，又觉得一切都是自然而然的，而自然中也有一些偶然的巧合。这颗小行星是 1996 年 9 月 18 日在位于河北的中科院兴隆观测站被发现的。据报道，当晚，多云的天气转晴，秋风把蔚蓝天空拭净，可以分明地看清遥远的星河。兴隆观测站的施密特望远镜在太空搜寻，值班的研究人员睁大眼睛，在白羊座发现一颗小行星。经连续观察测定，这是颗新发现的小行星，暂定编号为"1996SD1"，其中 SD 正好是中文"水稻"的汉语拼音字头。在它获得"国际编号 8117"这一永久编号后，天文学家们为了表示对"杂交水稻之父"袁隆平的敬意，决定将这颗小行星命名为"袁隆平星"。吃饭比上天重要，一个一辈子俯身大地的农业科学家，从此以星星的名义围绕太阳旋转，而这位追逐阳光的人，又何尝不是一直在围绕着太阳转。说来还真是有些神奇，这颗小行星是兴隆观测站发现的，袁隆平父亲的名字（袁兴烈）中有一个"兴"字，袁隆平的名字中有一个"隆"字，这是父子两代的辈分，恰好为这颗小行星构成了一种"代代兴隆，天地兴隆"的寓意。后来，南京天文台多次邀请袁隆平去看那颗小行星，但他都没有去看。说到此事，他总是带着那特有的幽默或诙谐："那颗星好大，直径有 1 万米，十公里。小行星麻烦呀，会闯祸的，如果一颗直径数公里的小行星撞地球，比几亿吨级的氢弹还厉害，但我的那颗星是循规蹈矩的，不会坏事！"

第五章

袁隆平的梦

一

　　弹指一挥间，人类已跨越新千年，进入21世纪，又一个科学的春天来临了。

　　2001年2月19日上午，一场必将载入共和国史册的科学盛典在北京人民大会堂举行。刚从稻田里走来的袁隆平登上了国家最高科学技术奖的领奖台，那灿烂耀眼的光芒，瞬间聚集在他充满沧桑感的身上。这是中国首次颁发国家最高科学技术奖，其规格之高、奖金之重，在共和国历史上都是前所未有的，评选也极为严格，每年度获奖人数不超过两人，获奖者必须在当代科学技术前沿取得重大突破或者在科学技术的进展中有突出成绩。

　　吴文俊是中国科学院第一位获得这一崇高荣誉的院士。他白净而儒雅，一看就是一位刚从实验室里走出来的科学家。袁隆平则是中国工程院第一位获得这一崇高荣誉的院士。即便登上了国家最高科学技术奖的领奖台，他依然朴实得像一个刚从稻田里走来的农民，尽管他自称是"一个种了一辈子水稻的农民"，但谁都知道他是一个"伟大的农民"，伟大的成就是突破经典遗传理论的禁区，提出水稻杂交新理论，实现了水稻育种的历史性突破。从对水稻杂种优势的实际利用看，当时我国杂交水稻已占全国水稻播种面积的一半以上，平均增产20%，产生了巨大的经济和社会效益。

袁隆平在发表获奖感言时依然像农民一样诚实而谦逊："这个奖是奖给全国农业战线的科研工作者的，我个人在杂交水稻的前沿工作中起了一点带头作用，但杂交水稻是大家干出来的，单枪匹马不可能干出来，靠国家，靠集体，靠方方面面支持，每取得一项成果，都是全国很多人协作攻关的成果。"他表示，在实现中国超级稻第一期目标的基础上，还要继续探索，追求更高的目标。

中央电视台给吴文俊和袁隆平做了一个专访，节目尽管展现的只是一些片段，却折射出了他们以不同的方式走过的岁月。这是两位科学家头一回面对面交流，两人一见如故，言笑晏晏，一个风趣，一个幽默。吴文俊是1919年五四运动后不久诞生的，比袁隆平年长十岁，此时82岁，满头白发。相比之下，袁隆平还是一个小老弟，但吴老对他特别敬重，刚一落座便说："大家都称您是'杂交水稻之父'，按学科说，农业和数学的关系向来非常密切，数学计算最早来自对农田的丈量，如几何，这个词就来自希腊文的丈量土地。从历史上看，要发展农业，必须观天测地，观天发展成了天文学，测地发展成了几何学，这就说明了几何的来源。在中国尤其是这样，因为中国社会向来是以农业为主的，历史上，中国的数学发展过程里面，有许许多多的问题都来自农业。"

这一番话，三句不离本行，道出了数学与农学之间那命运般的联系，袁隆平连连点头，说："数学是科学之母，任何科学技术发展到最高阶段，都要数量化、公式化。"

吴文俊接过话头，又谦虚地说："搞数学、搞科学的人都要吃饭，农业也应该算是科学之父。"

从科学之母到科学之父，这两位科学家的坐而论道，还真是趣味盎然又意味深长。

袁隆平说起自己小时候数学成绩不好，初中时向老师提问为什么"负负得正"，最后"知难而退"，到现在也还是没弄清楚。吴文俊听后摸着下巴大笑起来，说他小时候对"负负得正"也是百思不得其解，但他越是不理解，越是想搞清楚，从很不理解到"知难而进"，结果呢，就成了数学家。

两位科学家从过去的岁月谈到未来，吴先生这么大岁数了，一讲到自己接下来的科研课题，不知不觉就提高了嗓门儿，脸上和眼神里都闪着光。他那年轻的心态，让袁隆平感受到了一种不老的生命力。当主持人邀请袁隆平拉小提琴时，他毫不犹豫地接过了小提琴。他的双手终日与泥巴和秧苗打交道，可一触琴弦，他仿佛一下子又回到了血气方刚的岁月，琴声中充满了喷薄而出的朝气与活力，又多了从岁月深处一路走过来的迂回与曲折……

谁又能想象，一个刚刚还站在国家最高科学技术奖领奖台上的科学家，当天便又飞赴海南三亚南繁基地，一下飞机就直奔自己的试验田。他不能不赶回来，按农业部制订的中国超级稻育种计划的第二期产量指标，亩产将要比第一期增产整整100公斤，达到800公斤，这一目标预计在2005年实现。

五年，说长也长，说短也短，袁隆平一刻也不敢耽误，执着而稳健地推进。这个与新中国一路风雨兼程走过来的人，经历了太多的坎坷与挫折，对狂飙式的大跃进一直保持高度警觉。自从中国迈进超级稻时代后，从第一期超级稻开始，他的每一步都是稳打稳扎，步步为营。他特别喜欢"矮子爬楼梯"这个比喻，一个迈向科学高峰的登攀者，其实很少有抬头仰望的姿态，更多的时候，都是低着头，躬着身，一步一个台阶地往上登，哪怕登得再高，他也是一副俯身于田间的姿态。

就在袁隆平率协作攻关的科研人员向第二期目标挺进之际，莱斯特·布朗那"警世的呼唤"和灾难性的预言仿佛就要应验了，一场粮食危机正在逼近人类。2003年10月秋收过后，我国粮价突然出现大幅度上涨，这是国内粮价在连续六年持续下跌后的首次全面上扬。每天吃着大米饭的人们很少会想到那些稻田的播种耕耘者，而粮价上涨顷刻间就让每一个人绷紧了神经。其实，中国当时并未出现粮食危机，粮价上扬的幅度并不足以引发大规模的恐慌。然而，一个刚从饥饿和半饥饿中走出不久的民族，是极容易出现条件反射的。尤其是在20世纪70年代以前出生的人，几乎都经历过粮食和物资紧缺，一有风吹草动，人们就会产生对饥饿的恐惧。

除了粮价上扬引起的条件反射，当时还有一个不可回避的因素，这里又该用枯燥的数字来说话了。翻阅《中国历年粮食产量、人口和人均粮食量总览（1949—2012年）》发现，1996年，我国粮食总产量首次突破1万亿斤大关，人口突破了12亿大关，由于粮食的增速赶上甚至超过了人口的增速，中国人均粮食占有量首次突破400公斤大关，尽管比国际标准的粮食过关线还低100公斤，但这在中国历史上都是创纪录的。可到了2003年，我国粮食总产量非但没有如人们预期的那样逐年递增，反而又跌破了9000亿斤（约4307亿公斤），而人口则有增无减，直逼13亿，人均粮食占有量又跌到了300多公斤。这是当时粮价上扬的大背景。不过，即便是国家权威部门的数据也有出入，国家科委原主任宋健在《也论"谁来养活中国人"》一文中指出"1996年中国的粮食产量达到创纪录的4.8亿吨"，也就是4800亿公斤，这也是国务院《政府工作报告》中的数据。这里，就以此为基数来看，相较1996年，2003年我国粮食总产量减产了近500亿公斤，若以人均占有粮食400公斤的标准计算，仅一年的粮食减产量就少养活1亿多人口，也就是说，中国至少有1亿多人口出现了粮食缺口。而在粮食减产和人口增长的对冲效应下，人均粮食占有量减少了70多公斤（2003年，我国人均粮食占有量333.3公斤），这已远低于国际公认的粮食过关线。透过这一系列精确到小数点的数据，不说中国发生了粮食危机，也可看出国家粮食安全的形势非常严峻。幸运的是，由于多年来的积累，中国当时拥有充足的储备粮。如果没有大量的储备粮，在不少地方出现粮食抢购的情势下，我国粮食势必出现巨大的缺口。

对保障国家粮食安全而言，2003年还真是一个坎，但这个坎必须迈过去。谁都知道，粮食为万物之首，粮价为百价之基，粮价一旦上涨，牵一发而动全身，导致整个物价水涨船高，而随着恐慌情绪的蔓延，甚至会引起社会动乱。为了止跌回升，从2003年开始，我国开始实施鼓励农民种粮的惠农政策，这是保障国家粮食安全的政策支撑，而要提高粮食增产，还必须有强有力的科技支撑。由于2003年的粮食减产和粮价上扬，在2004年3月召开的全国两会上，一度被忽视的粮食问题又成了一个热议的焦点。袁隆平作为全国政协常委，在会上作了《高度重视我国粮食安全问题》的发言，他提出了四点建议：一是坚持自力更生为主的粮食安全战略；二是充分发挥科技对粮食安全的保障作用；三是切实保证一定规模的粮食播种面积；四是切实保护和提高农民的种粮积极性。这次两会期间，他还向温家宝总理提交了一份报告。这个报告基于第一期、第二期超级稻的研究成就和进展以及水稻在理论上的产量潜力，提出了第三期超级稻育种计划，这是中国超级稻育种的第二个十年计划，目标是在2015年实现一季稻大面积示范亩产达到900公斤。

在粮价不断推高的同时，袁隆平带领的协作攻关的科研团队把粮食单产不断推向新的高度，这也是那几年的奇特风景：一边是频频告急，一边是捷报频传。在粮价上扬之前的2002年，龙山县百亩示范片的第二期超级杂交稻就突破了亩产800公斤大关（平均亩产817公斤，最高亩产835.2公斤），成为长江中下游地区首个平均亩产突破800公斤大关的百亩示范片。2003年，第二期超级杂交稻又在五个百亩片达到了亩产800公斤的预期目标。2004年，在湖南中方、汝城、隆回、桂东等12个百亩片和一个千亩片，第二期超级杂交稻均达到了亩产800公斤的攻关目标。这标志着，中国超级稻第二期攻关目标提前一年实现了，但正式通过农业部的验收审定还是2005年。屈指一算，第二期攻关目标从启动到验收达标，也是历时五年。也就是在这一年，在全国推广种植超级杂交稻，第一次被写进了中央一号文件。

当然，示范片的亩产不能和大面积推广种植的亩产画等号，这是必须打折扣的。袁隆平算了一笔账，如第二期超级杂交稻推广后，大面积的平均亩产达600公斤，比一般的杂交稻增产约三成，按年种植2亿亩计算，每年增产的粮食就能多养活1亿人口。

时至2006年，农业部又启动了中国超级稻第三期育种计划，袁隆平总是先行一步，第三期超级杂交稻试验已提前一年（2005年3月）在湖南启动。这一期攻关目标为亩产900公斤。在此前的示范片中，这个产量已不止一次达到了，甚至创造过突破1000公斤大关的奇迹。然而，那"只是小面积的试验成果，它给人类提前昭示了水稻杂种优势利用的巨大潜力，但并未作为科学认定的依据"。若要真正在百亩、千亩示范片里普遍达到这一目标，袁隆平觉得，常规手段基本上用到了极限，必须将分子技术与常规育种结合起来攻关。这也是袁隆平酝酿已久的"远缘杂种优势利用或分子间杂交的技术"。他坦承，在第一期和第二期超级稻攻关中，基本上是采用常规手段，在进入第三期后，现代生物技术的迅速发展使作物育种能在分子水平上进行遗传操作。

一方面，袁隆平关注着世界遗传育种科技的最新进展；另一方面，他盯着愈演愈烈的全球性粮食危机。联合国粮食及农业组织发布的2006年世界"农业收成预计和粮食现状"报告显示，"粮食危机已经席卷了第三世界国家，全球共有37个发展中国家面临粮食短缺、产量锐减、价格涨幅过快，整个世界有可能陷入30年来最为可怕的粮食恐慌与危机"。当时有报道称，目前全球的粮食储备只能勉强支撑人们50多天的需求，已经跌破粮食储备70天的安全线。又据联合国粮食及农业组织称，最主要粮食作物的国际价格都创出历史新高，这一轮粮价暴涨已导致全球超过1亿人陷入饥饿困境，每天都有人正在经历痛苦和死亡。

2008年4月，南美洲的传统农业国秘鲁发生了饥荒，数千名饥肠辘辘的妇女怀抱着襁褓中的婴儿聚集在国会门口，阳光把飘扬的国旗和她们饥饿的身影照得特别清晰。一张张面黄肌瘦的脸上，那突出的颧骨凸显出饥荒的真实，她们一边有气无力地敲打着空罐和空盘子，一边嘶哑地哭喊着："我们没有饭吃，孩子没有奶喝……"

南亚的孟加拉国，是一个以大米为主粮的国度，其大米的价格比上年猛涨了一倍，吃不起米饭的人们走上街头，向政府请愿，这其实是公民们最无奈的选择，而政府也无可奈何，只能奉劝老百姓少吃大米，多吃马铃薯。

粮食危机不只是全世界的水稻减产，小麦、玉米等主粮也遭受重创，在西非的多哥共和国，首都洛美的传统食品为玉米面团，到2008年时，他们的玉米团已从"大拳头"缩水为"小网球"，但售价却翻了一倍。当饥饿成为常态，很多人都不记得自己最后一次吃饱肚子是什么时候了，而这像"小网球"一样的玉米团根本填不饱肚子，很多人只能靠喝莫诺河的河水来充饥。

喀麦隆共和国是非洲中部地区的政治经济强国之一，在这场粮食危机中也未能幸免，连一些政府官员也将一日三餐减为两餐，那些底层老百姓就更惨了，很多人在街上走着走着就饿得晕倒了，有的人再也没有醒来，那些活着的人则在饥饿和绝望中挣扎度日，谁也不知道这场饥荒什么时候会过去，谁也不知道自己能不能在这场饥荒中活下来。

除了第三世界国家，一些发达国家也受到了粮食危机的波及，如日本，其粮食自给率只有40%，尽管他们有雄厚的资本，但对国际粮食市场的依赖程度很高，很多超市一度出现了部分食品断货的情况。据日本媒体称，这是他们40年来第一次面对食品短缺危机。不过，既精明又充满了危机感的日本人早已有应对各种灾难和危机的充分准备，拥有150万吨大米的储备，美国是他们粮食供应的最大的后盾，这些储备粮绝大部分是从美国进口的。在没有遇到粮食危机时，日本政府不让这些大米流入市场，以免冲击当地农民的收入，而一到危急时刻，这些储备粮就可以极大地缓解这一压力。

而大西洋岛国海地就没有日本这样幸运了。2008年4月12日，由于出现了大规模饥荒，海地总理亚里克西遭国会弹劾，成为在粮食危机中第一个被迫下台的政府首脑。这也又一次验证了，饥饿是最大的人道主义危机，其实也是最大的政权危机，而这一幕幕惨状，还只是冰山一角。

让世界充满惊奇的是，尽管国际粮价飞涨，不断冲撞着中国粮食安全大堤，但撼山易，撼中国难，莱斯特·布朗那个"谁来养活中国"的大问题，在中国似乎不是什么问题。当然，中国也并非稳如泰山，东南亚飞涨的米价一度对近在咫尺的中国南方产生水涨船高的传导效应，幸运的是，从2003年那个低谷或拐点开始，到2006年，据国务院《政府工作报告》的数据，"全年粮食产量达到49746万吨（即4974.6亿公斤），实现了连续三年增产"。这一数据已超过了1996年我国创纪录的粮食总产量（以国务院《政府工作报告》为准）。由于粮食连年丰收，国家粮仓里有着充足的储备粮，据国家发改委当年发布的数据，我国全部储粮是5000亿斤（2500亿公斤），约占全国全年粮食消费的一半，比起全世界粮食库存占年消费的比重（17%）要高出一倍以上，这让国家发改委可以底气十足地宣告："中国完全有能力保障粮食安全。"与此同时，铁道部紧急启动了"北粮南运"计划，从东北调运1000万吨粮食以平抑南方的稻米价格，广州的国产大米价格随即开始回落。这是中国用事实对莱斯特·布朗"警世的呼唤"做出的强有力的回答，也足以证明充足的粮食储备对保障国家粮食安全是多么重要。正因为有了这样一个基础，中国才能抵挡全球粮食危机和国际粮价飞涨的冲击。巨大的中国，不仅没有像莱斯特·布朗预言的那样成为世界粮食安全的巨大威胁，而且还为拯救全人类的饥饿作出了越来越大的贡献。2006年1月1日，在全球粮食危机的大背景下，联合国停止了对华进行粮食援助，这标志着中国26年的粮食受捐赠历史从此画上了句号，随着一个非凡的转身，中国由此成为世界第三大粮食援助捐赠国。

袁隆平深知，尽管此时我国粮食安全的形势较2003年已大为好转，但诚如古人早在春秋时代发出的警示："居安思危，思则有备，有备无患，敢以此规。"对于中国人能否把饭碗一直牢牢地端在自己手里，此时他还不太乐观。一方面，他在两会期间反复提醒，要查实各地粮库是否存在虚报的问题，必须保证国家和地方的粮食储备充足；另一方面，他对我国人增地减的严峻形势充满了危机感。随着第三期中国超级稻育种计划正式启动，他在2006年底又提出了"种三产四"丰产工程，即种三亩超级杂交稻，生产出种四亩现有杂交水稻品种的粮食。这一工程于2007年率先在湖南示范，湖南省针对水稻生产的不同条件，同步采取三套增产方案：一是在中低产田实施"种三产四"丰产工程，通过"超级杂交早稻＋超级杂交晚稻"的"双超"等五种模式，实现粮食大面积丰产；二是在高产田实现"三分田养活一个人"的目标；三是抓紧第四期超级杂交稻攻关，实现早、中、晚超级杂交稻百亩片平均亩产分别达到600公斤、1000公斤和750公斤的目标。实践证明，无论哪一种方案或模式，都大幅度地提高了现有水稻的单产和总产，到2011年时，湖南省的"种三产四"丰产工程新增稻谷就超过了10亿公斤。袁隆平计划到2015年，在全国推广"种三产四"丰产工程6000万亩，实际上相当于8000万亩的生产水平，每年新增稻谷就可以多养活两三千万人口。

　　谁都希望粮食增产，可粮食增产也是一把双刃剑。有一次，袁隆平去一个示范片察看超级稻，一个老农看见了他，拖着两腿泥巴从稻田里跑了过来。这是袁隆平经常会遇到的，他是农民心中的"米菩萨"啊，谁都想亲眼见见他，跟他说说心里话。但这个老农的一番心里话，却说得他一寸一寸地揪心。"袁老啊，我种了一辈子的水稻，从来没有这么高的产量，我们种田佬都感谢你老人家啊，你可真是我们农民的'米菩萨'啊！可我们也有一肚子怨气，你让稻子越打越多了，稻子多了不值钱，我们还是不赚钱啊！"袁隆平下意识地低下头，看着老农那一双泥巴糊糊的赤脚，还有那张被烈日烤得焦黑如炭的脸庞，心里不是滋味。老农说的是老实话，也是他一直焦虑的。"长太息以掩涕兮，哀民生之多艰。"这个生活在湖湘大地的农业科学家，也有浓烈郁结的屈子情怀，而对任何事，他又必须以科学的辩证思维来考量，这让他既担心粮价过高，加重市井百姓的生活负担，又担心谷贱伤农，眼看着粮食年年增产，这些黑汗直流的稻农却不能增收。一个可怕的后果是，倘若农民都不种粮了，这试验田、示范田里的超级稻再高产，却不能大面积推广，又有何实际意义呢？如今谁都想吃又便宜又好吃的大米饭，但再这么便宜下去，到时候大家恐怕都没饭吃了，谁愿意做赔本的买卖呢？

　　谁都知道，粮食是商品，却又是非同一般的商品，它始终是最基本的生存保障和国家的战略物资，这也是国家一直难以把粮食全然交给市场的原因，否则一遇丰年，当粮食供大于求时，粮价势必大跌，甚至会跌到生产成本以下，而一遇灾年，粮食供不应求，则粮价飞涨，并推动所有的物价疯涨，个别投机商人就会囤积居奇，变本加厉，这也是旧中国最常见的现象。粮食安全，关乎每个人的身家性命，关乎国家的生死存亡。一个拥有十几亿人口的大国，保证每一个人都能吃饱肚子，始终是治国安邦的头等大事，真是高不成、低不就，进亦忧、退亦忧啊。也正是在反复权衡之后，国家才出台了粮价补贴政策，但关于如何补，一直充满了争议，袁隆平觉得目前的粮价补贴还有很多值得完善之处。身为湖南省政协副主席和全国政协常委，他从未把此当作荣誉虚职，每年省里和全国召开两会期间，他都会提交精心准备的提案和建议，并且都是直面严峻的现实。在 2012 年的全国两会上，他提交了《关于粮价的建议》。2011 年，农民种植每亩水稻，除去国家的粮食补贴，纯收益仅有七块五毛钱！这让他特别伤心。"七块五啊！太少了，农民多穷啊，农民多可怜啊！"他呼吁政府要以较高的价格收购农民的粮食，只有"大大提高农民种粮的积极性和收入，保住农民的基本利益，才能保障民生，保证老百姓的日常生活水平，保证国家粮食的安全和价格的平稳"。而现在的补贴是按田亩补，不管你种不种粮、高产低产，给的补贴都是一样的，也就是所谓的普惠制，这不合理，难以调动农民种粮的积极性。为此，他提出了一个更合理的建议，那就是给种粮的农民按售粮的多少进行直补，农民生产的粮食越多，得到的实惠就越多，农民种粮的积极性自然就被激发出来了。

　　除了粮价，让袁隆平忧心忡忡的还有耕地。这么多年来，他一直在田间地头行走，他见证过大包干时农民分田到户的喜悦，可近年来，越来越多的农民背井离乡、外出打工，把大片耕地抛荒了，很多粮田甚至被用来盖房子和做垃圾场，那疯长的荒草和臭烘烘的垃圾让他痛心疾首。"耕地多宝贵啊，现在全国的耕地越来越少，如果得不到保护，耕地面积一年年减少，我们就没有退路了啊，以后粮食不够了怎么办？到哪里去种呢？"这是他一直最担心的，如果那 18 亿亩耕地的红线守不住，就算培育出了亩产超过 1000 公斤的超级稻，也没人、没地种啊，到了那地步，莱斯特·布朗的预言还真就一语成谶了。

　　这个农业科学家，就是在这种强烈危机感的驱使下，一步一步把超级稻推向更高的台阶，而科技支撑一直都是保障国家粮食安全的一个顶梁柱。为达到"确保第三期亩产900公斤、力争第四期亩产1000公斤"的超级稻攻关目标，在袁隆平的指导下，协作攻关团队相继育成了四个超级杂交稻新组合（"Y两优2号""Y两优8188""Y58S/1128""广占63S/1128"），在不同的地域进行百亩示范片试种。这里就以"Y两优2号"为例来看看实际效果。该品种为湖南杂交水稻研究中心研究员邓启云主持育成的"Y两优"系列品种之一。这一系列从20世纪90年代开始培育，被业界誉为"高产世家"，2001年研发出"Y两优1号"，第二年又在此基础上开始研发升级版，历经五年攻关，到2007年终于育成"Y两优2号"，育成不久就被国内一家企业以650万元的价格拍下了专属使用权，被媒体惊呼为"一粒卖出天价的神奇种子"。实际上，这一品种在海南试种时，亩产只有750多公斤，别说作为三期超级稻主打品种，离第二期超级稻的产量指标都还差一大截呢。但"杂交水稻之父"的眼光就是非同一般，百里挑一中，他偏偏就看上了它。那双久经历练的火眼金睛一般是不会看走眼的，尽管这一品种在实际产量上尚未表现出明显的优势，但它具有超级稻高冠层、矮穗层的理想株叶形态，叶片松散适中，上三叶挺直，群体通风透光良好，耐高温、低温能力都比较强，后期落色好，具有高产稳产、穗大粒多、茎秆粗壮、耐肥抗倒、抗逆性强、米质优良、口感较好等诸多优点。一个发现者的眼光，不能只看见眼前的产量，更要能看见它未被开发出来的潜力，袁隆平预测，这一杂交组合具有产量突破900公斤的潜力，因此将其确定为第三期超级杂交水稻攻关的首选品种，在湖南隆回县羊古坳乡等示范片里试种。

　　第三期超级杂交稻在历经五年攻关后，在2011年9月18日迎来了中国超级杂交稻稻育种计划的第三次大考。这次现场测产验收，由中国水稻研究所所长程式华担任组长，验收点就选在羊古坳乡第三期超级稻"Y两优2号"示范片。此地位于湘中偏西南的资江上游，地处雪峰山余脉望云山脚下，虽是山地，但这一方水土的小环境可谓得天独厚，是特别适合种植超级杂交中稻的一方福地。2000年和2004年，第一期和第二期超级稻试种先后在这里取得成功，而在第三次大考中，这一方福地是否又能再创奇迹？

在验收的四天前，袁隆平就来这里看了稻子的长势。那是个大晴天，金黄色的稻田把空气都映衬得金灿灿的。袁隆平很满意，看得双眼笑眯眯的，他唯一有些担心的就是接下来几日的天气。"只要老天爷他帮帮忙，900公斤，百分之百能达到啦！"他有百分之百的把握，可老天爷偏偏要跟他们作对，就在验收的前一天，一场暴风雨突然袭来，顷刻间把田间的稻农打得晕头转向。他们清醒过来后又一个个急得直跳脚，老天啊，这么大的风雨，再结实的谷粒也会被打脱啊。袁老师年纪大了，大家不好打扰他，就给袁隆平的助手邓启云打电话。邓启云也是"Y两优2号"的培育者，这里的每一粒种子就像他的孩子一样，也正日里夜里地惦记着呢，一天24小时不敢关机。"邓老师啊，大事不好啊，羊古坳又是风又是雨啊，连人都站不住啊，如何得了啊？"邓启云听见了农民兄弟那焦急万分的呼唤声，也听见了呼啦啦的风雨声和沉闷的雷声，但他还真有一种处变不惊的大将风度，他的声音很平静，很有底气。他让农民兄弟只管放心：没事，这个品种不受风雨影响，那稻子长得很结实，不会落粒的。农民们不敢相信，世上哪有风吹雨打也不落粒的稻子啊？邓启云停了一下，冲口而出了这样一句话："我的孩子我清楚！"

这句话后来传开了，如今都成了邓启云的一句名言了。

第二天，风雨过后，在阴沉的天空下，稻穗全都低垂着头，看上去比阳光下多了几分深沉。天刚亮，羊古坳的稻农们便来田里仔细看过了，每一株稻禾都挺身站着，在田里也找不着几粒被风雨打脱的稻子。一夜惊心，现在可以放心了，一个个都说多亏了老天爷保佑，真是神了！尽管一场风雨刚刚过去，从田埂到田间都被雨水冲刷泡软了，但农业部派来的专家没有等待，现场测产验收按原定计划进行。专家自有专家的道理，一个合格的品种必须能经受住恶劣天气的检验，在大自然面前，没有任何特殊情况或特殊品种是可以被特殊照顾的。一切按照严格的测产验收规程进行，专家组首先对18块田的代号进行现场随机抽签，抽取出三块试验田进行现场人工收割，然后在田间打谷脱粒装袋，最后进行水分检测与称重。由于昨夜下了一场大雨，谷粒含水率超过了仪器的测量范围，必须减至达标的含水率（13.5%），才能准确测算出这批超级杂交稻的亩产量。尽管颇费了一番周折，得出的却是一个令人惊呼的结果：第三期超级稻"Y两优2号"百亩示范片不仅达到了亩产900公斤的产量指标，而且创造了世界水稻史上大面积亩产的最高纪录（平均亩产高达926.6公斤）。说来还有一个小插曲，对这次测产的结果，有人不知是出于谨慎，还是别的什么原因，建议袁隆平不要提亩产突破了900公斤这个具体数字，只说获得了"高产"。袁隆平一听就冒火了，说："怎么能不提突破了900公斤？我就是要攻关900公斤！"

这一结果随后便在湖南省农科院举行的新闻发布会上公布了："袁隆平院士指导的超级稻第三期目标亩产900公斤高产攻关获得成功！"

二

一份满意的答卷刚刚交出，接踵而来的又是一份新考卷。从2012年起，袁隆平又率协作攻关的科研团队向第四期超级稻发起攻关，目标：平均亩产1000公斤！

是的，袁隆平又比农业部的正式启动抢先了一步，也可谓是一个前奏。

每到一个关键点，这个科学家总是和国家部门高度默契地呼应着。就在2012年初，中共中央、国务院又发布了一个关于"三农"问题的中央一号文件，对农业科技创新进行了强调和重申："实现农业持续稳定发展、长期确保农产品有效供给，根本出路在科技。农业科技是确保国家粮食安全的基础支撑，是突破资源环境约束的必然选择，是加快现代农业建设的决定力量。"

2013年4月9日，在博鳌亚洲论坛举行了以粮食安全为主题的农业圆桌会议。刚一散会，农业部部长韩长赋就直奔三亚南繁基地超级稻育种攻关现场，与袁隆平共同宣布启动第四期超级杂交稻的攻关项目。随后，农业部又组建了"7＋1"（七个科研单位加一个企业）的跨地区、跨部门的协作攻关团队。作为牵头人（首席专家）的袁隆平，此时已是84岁的老人。岁月不饶人，人们难免担心，他老人家还能否再创奇迹，实现中国超级稻的"四连跳"？不过，只要你亲眼看见这位"杂交水稻之父"，就会发现担心是多余的。他身子骨硬杠杠的，脸黑是黑，却闪烁着风尘不染的光泽，心态也越发年轻了，他笑称自己是"80后"："带领一帮年轻人在从事超级稻这个年轻的、蒸蒸日上的事业，我觉得非常好！"

这年五一国际劳动节来临之际，正在稻田里忙碌的袁隆平接到通知，赶紧洗脚上田，赶赴北京参加全国劳动模范代表座谈会。4月28日上午，习近平总书记微笑着走进会场，走向站在前排中间的袁隆平。习总书记用两只手一上一下地握住了袁老的手，那不是一般的握手，而是用双手热乎乎地捂着这个农业科学家的手。

这次座谈会的主题是习近平总书记与劳模代表"共话中国梦"。袁隆平就是带着梦想而来，他拿出两张超级稻的照片递给习近平总书记，说："我有两个梦，一个是'禾下乘凉梦'，一个是'杂交水稻覆盖全球梦'，这就是我的中国梦。"

袁隆平的第一个梦，是一个早已被广泛传播的梦，但各有各的讲法，有人说是他儿时的梦想，有人说是他在杂交水稻刚刚研究成功时的梦想，还有人说这是一个老人的梦想。而我亲耳听袁隆平先生说过："我在年轻时做过一个好梦，我梦见我们种的水稻，长得跟高粱一样高，穗子像扫把那么长，颗粒像花生米那么大，我和几个朋友就坐在稻穗下面乘凉……"他说，做过两次这个梦，年轻时做过，年老时也做过。一个有梦想的人，也许从未老过。每次讲起这个梦，他那双闪烁发亮的眼睛里，都会闪现着孩童般奇异的梦幻色彩。袁隆平的第二个梦，其实并未梦见过，他说："前一个是我真实做过的梦，后一个是我多年来的梦想，实现这两个梦是我终生的追求。"

在这次座谈会上，袁隆平从他的两个梦开始，很自然地就谈到了第四期超级杂交稻攻关目标，对此他充满了底气和信心："根据目前的研究进展，我们有信心在三年内达标。"而这并非他的终极目标。"科技进步永无止境，在我有生之年，亩产1000公斤我也不满足，我还要向选育第五期、第六期超级杂交稻进军，直到实现我的'禾下乘凉梦'。"为了实现第二个梦想，他还向习近平总书记建议制定更加开放的政策，允许两系法杂交水稻走出国门，扶持龙头种业企业，把长沙打造成杂交水稻的"国际种都"，早日让杂交水稻覆盖全球，那将是人类的福音。

习近平总书记侧耳倾听着这个农业科学家的心声，他用充满期待的目光看着袁老说："感谢您作出的贡献，希望您再接再厉，再攀高峰！"

这次座谈会，习近平总书记与来自各行各业、各个不同时期的全国劳模们"共话中国梦"，一个个都讲得非常实在。实现中国梦靠什么？靠实干，靠辛勤劳动、诚实劳动、创造性劳动，一切都可归结于习近平总书记的一句话，"幸福不会从天而降，梦想不会自动成真"。

刚散会，袁隆平又匆匆赶回了他的试验田。他已经在习近平总书记面前作出了承诺，也深知自己将要攻克的是世界水稻史上迄今无人登临的高峰，天时、地利、人和，缺一不可。而超级杂交稻要有更高的产量，必须有更高、更壮实的稻禾承载，为此，他在攻关协作研讨会上提出了培育新型高秆超级杂交稻的技术路线，同时还要把在以往的攻关中取得良好效果的良种、良法、良田、良态"四良"配套结合起来攻关。按照他设计的技术路线，随后在全国主要稻作区布置了20多个示范片。

那个在第三期超级稻攻关中创造了世界水稻史上大面积亩产的最高纪录的羊古坳，这次又被选为第四期超级稻高产示范点。这次选用的种子是"Y两优900"，该品种是通过进一步塑造动态理想株型、扩大利用籼粳亚种间杂种优势而育成的超级稻新组合。在攻关的第一年，经农业部组织的专家组现场测产验收，平均亩产再创历史纪录（988.1公斤），但还没有达到第四期亩产1000公斤的产量指标。从结果看，只能说是"失败"了，但袁隆平总能从貌似失败的结果中看到成功的希望，"Y两优900"在首次攻关中就能达到这样高的产量，证明超级杂交稻第四期攻关技术路线的可行性。

2014年，袁隆平再次选择"Y两优900"作为攻关品种，在地处大湘西的溆浦县选取示范片。溆浦属怀化市，也就是原黔阳地区，袁隆平在黔阳安江度过了近20年的岁月，这一方水土早已成为他的第二故乡。"溆浦"一名，最早见于屈子的诗篇《涉江》，而这一古老的县域也被称为"楚辞的源头"，是湖湘文化的一个精神源头。袁隆平20多岁时进入大湘西，在此工作、生活了30多年，深受屈子忧国忧民、上下求索的精神影响，也深深感受到了科学探索"路漫漫其修远兮"。在安江农校任教时，他就在溆浦搞过制种试验，对这里的地理、气候了如指掌。从第二期超级稻攻关开始，他就在溆浦县设立了兴隆、红星、黑岩三个超级稻百亩攻关片，在接连突破第二期、第三期攻关目标后，他又寄望于第四期超级稻攻关目标在溆浦率先实现。

转眼，又一个秋天来临，袁隆平在立秋后不久就从千里之外的长沙赶到了溆浦。

古人造字多与农时有关，一个"秋"字由"禾"与"火"字组成，秋阳似火，稻禾渐渐散发出成熟的味道，这个季节，对于一季稻子的收成来说，无论是气候还是田间管理都到了关键时刻。对于天气，哪怕到了今天，你也只能听天由命，种田就是这样，老天爷当了一半家，但田间管理则事在人为。这次袁老抱病而来，上路时，家人和身边的工作人员都劝他等病好了再去，但农时耽误不得，他怎么也放心不下，一定要去现场看了，才放心。

溆浦共布下了四个百亩示范片，分布在横板桥乡、水东镇等山区乡镇。在这里，湘西的贫困一望触目，进村的路还是坑坑洼洼的砂石路，车轮卷起一阵阵沙石，打得车窗"沙沙"作响。但这条路再难行，也阻挡不住袁老倔强的脚步。这已是他第三次来溆浦现场指导了。溆浦县农业局局长张克松和技术组组长舒友林陪着他一连转了好几个地方，还有一块示范田路途较远，路况又差，他们担心老人受累了，实在不忍心带他去看了。但袁老说什么也不肯，这么多年来，越到最后一段路，他越是锲而不舍。这是一个科学家认定了的真理，如果你已经费了95%的功夫，为什么要放弃那最后的5%呢？而一件事的成败往往就取决于最后一刻，一个不经意的小细节很可能就会改变人生和命运，甚至改变历史。

车子又开始在山道上颠簸前行，天空如黑压压的锅一样扣下来，乌云几乎把整个天空都吞下了。到了那块示范片，袁隆平一下车就闻到了雨水的气味，也闻到了稻穗扬花灌浆甜丝丝的气息。他踩着田埂钻进稻丛，那苗壮的稻禾比他的胸脯还高，他一低头，别人就看不见他了，只有他知道自己在哪儿。他弓着身子，拨开一株株稻禾，像一个老中医一样望闻问切，看这稻子有什么病症，该补充什么营养。还好，这里的田间管理很到位，稻子长势很好。他又数着稻禾上的谷粒，在心里默算着一株稻子该有多少收成，一亩田又该有多少收成。他一遍遍地数着，抚摸着，风"飒飒"地吹着稻禾，那声音像风声，又像雨声。其实，当袁隆平钻进稻丛里时，细雨就开始飘落了，袁隆平全神贯注地察看着稻禾，竟没有发现下雨了。等他从田埂上走出来，脚下的泥土已变成了泥浆，他半截身子都已湿透。张克松和舒友林生怕老人家着凉，一个劲地催着他上车。临行前，他又千叮咛万嘱咐：后期田间管理很重要，要关注天气，天气谁也没法改变，但要根据气候来搞好田间管理。——交代过后，他又若有所思地说："这个品种好，眼下这稻禾的长势也很好，只要后段天气正常，田间管理到位，亩产有望突破1000公斤！"

此时雨越下越大，张克松和舒友林看着这个在风雨中迟迟不肯离去的老人，看着他那张被雨水淋湿的脸，感觉心灵正被一种难以言说的东西渗透了。

袁隆平走后，雨还在下，一直下，秋风秋雨愁煞人，谁也不知道，这阴雨连绵的日子还将持续多久。这稻田里的守望者几乎每天盯着日历和天气。在超级稻攻关中，除了袁隆平这个首席专家，还有许多人长年累月坚守在第一线，舒友林就是其中之一，他是县农技推广中心高级农艺师、县农业局超级稻攻关办主任。舒友林是从安江农校毕业的，也算是袁隆平的学生。无论天晴下雨，每天他都蹲在稻田里，每隔不久就要给袁老师打电话，从稻子的长势如何到抽查的稻穗颗粒有多少，再到天气，他都要一五一十地告诉袁隆平。袁隆平一个细节都不会放过，一旦发现什么问题就会进行技术指导。他最担心的还是天气，这样久雨不晴会导致日照不足、土壤温度低、空气湿度大，如果不及时排出积水，或发生大水串灌，极容易发生稻瘟病，而这种可怕的病症在整个水稻生长期都有可能发生。

幸好，到 9 月下旬，老天开眼了，溆浦县终于从淫雨霏霏的日子里走出来。对稻田里的守望者来说，那感觉真如重见天日一般，加上田间管理和对稻瘟病的防治到位，袁隆平最担心的灾害并没有发生。此时，离收割季节越来越近了，能否达标，就看最后十来天了。其实，关心超级稻命运的不只有袁隆平这个首席专家，还有当时的湖南省农委。到 9 月底，省农委便组织七位专家，按照国家农业测产标准来溆浦县测算了三块田，毛谷亩产最高达到了 1300 公斤，但除水去杂后，离 1000 公斤大关还差十多公斤。这个结果让大伙儿心里打起了鼓，有人估计这一次又过不了关。袁隆平也有这个心理准备，但他根据测算数据和稻子的长势又仔细分析了一番：眼下离农业部测产还有十天，稻子还处于生长期，估计十天还能增产 30 公斤左右。当然，这只是他的预测。天有不测风云，人算不如天算。

无论天算、人算，最终都将归结为农民常说的一句话："一亩田的产量是高是低，秤杆子上面一见分晓。"2014 年 10 月 10 日，到了快见分晓的时间，中国超级稻迎来了第四次大考，这次的验收组组长又是隆回县羊古坳乡第三期超级稻验收组组长程式华。此前，来自全国各地的验收专家已先期抵达溆浦，还有上百名扛着"长枪短炮"的记者闻风而至。中国超级稻育种计划自1996年启动以来，历经18年攻关，一直备受国内外水稻领域关注，而这次能否攻克1000公斤大关，"杂交水稻之父"袁隆平又能否再创一个"超级神话"，已成为举世瞩目的焦点。但袁隆平这个焦点人物却差一点来不了现场，就在验收的两天前，张克松接到袁隆平的秘书的电话："袁老师身体不好，不能过来了。"

张克松放下电话，长长地叹了一口气，一脸失落地告诉舒友林："唉，袁老师不来了。"

对农业部这次测产验收，张克松心里一直没有底，一听袁老师来不了，更是一下子没了主心骨。没想到，第二天中午，袁隆平的秘书又打来了电话："袁老师决定亲自过来。"这让张克松长长地舒了一口气，仿佛袁老师一来，这个1000公斤的重负就能卸下了。这其实是他的心理感觉，作为首席专家的袁隆平改变不了最终结果，要知道农业部的测产验收比高考还要严格，现场测产时，所有参与攻关的人员，哪怕沾了一点边的，都不得参与其中，只能作为旁观者。这个，张克松自然知道，但袁老师一来，他莫名地就平添了一股底气，还有几分豪气。

那是个秋高气爽的艳阳天，没有什么比阳光更懂得稻子，金黄的阳光映照着金黄的稻田，天地间都透射出金黄灿亮的光泽。在稻田边上，一块牌子高竖着，人们老远就能看见那牌子上被阳光照亮的大字：超级杂交稻第四期亩产千公斤高产攻关示范基地；面积：102.6亩；首席专家：袁隆平。它的存在，仿佛时空中的一个坐标，它从春到秋一直竖立在这儿，此时又以此为中心，里三层、外三层地围满了人，但见人头攒动，却不见稻浪翻滚，那水稻宛如垂下来的瀑布，连风也吹不动，这让很多记者惊呼："天啊，这就是传说中的瀑布稻啊!"

在袁隆平赶来之前,现场测产验收就已经开始,刚打下来的湿谷子太重了,连磅秤也被压得颤颤巍巍,但这还只是毛谷,按严格的现场测产程序,容不得一滴水分、一粒沙子,谷子必须晒干水分,用风车去杂后,才能称重验收。每个人都在等待那个最终的结果。而在结果正式公布之前,时间变得特别漫长,就像一个漫长的悬念。就在这时,一个熟悉的身影终于出现了。袁隆平还没走到田边,就被呼啦一下涌上来的老乡和记者们前呼后拥地包围了。

袁隆平一边亲热地跟他们打招呼、握手,一边问张克松:"收割完了吗?"

张克松凑近他说:"两个点已经收割完了,还有一个点正在收割呢。"

他压低声音,把两个点的毛谷数量报给了袁隆平,又紧张地看着袁隆平的反应。

袁隆平淡定地笑了笑说:"过1000公斤应该没问题。"

张克松听了,紧绷的神经又稍稍放松了。

那三块抽签选定的测产田,用一个上午才收割完。这顿午饭,袁隆平和大伙儿就是在田边吃的,每人手里都捧着乡下人吃饭用的粗瓷大碗,没什么菜,米饭则是用这次攻关的"Y两优900"超级稻做的。袁隆平追求的不仅仅是高产,还有稻米纯正的品质、香味和口感。在产量揭晓之前,每个人都美美地吃了一大碗香喷喷的大米饭,一边吃还一边竖起大拇指,用湖南话说:"好呷,真好呷!"这里还有一个小插曲,一个老农吃光了一碗,拍拍屁股上的泥巴,又去添了一大碗,饭都堆得冒尖儿。袁隆平一看乐了,上前问这个老农,这个种子好不好?没想到老农竟然摇了摇头。这就怪了,难道这大米饭不好吃?吃着不香?很多人都惊奇地看着那个老农,老农却不紧不慢地开腔了:"好是好,就是划不来啊。"袁隆平一听,更觉奇怪了，这个种子还没在大田里推广呢，还只是免费给他们试种的，是不是有人乱收费，收了他们的种子钱呢？袁隆平对农民的利益格外关心，如果有人这样坑农伤农，那可要追查。那老农连连摇头，没有人收他们的种子钱，老老实实地说："这米饭实在太好呷了，一碗不够啊，吃了还想吃呢！这么下去，一餐就要多呷两碗饭，这可划不来啊！"大伙儿一听，都乐了。

到了下午3点光景，关键一刻终于来临。所有人都静了下来，中国水稻研究所所长、农业部验收组组长程式华几乎是一字一顿地宣布："这次百亩片平均亩产1026.7公斤！"现场又持续了几秒钟的寂静，仿佛被这个结果震住了，突然又被一种蓄积已久的力量猛地一掀，顷刻间爆发出暴风雨般的惊呼声。那的确是一个足以让世界震惊的结果，就算把后边那个零头忽略不计，亩产达到1000公斤也刷新了世界水稻史上大面积亩产的最高纪录，这是"杂交水稻之父"的又一个巅峰之作。这是一个世界级的新闻，一个小时后，农业部就在北京召开新闻发布会，向世界宣布了这一消息：中国超级杂交稻第四期亩产千公斤攻关取得成功，这个原定于2020年实现的目标，提前六年实现了！

对这一结果，农业部作出了这样的评价：这"表明中国人有能力有信心依靠自己的力量解决国家粮食安全问题，也将对维护全球粮食安全产生重要而深远的影响"。

与此同时，科技部作出了这样的评价：这"标志着中国杂交水稻研究再次登上世界之巅，将载入世界农业科技史册，不仅是中国人的骄傲，更是一个世界奇迹"。

对这个世界奇迹，一向镇定自若、成败不惊的袁隆平也难掩激动之情，他感觉自己又向"禾下乘凉梦"迈出了艰难而坚实的一步。回首中国杂交水稻一路走来的历程，从三系法、两系法到超级稻，从超级稻的第一期到第四期目标，从最初的亩产500多公斤到现在示范片平均亩产突破1000公斤大关，作为首席专家和总设计师的袁隆平，每取得一项科技上的突破，从未归功于自己名下。他首先想到的是国家的支持和团队的力量，并从政策和科技这两大支撑予以诠释："一方面是杂交水稻一直在国家的强大支持下不断长大，一方面是参与杂交水稻攻关的科研团队非常优秀，非常有战斗力，敢于勇攀高峰！"

一直以来，他最不愿提到的就是自己，这是一个科学家虚怀若谷的谦逊，其实也是他真诚的坦言："一粒种子再神奇也不可能改变世界，只有两方面都到位了，中国杂交稻水平才能远远领先全世界，中国人才有能力牢牢将饭碗端在自己手里。很多人都把功劳算到我头上，这是不对的，我充其量只是起到了部分带头的作用。"

当然，他不会忘怀自己和习近平总书记"共话中国梦"时作出的承诺："现在我可以向总书记和全国人民报喜了，下一步，我要向每公顷16吨目标攻关！"

三

当超级稻亩产突破1000公斤大关时，一些舆论认为袁隆平的"高产凯歌将戛然而止"。

可袁隆平从未停止攀登的脚步，这是任何人和任何力量都不能阻挡的，在连续打破世界水稻单产纪录、实现水稻单产1000公斤的历史性突破之后，一曲令举世瞩目的"高产凯歌"又一次奏响，袁隆平誓言，力争在自己90岁时实现第五期超级杂交稻目标：每公顷16吨（亩产1067公斤）。

而此时，在天涯海角热力四射的阳光下，又一茬稻子散发出了成熟的气味。那从天涯海角吹来的海风，吹拂着稻子灌浆的气息，让人陶醉，每个人都不知不觉地向着那稻香飘来的方向倾着身体，仿佛想要把这第五期超级杂交稻的模样看清楚。袁隆平在田埂上停停走走，早已被露水和泥水打湿了裤脚，黝黑瘦削的脸颊，似乎从来没有改变过模样，尤其是那执着而专注的神情。在他身后，就是来自全国各地的科研人员，每一个都是杂交水稻领域响当当的人物。从海棠湾到亚龙湾，是袁隆平科研团队的试验基地或示范片。在这弥漫着稻香的田间行走，你一下子就能猜到这个老人健康长寿的原因。袁隆平先生有时候也抑制不住得意地说："在这么好的空气和环境里生活，每天和这些生机勃勃的稻子生活在一起，那心情该有多好啊，怎么不健康长寿呢？"

袁隆平选用的第五期超级杂交稻攻关品种，也是他首次亮出的"秘密核武器"——"超优千号"（又称"超优1000"或"超优一千"），这是他主持育成的一个超级杂交稻新品种，不仅具有超高产的潜力，还是高品质的软米。在第四期超级杂交稻平均单产突破1000公斤大关的世界纪录后，袁隆平预期"超优千号"能够更上一层楼。当然，每一个预期目标都要用结果来验证。转眼就到了收割季节，经来自广东、广西、湖南、海南等地的水稻专家现场测产验收，分别在海棠湾基地一类田、二类田、三类田各选一个点，每个点不少于500平方米，一类田亩产超过了第五期超级杂交稻的产量指标（亩产为1096.66公斤），直逼1100公斤大关。但这还不能说是达标了，还必须将一类田、二类田、三类田的亩产加在一起，算出平均亩产，这样一算，就只有900多公斤（941.79公斤），竟然连第四期目标也没有达到，更不用说第五期目标了。不过，这在袁隆平的预料之中，毕竟这还是第五期目标攻关的第一年，他抚摸着那颗粒饱满的稻子，微笑着说："亩产940多公斤，这已打破海南水稻亩产的历史最高纪录，但还有潜力，大有潜力！"

这未免又让人有些奇怪了，一个连连刷新世界纪录的科学家，怎么会看重打破海南历史最高纪录？说起来，我真是一个少见多怪的门外汉，我原以为在海南这样的气候下，水稻亩产应该超过别的地方，搞清楚情况后，我才发现这个亩产还真是不可小看，由于海南海拔低，昼夜温差小，水稻生长期短，虽说在加速育种繁殖上有得天独厚的优势，但在水稻单产上却没有太大的优势，同一品种，如果在长江中下游等主要稻作区种植，产量还会更高。袁隆平看重的正是这个更大的增产空间，而他也早已开始布局，在全国范围内为第五期超级杂交稻选了39个百亩示范片。

在这半年里，很多人都在琢磨"超级稻风暴眼中的袁隆平"，但风暴的中心却显得一如既往的平静。袁隆平那双阅人阅世已深的老眼看似深邃无比，却有一种罕见的纯净和坚韧。心明则眼亮，这双眼从不为阴霾或浮云所笼罩，这个人知道自己应该干什么，他一心琢磨着如何攻克第五期超级杂交稻的预定目标。对于一般人，最清晰的时间观念莫过于一天24个小时，而一个农学家的生物钟，则一直不停地围绕着农时运转。在"超优千号"于海南经专家验收后，袁隆平和他的团队又带着种子从三亚赶回长沙的中心试验田里播种，而后又在遍布全国各地的示范片奔波。

2015年7月上旬，袁隆平赶往广东梅州，这里有一个"华南双季超级稻年亩产3000斤技术模式"的试点，试验品种为"超优千号"。而这一模式是广东省为全面推进农业"转方式、调结构、促进粮食生产持续稳定发展"而推出的，从2015年起在全省多个生态区试点，由国家杂交水稻工程技术研究中心、华南农业大学、广东省农业科学院和广东省农业技术推广总站协作攻关，采用袁隆平团队选育的优良品种、华南农业大学唐湘如教授团队研究的双季超级稻强源活库优米技术以及钵苗机插技术，在良种、良法、良田、良态"四良"配套后，还与"良机"（机械化）相结合，目标是力争在三年内达到双季超级稻年亩产 3000 斤（1500 公斤）的产量指标。这里特别说明一下，我在叙述中的亩产量，一般都是单季稻，而广东的气候适合双季稻种植，如这一目标能够实现，将创造水稻年亩产量最高的世界纪录。

这已不是袁隆平第一次来梅州，早在袁隆平向第一期超级稻发起攻关时，他就将当时的主打品种"两优培九"推荐给梅州蕉岭种植，平均每亩增产 100 公斤以上。但那时袁隆平还没有来到蕉岭，他的第一次蕉岭之行是 2002 年 6 月下旬，来现场察看超级杂交稻的种植情况。他对这一方水土赞不绝口，称梅州是一个好地方，这儿的光温水气自然条件优越，这里的人一看就活得很宁静、很干净、很有精神气儿。一粒种子再神奇，还得看天时、地利、人和等综合因素，一个人活得滋润不滋润，也得看天时、地利、人和等综合因素，这儿能够成为一个闻名遐迩的健康长寿之乡，就是多种因素均在起作用，而袁隆平一次又一次地选择梅州进行超级杂交稻攻关，也是看中了这些缺一不可的因素。

除了袁隆平，参加这次现场测产验收的还有中国科学院院士谢华安和中国工程院院士、华南农业大学副校长罗锡文等农业领域的顶尖专家，这么多只闻其名、难见其人的农业科学家，一同走进客家人的稻田，在这一方水土还是破天荒的头一回，而那田野里的稻子，也是客家人头一回看到，不是长势喜人，而是惊人：稻禾上结出了那么多的稻子，却又昂然不倒，像是有一股挺立向上的力量支撑着它们。可结果一出来，老乡们一个个就像霜打了的茄子，蔫了。这次百亩示范片的早稻，平均亩产刚过 1400 斤（1407.8 斤），是市斤，不是公斤，也就是刚过 700 公斤。这个产量显然比袁隆平预估的要低，他分析了一番原因：在早稻生长的关键期遭遇异常天气，又是提前一周收割，应该说这个结果已经不低了，何况这是双季稻，早稻的损失在晚稻上还可以补回来，一年不成，还有两年、三年，按计划就是三年攻关嘛。他这一番话，让老乡们又来劲儿了。他们把这股劲儿都使在了晚稻上。要说呢，袁隆平还真是给他们带来了福分，这年的晚稻，从插秧后一直是要风得风、要雨得雨，到了扬花吐穗的季节，又是秋高气爽，阳光朗照。到11月中旬，岭南水稻的秋收季节来临，示范片的最高亩产突破800公斤（1694.6斤），创造了梅州晚稻亩产的最高纪录，平均亩产也突破了750公斤（1519.4斤），比一般晚稻品种增产400多斤。但把早晚稻产量加在一起，结果不尽如人意，离"亩产3000斤的攻关目标"还差70多斤的差距。不过，这一次老乡们并不灰心丧气，他们都记得袁老的话呢，头一年不成，还有第二年、第三年，这天底下，还真是没有那么容易的事。从科学的角度看，要缩短这个70多斤的差距还真不容易，当你开始向极限挑战，每提升一斤、一两的产量都极为艰难。

从春播到秋收，袁隆平这一年几乎一直在路上，那感觉就像他第一次去雪峰山，一直在抵达的路途上。

这一年也并非风调雨顺之年，据世界气象组织发布的报告，2015年是全球有气象观测记录以来最炎热的一年。而在最炎热的三伏天，袁隆平马不停蹄地奔赴重庆山区、河南信阳、山东日照、湖南湘西等多地考察第五期超级杂交稻百亩高产攻关示范片。一个农业科学家，对气候是高度关注的。这极端炎热的天气，其实是厄尔尼诺暖流的再一次发威，把太平洋中巨大的热量转移到大气中，将导致大规模的风暴、洪水、高温干旱和低温严寒等难以预测的灾难。从历史经验来看，厄尔尼诺现象发生时，首当其冲的便是农业，而每一片示范田，都让袁隆平牵肠挂肚。

在袁隆平奔波的这些日子里，有一个日子是不能忘记的。那是9月7日，白露前夕。农谚道："白露白迷迷，秋分稻秀齐。"此时，那半青半黄的稻子晒着秋天的太阳，正在秋风中奔涌壮大。而此时正是秋收之前田间管理的关键时期，也是袁隆平最操心的一段时间。这天，他又走进了湘西龙山县石羔镇中南村。别看这是一个在地图上用高倍放大镜也找不到的小山沟，它其实是一片特别适合水稻生长的生态区，被袁隆平选为第五期超级杂交稻高产攻关示范片。一个叫胡昌祥的农人，像往日一样正在稻田里忙碌着。这50多岁的汉子，也是当地的种田"好把式"，承包了这个示范片的种植和田间管理。胡昌祥正在稻田里忙碌着，忽然听见从田埂上传来一阵脚步声。他抬眼一看，一个熟悉的身影正朝这边走来。"啊，袁老师！"他惊喜地喊了一声，就连泥带水地跑了过去，本想要搀扶袁老师，一看自己那泥巴糊糊的两手，又赶紧缩了回来，不好意思地笑了笑。袁隆平是很敬重这些农民兄弟的，只要看见了他们，远远的，就会把一双大手伸向他们，就像此时，他一下子就握住了这个农人沾满泥巴的双手。

一个农业科学家和一个农民，就这样手牵着手，在田埂上走过，那亲热的样子就像两个老农在打量庄稼的长势，盘算自家田里这一年的收成。这时候正是水稻从抽穗到谷粒渐渐成熟的时期，也进入了旺盛生长时期，这就需要及时补充营养，重在保穗、攻粒、增重、防秕，还要防倒伏和病虫害。在安徽发生的稻颈瘟，把农民辛辛苦苦种出来的上万亩稻子给糟蹋了，袁隆平可以不理会那些是是非非，但农民的利益受损、稻子减产绝收，却像刀子一样扎他的心。这也是他走到哪里都要再三叮嘱的，越是长势喜人，丰收在望，越要高度防范病虫害。但对胡昌祥似乎不用多叮嘱，他的田间管理很扎实，稻田里没有发现病虫害，也没有杂草。如果每块稻田都像这样管理，那些虫子再厉害，又哪有空子可钻呢？袁隆平越看越兴奋，说："好，好，长势喜人，丰收在望，水稻高产，除了需要良种外，更离不开良好的田间管理和合适的生长环境啊！"这既是夸奖，也是勉励，胡昌祥记在心坎上了。

　　两人在稻田里转了一圈，那"咄咄逼人"的太阳，逼得他们出了一身透汗。人有时候还真是要出一身汗，痛快，痛快啊。这天的中午饭，他们是蹲在田坎上吃的。这不算什么，袁隆平早已习惯了。直到袁隆平走后，胡昌祥忽然猛拍了一下脑袋瓜，他想起来了，这天，正是袁老师86岁的生日啊！这个"米菩萨"的生日，很多农民都知道，胡昌祥也早已记在心里呢，怎么偏偏这天就没想起来呢。其实，谁又能想到，一个登上了世界水稻科学巅峰的科学家，他的生日竟然就在这个偏远山村的稻田里不知不觉地度过了，连他自己都忘了。

　　白露过后，那越来越爽朗的秋天让稻子的生长变得急切了，山风阵阵，一阵一阵的稻香灌满了山谷，眼看又到了秋收季节，农业部组织的专家验收组又要测产验收了。不过，这一茬稻子的现场测产验收，没有选在龙山，又一次选在了隆回县羊古坳乡，而结果不说是失败，也多少有些令人失望，羊古坳乡第五期超级杂交稻百亩示范片平均亩产突破了1000公斤（1004.3公斤），但比2014年在溆浦第四期超级杂交稻的产量要低。这也证明了，尽管有人指责袁隆平和杂交稻"被强调的是产量"，而真正要把产量提升一点点，也是极为艰难的。虽然此次测产验收没有达标，但测产验收专家对"超优千号"都很看好，稻禾株形好，长势均衡，高抗倒伏，穗大粒多，结实率高。这些优势，让专家们都对这一品种的增产潜力充满了期待，攻克第五期超级稻目标，为期不远了。

　　在羊古坳乡测产后不久，从云南省超级杂交水稻个旧示范基地传来捷报。这是一个屡创水稻高产纪录的基地，从2009年起就开始进行杂交稻的示范种植，并于2010年11月正式挂牌成立国家杂交水稻工程技术研究中心高原育繁示范分中心。六年来，个旧市杂交水稻种植面积不断扩大，亩产量也在不断增加。2015年，在百亩连片"超优千号"攻关中，他们率先突破了袁隆平提出的第五期攻关目标

（每公顷16吨，亩产1067.5公斤），刷新了水稻百亩连片平均亩产的世界纪录。这个示范点海拔较高、光照充足、昼夜温差大，既有适应水稻生长的良态，又有典型的"四良"配套，这也再次表明，水稻要达到超高产，良种、良法、良田、良态缺一不可。与此同时，袁隆平和他的团队选育的"超优千号"在河南信阳、湖南衡东的百亩超级杂交稻示范基地均已达到了惊人的每公顷16吨的产量。

尽管这三个百亩示范片都达到了袁隆平此前预期的第五期超级稻产量指标，但他此时已经不满足于每公顷产量16吨的这一目标了，他根据攻关的实际情况调高了产量指标："我争取在三年之内，在我们的试验田达到每公顷17吨（亩产1133公斤）。17吨是我正式提出的目标，把常规育种和分子技术结合起来，高产的同时实现高效，一是成本低，二是绩效优，同时要确保米质好、品质要高。"这一目标还远远不是他锁定的终极目标，他对自己充满了信心，在90岁后还要向每公顷18吨（亩产1200公斤）攻关。这个老骥伏枥、壮心不已的科学家，绝不是凭着一腔激情在驱使自己，更不是像"大跃进"时"放卫星"，动不动就亩产几万斤、几十万斤，一切都是理性的科学精神在支撑他。那么，水稻还有多大的增产潜力？在没有被验证之前，只能从理论上去预测。袁隆平认为水稻每公顷达到18吨是有可能的。根据日本植物生理学家吉田昌一的计算，水稻在热带的极限产量是每公顷接近16吨（15.9吨），在温带是18吨。如果充分利用光能，按光能利用率来计算，以盛产水稻的湘中一带为例，每公顷可以达到22.5吨（亩产1500公斤），那么至少还有500公斤的潜力有待科研人员去攻关。500公斤，已经超过了如今全球水稻平均的单产量，如果能够开发出来，利用起来，足以再养活一个地球。当然，他从来就不是一个人在战斗，这么多年一轮一轮的攻关中，他培育出了一茬胜过一茬的超高产水稻种子，也造就了一批一批的中青年科学家，他坚信这些年轻人将一直攻关到每公顷20吨

（亩产1333.3公斤），即便如此，这也还不是"水稻王国"的珠穆朗玛峰，还有继续攀登的空间。

这年10月9日，秋天的味道已经越来越浓了，袁隆平穿着一件红黑相间的方格子衬衫，出现在鄱阳湖畔的稻田里。他几乎一刻也没有停下脚步，一天时间里就跑了两个地方，从800里鄱阳湖的东岸跑到了西岸。这两个地方，一个是南昌市成新农场，一个是上饶市鄱阳县饶丰镇，都是超级杂交稻示范基地。鄱阳湖平原，一直是中国重要的商品粮基地，而江西省也是中国从未间断输出商品粮的两个省份之一。这里只说成新农场。2013年底，国家杂交水稻工程技术研究中心与成新农场正式签约，袁隆平在该农场设立院士工作站。一个数十年来默默无闻的农场，只因袁隆平这个江西老乡带来的一粒种子而一举成名，成了江西唯一、全国第四个超级杂交稻"百千万"高产攻关示范工程基地。2014年，该农场连片种植了"Y两优900"等超级杂交稻品种，而后又种植了1700亩"超优千号"，这样大面积的种植在全国也不多见，这与百亩示范片是不同的，可以说是大田生产了。袁隆平穿行于油画一般的金色稻田里，那波澜壮阔的感觉唤醒了他青春岁月的激情，他有一种想要奔跑、想要歌唱的冲动。不是有人预言一曲"高产凯歌将戛然而止"吗？这时候他还真想奏响一曲"高产凯歌"。可惜，他没把小提琴带在身边，但他那风趣的比喻张口就来："你们看看我们这超级杂交稻的长相，青稞到老都像大家闺秀，徐娘半老也风姿犹存，能不孕育出丰满的果实来嘛！"

随后，袁隆平又从鄱阳湖畔赶往梅州兴宁"华南双季稻"试点，经中国工程院院士罗锡文等专家现场测产验收，其首选攻关品种"超优千号"晚稻平均亩产705.68公斤（干谷），加上此前的早稻测产结果（平均亩产为832.1公斤），实现双季超级稻年亩产1537.78公斤，亩产超过3000斤（3075斤），创下了双季稻单产的世界纪录。验收组组长罗锡文院士宣布"华南双季超级稻年亩产3000斤技术模式"试点成功，还从三个方面列举了华南双季超级稻的试点成功的意义："一是高产，目前国内普遍的水稻单产在450公斤左右，两造也就900多公斤，但这次引进的新品种'超优千号'，两造达到1500多公斤，增产600多公斤。二是在广东这样一个高温多雨、多台风的地区实现高产不容易，在全国也是第一次，具有借鉴和推广意义。三是对保障我国的粮食安全有重要意义，在耕地面积有限的情况下，保单产首要的就是良田、良种和良法，这次试验都具备了。"

第六章

中国海水稻

一

袁隆平院士在向水稻高产的极限发起挑战的同时，也一直关注着另一粒有可能改变世界的种子——海水稻。

对于海水稻，如今有不少专家首先从名字提出质疑。而在此前，很多人想当然地认为海水稻就是生长在海水里的水稻，或是用海水直接浇灌的水稻。这虽是想当然，却也算是挨着了边。海水稻大多生长在海滨滩涂或内河入海口，在一定程度上能够抵御海水的侵袭。科学界认为，凡是能够在盐分浓度为3‰以上的土壤中正常生长的水稻便是耐盐水稻。若能在盐碱含量6‰的盐碱地生长，则是耐高盐碱的水稻。而在盐浓度8‰的环境下，大部分水稻品种会枯死。在人类开始有意识培育海水稻之前，它属于野生稻与栽培稻之间的一个水稻品种。若从严谨的科学定义上为海水稻正名，应当称之为耐盐碱水稻。海水稻这个名字，其实只是对它的形象化称呼，也就是俗称。海水稻这名字被叫了多年，人们早已习惯了，习惯成自然。

早在20世纪三四十年代，甚至更早，为了应对粮食危机带来的严峻挑战，一些沿海国家就把开发和改良盐碱地、利用海水灌溉种植水稻作为了探索的方向。1939年，印度洋热带岛国斯里兰卡培育出世界上第一个抗盐水稻品种（Pokkali），并于1945年推广种植。印度也从1943年开始推广耐盐水稻，现在印度各邦几乎都有适合当地种植的品种。巴西、日本、比利时、美国、英国、澳大利亚等国也相继开展了水稻的耐盐性研究。国际水稻研究所于1975年实施了"国际水稻耐盐观察圃计划"，一些耐盐品系在轻盐渍化土壤上试种成功。从国内看，自20世纪50年代开始，我国东部沿海省份便开展水稻耐盐碱新品种选育。在中国的海岸线和众多的江河入海口，有人发现了不少野生耐盐碱水稻，如在太湖流域发现韭菜黄或老黄稻等，也是俗称的海水稻品种。除了国内发现的耐盐碱野生稻品种，中国农科院等机构还从国外引进了相当数量的耐盐碱水稻材料并进行筛选，试图选育出可推广的耐盐碱水稻品种。到20世纪70年代，江苏农科院就开始开展水稻种质资源耐盐性研究工作，而中国农科院在1980年至1985年还组织相关单位协作攻关，筛选出100多份中轻度耐盐碱品系，并挑选了表现好的三个品种在江苏滨海地区推广种植。另外，海南省科技厅在1999年批复建立海南省耐盐作物生物技术重点实验室，成为国内第一个开展耐盐作物遗传育种的实验室，并选育出多个耐盐水稻品种。

如果能培育出可以在盐碱地上大面积推广种植的水稻，那将再一次改变中国和世界，对于人类将是巨大的福音。说到粮食安全问题，其实就是一道既简单而又复杂的数学题。中国是一个拥有14亿人口的大国，耕地面积只有18亿亩，人均耕地就是俗话说的"一亩三分地"，除了种粮，还要种植瓜果蔬菜。这就意味着，在人口不再增长的前提下，无论遭遇怎样的天灾人祸，每一亩田地都必须生产出足够养活一个人的粮食。一旦人口增加，就意味着人均单位面积缩小，一亩地就必须以提高单产的方式生产出更多的粮食。为此，袁隆平从三系法杂交稻到两系法杂交稻，再到超级稻从一期到五期的攻关，只有一个目标，就是在保证稻米品质的前提下不断提高单产。而在这两个前提下，中央提出"两个绝不能"，一是已经确定的18亿亩耕地红线绝不能突破；二是已经划定的城市周边永久基本农田绝不能随便占用。人多地少的基本国情，决定了我国耕地资源的特殊重要性和战略性，粮食安全的特殊战略地位在任何时候都不能动摇。耕地是国家粮食安全的根本保障，是农业发展和农业现代化的根基和命脉。而在现有耕地之外，中国大约有15亿亩盐碱地，若是能研发出可以大面积推广的耐盐碱水稻品种，那该是一个多么伟大的粮仓！用袁老的话说："有1亿亩就不得了！如果每亩能达到300公斤的产量，就能增产300亿公斤粮食，这相当于湖南目前全年粮食总产量，可以多养活8000万人口！"这也是袁老晚年的又一个梦。

然而，一切和袁隆平研发杂交水稻之前的状况一样，这些国内外的耐盐碱水稻品种选育都遭遇了一个一直难以逾越的大坎，就是产量太低，亩产只有100公斤左右，一直难以从根本上取得突破并大面积推广，即便推广也得不偿失。这也让国内外的遗传育种专家不得不正视研究海水稻的超高难度。海水稻育种和杂交水稻育种一样，从一开始就是一个世界性的难题，这一难题也被公认为"一个稻作界的哥德巴赫猜想"。

一切科学猜想，只能以科学的方式来验证。2012年，袁隆平院士向这一猜想发起了挑战，率先提出了杂交海水稻研发路线，试图从育种方法学上实现突破——这是他在海水稻研发上的第一大贡献。具体来说，一是利用杂交水稻技术选育优质耐盐碱水稻，建立育种材料筛选程序；二是广泛搜集特种种质资源，包括耐盐、耐旱、耐碱等资源；三是利用杂交水稻技术，结合远缘杂交、太空育种、化学诱变与分子标记辅助育种等多种技术手段，选育耐盐碱水稻。

随后，袁隆平致信时任科技部部长万钢，提出"海水稻是一种非常宝贵的水稻种质资源，具有极高的科学研究和利用价值"，海水稻的产业化发展必将对国家粮食安全、土地和水资源及全国盐碱地开发等产生一系列重大影响。袁隆平设想，若能在超级稻之外，再大面积推广高产耐盐碱水稻，中国的粮食安全保障就有了两座长城，共筑中国粮食堡垒。

中国缺少的不只是土地资源，还有水资源，我国是一个干旱、缺水严重的国家，在沿海地带若能利用一部分海水资源灌溉，就可以节约大量宝贵的水资源。

无论从哪方面看，培育和推广种植海水稻都是大势所趋。

一粒种子若要大面积推广，必须先在不同的区域内大范围试种。一方水土养一方人，对于种子也是这样，你在某个地域发现和培育的种子，往往只适应当地的小气候和小环境，只有因地制宜，才能茁壮成长。若是换了一个地方，气候和环境变了，就会出现典型的南橘北枳现象："橘生淮南则为橘，生于淮北则为枳，叶徒相似，其实味不同。"

袁隆平在大江南北的稻田里奔波了一辈子，脑子里仿佛装着活地图，只要一听到地名，他就能清晰地说出当地的经纬度、平均温度和水稻的生长情况。而对海水稻研发，他也是按照全国一盘棋的理念在大江南北布局，将北方试验基地定在青岛，于2016年成立了青岛海水稻研发中心。有人问袁隆平为什么选青岛，袁老说，青岛市拥有50多万亩盐碱地，又环拥胶州湾，这是北方最适合耐盐碱水稻科研育种的试验基地。

袁隆平作为海水稻研发团队的首席科学家，首先提出了一个三年计划：三年内，在现有自然存活的高耐盐碱性野生稻的基础上，选育出可供产业化推广的、在盐度6‰的海水灌溉条件下能正常生长的"耐盐碱高产水稻"。而在推广种植耐盐碱水稻的同时，还有望逐渐修复、改良由海水倒灌农田导致的盐渍化土壤。一般认为，海水倒灌农田后，至少五年内无法进行农业生产，而每年有多少次台风啊，海水往往会接二连三地倒灌农田，造成农田大面积撂荒。但根据科研人员此前的试验，一般在种了几年海水稻之后，盐碱地就可能转化为良田，常规水稻、大豆、棉花等其他农作物就可以正常种植了。这是推广种植海水稻的另一大功能，功莫大焉，如果所有的盐碱地都能改变为良田，中国和世界上又该增加多少良田啊。

袁隆平的每一次科学决策，都是从反思开始的。想想，从20世纪到21世纪，那么多国家和专家都在搞耐盐碱水稻研究，那些专家都是水稻领域的一流专家，但为什么搞了六七十年，耐盐碱水稻还只有100多公斤的亩产？如何在关键技术上有所突破？袁老思来想去，认为主要原因就是在耐盐碱水稻里边打转转，只是在海水稻种子中优中选优，但没有跳出耐盐碱这个范围。而中国在水稻领域的强项就是杂种优势利用，若是将耐盐碱水稻基因与水稻杂种优势利用结合起来，会不会有所突破？

按袁隆平设计的技术路线，一个是采取常规育种——筛选良种，选取抗涝、抗盐碱、分蘖力强、偏大穗的海水稻品种，再经过去杂去劣，进一步挑选籽粒饱满、粒形整齐的种子，然后把海水稻抗盐的特性转移到高产品种上面来；另一个是利用分子技术，通过基因测序，筛选出天然抗盐、抗碱、抗病基因，在现有自然存活的高耐盐碱性海水稻的基础上，选育出可供产业化推广的、在初级淡化海水灌溉条件下能正常生长的品种。在确定技术路线后，接下来分两步走，第一步是培育出亩产量能达到300公斤的耐盐碱水稻品种；第二步是在8—10年内，选育出可供产业化推广的、亩产1000公斤以上的、耐盐碱的超级杂交稻新组合。

从袁隆平设定的第一期产量指标看，亩产300公斤，乍一听，这个产量实在不高，比当下的常规水稻还低，更不能跟超级稻比，但用袁老的话说，这已经"非常了不起"了。迄今为止，世界水稻的平均单产为每公顷4.5吨（约合亩产300公斤），这个产量已经接近世界平均值了。而现有海水稻一直徘徊在亩产100—300斤的低产状态，如果第一期产量指标能实现，从市斤变成公斤，将比现有海水稻单产翻一番。不过，从接下来几年的试验结果看，袁隆平设定的第一期目标对海水稻的产量还真是大大低估了。

遗传育种材料，自然是多多益善。2014年，袁隆平团队在全世界范围内搜集了近300份耐盐碱水稻种质资源。作为育种材料，这都是可以共享的，袁隆平团队当年发现"野败"后也是无偿地奉献出来，与国内外稻作专家共享。对于共享材料，每个专家都可以利用自己的技术加以研究，其关键技术才是可以独享的知识产权或专利。袁隆平团队利用现代分子标记技术，对搜集来的水稻材料进行耐盐性分子鉴定和测试，筛选掉耐盐性差的水稻品种，并对耐盐性好的水稻再次优化并重复测试。为了得到耐盐性好的水稻品种，这一过程需要不断重复。筛选出具有耐盐性基因的材料后，还要进行芽期、苗期试验鉴定，进一步确定水稻材料的耐盐性，然后以杂交水稻技术进行配组，并引入高产和抗逆性等优异农艺性状。只有经反复鉴定筛选，才能选育出产量高、抗性好、口感佳、营养高的品种。为了加速水稻芽期耐盐碱筛选，袁隆平团队在海南三亚南繁基地和青岛海水稻试验基地设立了组织培养实验室、人工气候室，在培养皿、培养箱内种植水稻的幼苗，以利于较快地初选出耐盐碱水稻材料。

2015年，袁隆平团队培育出了"YC0045"水稻材料（品种凡审定前均称为材料），开始进行田间试验。"Y"是"袁"字的第一个拼音字母，即袁氏。凡是以"Y"打头的水稻试验材料和品种，都是袁隆平团队研发培育的。这一试验材料在2016年试种，使用含盐量6‰的咸水灌溉，小面积试种的最高亩产突破了500公斤。对于一直萎靡不振的海水稻产量，这已是惊人的奇迹。但袁隆平显得很低调，他比谁都清楚，一两年的小范围试验还不能说明问题。那么接下来的结果又如何呢？很多人都在拭目以待。

二

自2017年起，袁隆平团队组织开展国家耐盐水稻联合体试验，分北方中早粳晚熟组、黄淮粳稻组和南方沿海籼稻组三组，在全国沿海滩涂及盐碱地不同生态区进行试种。

袁隆平在海水稻研发上的第二大贡献，是倡议开展耐盐碱水稻区试，打通品种审定通道。2017年底，袁隆平院士建议农业部开展耐盐碱水稻区试，并受农业部委托，在第一届海水稻论坛上，由青岛海水稻研究发展中心牵头，联合国家杂交水稻工程技术研究中心，与国内江苏省农业科学院、辽宁省盐碱地利用研究所、广东省农业科学院等18家研究机构和企业联合成立"国家耐盐（碱）水稻区试协作组"，制定耐盐（碱）水稻审定标准，该项标准于2020年3月，经第四届国家农作物品种审定委员会第三次审定会议修订，形成"耐盐（碱）水稻品种审定标准"，为国家耐盐碱水稻品种审定提供了参考依据，填补了我国耐盐碱水稻品种审定的空白，为全国从事耐盐碱水稻品种选育的单位搭建了品种审定的通道。

黄海之滨，胶州湾畔，有一片寸草不生的白泥地，整片滩涂一片苍白。袁老一声不吭地走着，又四下张望着，这地方就在海边啊，竟然连一只海鸟也没有。几个助手跟着袁老转了一圈，偷偷地打量袁老的表情。

袁老说："你们看我干嘛，好好看看这地方，能种水稻吗？"

几个人都连连摇头。袁老盯了他们一眼，说："你们连试都没有试，怎么就断定不能种？"

助手们一下子被问住了，一个个面面相觑。袁老还要说什么，一股海风忽地吹来，扬起一阵灰土，那味道就像海风一样咸涩。袁老被那呛人的味道冲得眯了一下眼睛，随即又睁大了，说："凭经验，这儿确实不能种水稻，但我们不是凭经验，而是搞试验，试试看嘛！"

这年春夏之交，袁隆平团队在白泥地开辟了一片海水稻试验田。对这一片土地，最了解的就是当地老乡了，他们在这白泥地上种过七七八八的东西，任你播下多少种子、栽下多少秧苗，过不多久就死光光了。这也是实情，无论种什么都要灌溉，而灌溉的水在阳光下就会蒸发，用海水在陆地上灌溉，那田地就变成了白花花的晒盐场，在水持续蒸发后还会形成卤水池，别说水稻，连海带都长不活。老乡们看着那些戴眼镜的专家在这里弯腰播种、埋头插秧，一个个都来好心好意地提醒他们："唉，这地方连咸水草也不长啊，哪能种水稻？你们这简直是拿种子打水漂啊！"

这些专家抓着秧苗，笑着说："老乡啊，我们是搞试验，试试看嘛！"

那神情，那口气，就跟袁老一样，他们一看就是袁老带出来的学生。

专家种田和老乡们还真不一样，他们就是在这里搞试验，哪怕颗粒无收，那也是试验的结果，而失败的比率往往比成功率更高，但你必须试。而科学种田也与老乡们种田不一样。他们培育的海水稻秧苗能够在盐碱地及滩涂上存活生长，具有抗涝、抗盐碱、抗倒伏、抗病虫害等能力，但这个能力也是有限度的。全球各地海水的平均含盐率为3%—5%，基本是陆生植物的禁区。据试验，海水稻耐盐碱的基本值为6‰，超过了基本值，就必须用淡水冲淡，即用海水和淡水勾兑混合浇灌，这也在一定程度上节省了淡水资源。还有一点很关键——对土壤进行改良，将其盐分控制在6‰的基本值之下。

若要生产出优质高产的海水稻，只有两条途径，一是改良品种，二是改良土壤。

在袁隆平的指导下，海水稻团队摸索出了一种盐碱地改良技术——四维改良法，这也成了他们的独门绝技。他们先对这片土壤进行反复检测，也可以说是破解土壤的生命密码，而后以海水稻等抗逆性作物为核心，以综合排灌系统、物联网传感器系统、大数据农业信息服务系统为基础，建立起一套全新的盐碱地稻作改良技术。这一套技术有多先进，还得透过现象看本质。袁隆平把海水稻试验田比作一座冰山，浮在水面以上的是一眼就能看见的海水稻，而大部分不为人知的工作则是在水面以下秘密进行着的。

这秘密的核心要素就是物联网——结合传感器量化控制的排灌网络系统。你想要控制盐，先得控制水——合理灌溉。海水稻也是喜水性的植物，在水稻的不同生长期，需要的水量也是不同的，时多时少，这就需要良好的排灌系统，既能充分满足泡田和冲洗盐碱的需要，也能做到灌排自如。袁隆平团队在试种海水稻时，采用海水、淡水混合的方法，配置出不同浓度的咸水，来模拟自然界中不同盐碱地的情况。相比于种植普通水稻，海水稻非但不会耗费更多淡水资源，还可以节省宝贵的淡水资源。物联网传感器系统能根据水稻不同时期的需肥特点、土壤环境和养分含量状况，控制喷头和喷枪，定时定量喷洒水分和养分。它主要由两根搭载了多种传感器的管道构成，第一根管道根据传感器反馈需求，将所需水肥自动送达水稻根系部，供水稻生长；第二根管道是将土壤中渗出的多余水肥回收，运送至回收池供第一根管道循环使用，节省了宝贵的水肥资源。运用这项技术，既可以对水稻实施精准浇灌，又能降低盐碱地盐分、改善土壤结构、提高土地肥力等。说来有趣，这科学种田竟然与华为有关，华为不只是全球领先的信息与通信技术（ICT）解决方案供应商，它的触角已伸向现代农业领域，那遍布于地表下两米深的传感器的芯片就是由华为提供的。有了这样一个物联网，关键技术解决了，接下来还要用土壤定向调节剂，通过有机肥来定向调节和改良土壤，如改善板结的盐碱地，调节土壤的酸碱盐含量（pH值）等。然后，加入植物生长调节素，使用小分子有机化肥。这一切，都是从海水稻品种、营养搭配、水盐管理系统等方面出发，因地制宜，量身定做针对目标土壤的最优解决方案，让土壤和作物"活"起来。而我们最后看见的，便是那拥有耐盐碱基因的海水稻。

除上述四维改良法之外，还有其他辅助体系，如现代化栽培和机械化植保，这也是真正的高科技农业，有人形容为"科幻级的智能农业"。对此，袁隆平院士充满了期待，他一直期待这样的"科幻级的智能农业"成为解决粮食问题的终极方案。

不得不说，这种科学种田是需要高成本投入的，每亩地改良成本约1万元，这是一般庄稼人投资不起的。但从长远看，一年的改造可以赢得十年的功效，十年内不需再进行土壤改良投入，而一般在两三年内可以将盐碱地逐渐改造成良田。除改良沿海及内陆盐碱地外，四维改良法还可对重金属污染及农残土地进行修复。经过改良，也就具备了大规模推广海水稻的可行性。

那么，白泥地试验基地的结果又如何呢？这才是人们最关心的。

当秋风带着大海咸涩的味道一轮轮吹来，白泥地的稻香一阵一阵扑鼻而来，那稻子如海浪般起伏。这里种植的海水稻跟普通水稻相比，末梢有一些卷曲发黄，穗子也不大，但远看齐刷刷的一片，近看一棵棵丰硕苗壮。袁隆平就像一位即将收割的老农，数了穗子又数谷粒，然后默了一会儿神，心里仿佛有了数。当几个助手请他估测一下产量，他盯了他们一眼，说："我说了不算数，最终的结果还得等专家来检验，咱们就等着大考吧。"

测产是非常严格的，一切都是在众多专家的监控下进行，如同高考一般。

9月28日，中国科学院等单位的评测专家来到白泥地，他们抽签选择了7号和8号地块，又挑选了四个试验品种进行评测。在测产之前，要先通过盐度计测试，这两个地块的灌溉用水盐度达到6‰，符合耐盐碱水稻试验的标准。随后，便进入测产环节。为保证数据的准确性，在专家的严密监督下，采用人工收割的方式。随着一把把镰刀在稻海里闪亮地划过，那昂扬的稻穗"唰唰唰"地飘落，又被工作人员一捆一捆地从田里抱了出来，经脱粒、称重、去杂和水分测定等多道工序，评测专家组组长、扬州大学农学院教授刘世平宣布了测评结果："最高亩产620.95公斤！"

现场顿时一片惊呼，老乡们一个个眼睛瞪得老大，很多人种了一辈子水稻，在良田里也没能种出这么高的产量，这些戴眼镜的专家可真是牛人啊，在这鸟不拉屎的地方竟然种出了这么高产的水稻，牛啊！

刘世平教授在宣布结果后还有些难以置信，他揩拭了一下眼镜，又把刚才宣布的数字再次确认了一遍，连小数点后边的两位数也没错啊！他不可思议地摇了摇头说："在盐度6‰的条件下种植的海水稻，最高产量和大面积种植的淡水稻基本持平，这个产量具有超乎寻常的意义。"

袁隆平乍一听这个结果，也是猛地一愣。这些年来，他创造了一个个水稻高产、超高产的世界纪录，但对于海水稻达到这个产量还是有点不敢相信，这足足比他预期的300公斤亩产翻了一番多！看来，海水稻的增产潜力很大啊。当有人问他这个结果怎么样时，这个老顽童扮了个鬼脸，然后咧嘴一笑，黝黑的脸加一口雪白的牙，就形成了他那典型的"刚果布式的笑容"。很多人对袁老的这个笑容已经很熟悉了，每次他露出这样的笑容，就表明他很满意，甚至有些得意。

果不其然，袁老咧嘴一笑后便连声说："很满意，很满意，可以打个'优秀'，希望再接再厉，接下来要大量制种，明年再选两个点进行大田种植，看看怎么样。"

白泥地试验让袁隆平团队信心倍增，而在接下来的试验中，他们不只是选了两个点，而是在全国东南西北多个省份进行了大田试种。每一粒种子从科学界的试验田走向农民的田间地头，都要经历小面积试种、大田试种、区域试种（区试）和生产性试种等几个阶段。这一年春天，袁隆平团队在海南三亚南繁基地通过杂交的方式，将耐盐碱水稻的优良基因进行重新组合，从中挑选出176份优良品种作为试验材料，在不同区域进行试种。袁隆平团队经过前期考察，发现我国的盐碱地大致可分为五大类型，并按照这五大类型开辟了青岛城阳、黑龙江大庆、陕西南泥湾、新疆喀什、浙江温州五个耐盐碱水稻试验基地。其中，城阳为黄河三角洲盐碱地，大庆为东北苏打冻土盐碱地，南泥湾则是次生盐碱与退化耕地的典型代表，喀什为干旱半干旱地区盐碱地，温州属长江三角洲盐碱地。这也是袁隆平团队首次在全国五大基地同时进行千亩片的区域试验。

青岛城阳，桃源河畔，这一带原本是良田沃土。20世纪60年代以前，这里河流沿岸"十里桃源、万亩稻香"，不是桃源，胜似桃源。这里有个上马村，早先是一个香飘四野的稻香村。谁知到了1963年，正是稻子抽穗扬花的季节，一场台风裹挟着海水席卷而来，海水从河口漫过了堤坝，倒灌进了稻田。对那一年，上马村的老一辈村民没齿不忘啊。一个姓张的老汉十二三岁就在这里种水稻，如今年过古稀了，牙齿掉了好几颗，说话都有些关不住风。说起那一年，老汉猛地抽了一口冷气："咱们村里那时候有4000多亩稻田啊，那一年的水稻比过去哪一年的长势都好，但水稻哪经得住海水的浸泡，过了三四天，海水退了，稻子全都泡死了。那一年颗粒无收，只能吃政府的救济粮。原本以为挨过了灾年，第二年就会好起来，哪知道接下来又是连年干旱，田里的盐分一直排不出去，这稻田全都变成了白花花的盐碱滩，从那以后，这些田地就荒废了，种庄稼根本就没什么收成，只能长些稀稀拉拉的狗尾巴草……"

而今，在上马村还流传着一首民谣："春天地碱白茫茫，夏天地涝水汪汪，秋天十种九不收，冬天地冻硬如钢。"盐碱滩里什么都种不了，村里人只能干别的营生，或是下海去打鱼摸虾，或是在盐碱滩上挖鱼塘，养鱼养虾。年轻一辈早已不知道往日的桃源河畔有多美，老一辈人还时不时梦见那"十里桃源、万亩稻香"，端的是好景致啊，却也只能在梦里头看见了。张老汉做梦也没想到，而今这里又要种水稻了，而且不是一般人来种，是那个像神农一样的袁隆平袁大爷来种。张老汉简直笑得合不拢嘴了，说："咱们这个地方叫上马，只等袁爷爷这个项目上马了，咱们的好日子也会很快就上马了啊！"这老汉说话还挺风趣呢。

这是一个大项目，比白泥地的大多了。2017年11月，袁隆平便派助手考察了桃源河畔这块荒废多年的盐碱地，在测定了桃源河两岸的土壤养分、盐碱度等指标后，袁隆平团队便与当地政府签约，合作打造"万亩国家级滨海盐碱地稻作改良示范基地"，桃源河畔将建起"十里桃源、万亩稻香"的田园综合体，打造乡村振兴的新标杆。这上马村的老老少少谁不知道袁隆平啊，但谁也没见过他老人家，更没有见过那传说中的海水稻，大伙儿一个个都盼着他老人家赶紧来呢。

在上马村人的翘首期盼中，袁隆平来了。那是2018年5月28日，青岛市城阳区政府在上马村举办了首届"海水稻插秧暨中华拓荒人计划"启动仪式，他们将"开拓亿亩荒滩，增加亿亩良田，多养活一亿人"作为拓荒人的梦想。除了青岛主会场，全国五个实验基地也同时举行插秧仪式，这秧苗就由袁隆平来传递。

看啊，老爷子来了！一大早，村口早已密密匝匝地挤满了人，老爷子在老乡们心中就像一个神啊。这位"当代神农"从头到脚都像一位老农，可眼里却闪烁着智者的光芒。黝黑的脸上写满了故事，每一个故事都不乏传奇性。他一边跟老乡们亲热地打招呼，一边仰起头来看太阳。他把手一挥，说："走，去田里看看！"

田坎上滑溜溜的，这个年近九旬的老人，比张老汉还大20岁呢，倘一时收不住脚，滑倒了怎么办？但人们的担心是多余的。这位在稻田里走了六七十年的老人，走得稳稳当当的。忽然，他身子猛地往前倾了一下，几个跟在后边的助手吓了一跳，赶紧上前搀扶，袁老却稳稳扎扎地蹲在地上，像个老农一样，先抠起一把泥土，在手里搓着、揉着，又放在鼻子下深深地嗅着，一脸迷恋的神情。这是一个农人对土地的迷恋，也是一位农业科学家对土地的把握。在插秧之前，袁老抓着一大把鲜嫩的绿色，向参与"拓荒人计划"的每一位拓荒人传递秧苗。这一株株秧苗就是2017年在白泥地测产时产量最高的"YC0045"，每个人都盼着这秧苗能在新的一年里创造出更惊人的奇迹。

袁隆平团队把在白泥地摸索出来的经验和技术都搬到了这个国家级的示范基地，还采用了比白泥地更高端的技术。2018年，青岛海水稻团队和华为公司共建智慧农业全球联合创新中心，依托华为公司以物联网、大数据、移动互联、云计算技术等为支撑的智慧农业4.0样板，为盐碱地改良"插上科技的翅膀"。2020年，在中国科协指导下，青岛海水稻团队又与中国农业工程学会、中国农业机械学会、中国自动化学会、中国人工智能学会、中国产学研合作促进会、中国人工智能学会等共同发起成立智慧农业创新联合体，为海水稻产业推广提供全方位技术支持，并与中国产学研促进会共建海水稻协创平台，推动产学研转化。

　　如果你想亲眼看看智慧农业是什么样，这里就是一个样板。

　　尽管袁老向每一位拓荒人传递了秧苗，但这只是象征性的，实际插秧的是一台无人插秧机。若是一般插秧机也不稀奇，而无人插秧机还鲜为人见，这也是第一次在海水稻插秧中实验应用。当袁老宣布插秧仪式开始后，它就独自在水田中开始工作，将一株株秧苗整齐地插进水田中。它可以熟练地进秧、插秧，到了田埂还可以自动转弯、掉头。一台无人插秧机一天可以完成50亩的作业，相当于上百人干一天。中国传统农耕文明最大的特色就是精耕细作，而无人插秧机也延续了这一传统，不仅效率高，而且作业精细化、标准化、程序化。人工插秧只能凭经验、靠感觉，由于人的情绪和精力的变化，会造成秧苗间距不齐、深度不匀，而无人机插秧没有这些问题，秧苗间距整齐，深度均匀，质量更稳定。

　　无人插秧机只是智慧农业看得见的一只手臂，还有更多的"智慧"像大脑和神经一样是看不见的。现代农业生产首先要掌握实时环境状况和作物长势，而布置在土壤、水源中的理化传感器、智能气象站以及高杆上的智能图像采集设备，则是盐碱地稻作改良的神经系统，这些都是基于华为九天智慧农业全球联合创新中心的"九天芯"研发的，而智慧农业的大脑——"后土云"，更是深藏在机房中，在大数据分析的基础上，形成最优作业工艺，指挥调度生产作业。"后土云"在盐碱地稻作改良智慧农业项目中获得2018年巴塞罗那全球智慧城市博览会创新奖。城阳上马基地整合了华为的全线ICT技术，形成了以"九天芯""后土云"为代表的智慧农业产业，持续通过农业智能芯片、云平台等软硬件以及大数据、云计算、物联网等新一代信息技术的示范应用，推进"盐碱地改良＋智慧农业"模式打造，激发海水稻全产业示范。

　　当然，无论多么高超的技术，最终还要看试验的结果。那海水稻经过四五个月的潜滋暗长，到了这年金秋十月，渐渐散发出了成熟的气味，又迎来了测产验收的时候。这对于每一个试验品种都是一场大考。10月10日下午，青岛农业大学林琪教授等七名专家组成验收小组，按照严格的程序进行了测评，奇迹没有出现，结果令人大失所望，这次测得的最高产量为编号1803的水稻材料，实打实亩产只有261公斤，比2017年白泥地的产量少了一大半，没有达到袁隆平设定的最低标准。对于这样一个结果，袁隆平并没有太多的失望，对各种结果他都有心理准备，科学探索之路就是这样，有起有伏，有高峰也有低谷。这片荒废了几十年的盐碱地，在首年种植就获得这样的产量，也算是不错了。接下来还要进一步探索，到来年秋天再看收成吧。

其他几个试验基地也相继出了测评结果：大庆市的苏打冻土盐碱地改良示范基地，编号为1807的水稻材料现场实打亩产210公斤，没有达标；喀什示范基地，土壤含盐量高达6‰—15‰，原本是五大基地中最不被看好的一个，经测评，其编号为1805的水稻材料理论亩产达549公斤。这是一个出人意料、令人震惊的结果，一下子就吸引了周边地区、有关单位和援疆干部的关注。若能在这样的高盐碱地上种水稻，对辽阔的新疆大地将是巨大的福音。而从南泥湾传来了更令人惊喜的消息，经测评，其编号为1802的水稻材料亩产为636公斤，比2017年白泥地的亩产多了15公斤。

这些测评数据无论高低，无论让人惊喜或失望，都为下一步的区域试种和生产性试种提供了重要依据和参考。一个品种，在经过了小面积试种、大田试种后，至少要经过两年区试及一年生产性试验，才能通过国家新品种审定，而品种审定后就具备了大规模推广的资质。这是极为严格的。袁隆平团队根据2017年、2018年的大田试验和区域试验数据，又筛选出表现优良的材料，在2019年进行生产性试验。

这年，袁隆平团队又增加了江苏南通通州湾、浙江瑞安、浙江台州、山东东营等多个合作试验基地。

南通通州湾位于长江入海口北翼，这一带原本属于长江三角洲粮食生产基地，随着年复一年的开垦和种植，土壤肥力不断下降，变得越来越贫瘠，又加上一次次袭来的台风导致的海水倒灌，土地盐碱化日趋严重。到21世纪，这里已沦为一片寸草不生的重度盐碱滩，含盐量超过普通土地的十倍。在海水稻项目实施之前，这一带到处都是结满盐霜的水汪汪，海滩上的死鱼死虾招来了纷飞的苍蝇和臭虫，海风中弥漫着呛鼻的腥臭味，十几里外都能闻到。通州湾示范区一直想把这片盐碱滩打造成一个生机勃勃的绿色生态农业示范园，他们在这里试种过多种植物，但这盐碱滩上连生命力最顽强的芦苇也长不活。当他们听说袁隆平团队正在全国多地试种海水稻，便决定试一试。

2018年，袁隆平团队与通州湾示范区合作，当地政府划出1500亩的海水稻种植区，采用"袁氏1—11号"耐盐碱水稻材料进行试验。这不是一次单纯的水稻试种，袁隆平团队瞄准的目标是跨界解决土壤改良和种植问题，力求方法生态、循环利用、产品绿色，田间秸秆就地还田并用于生物质排碱沟，变废为宝。在试种海水稻的同时，还采取鱼、稻、鸭立体式生态改良实验，这是一举三得，在增加土壤肥力的同时保护生物多样性。

2019年春天，随着第一期200多亩秧苗插下去，这片荒凉死寂的盐碱滩终于浮现出了一片淡淡的绿意。为了将这片脆弱的绿意维系下去，袁隆平团队几乎把他们的独门绝技四维改良法发挥到了极致，一片淡淡的绿意渐渐变得青翠勃勃。周边的老乡往日是很少走近这片盐碱滩的，就算不得不路过这里，也是掩鼻匆匆而过，而现在，他们都被这青翠勃勃的气息吸引过来了，一个个张大嘴巴呼吸着，这已成为一个可以让他们深呼吸的地方。当一个地方渐渐恢复了生机后，各种各样的鸟儿也飞来了。这稻田养了鱼，放了鸭，在水稻的轻歌曼舞声中，鱼在水中活泼泼地游动，鸭子追逐着飞来的虫子。鸭子"嘎嘎嘎"的叫声和鸟儿的叫声此起彼伏，那海水稻也随风起舞。到9月下旬，这海水稻连风也吹不动了，一串串饱满的稻穗沉甸甸地垂下来，更引来了无数人的观望。这一年的收成怎么样，几乎都不用测产了，一看就知道。然而，一场17级的超强台风突然逼近山东，海上掀起的巨浪和暴风雨一起席卷了稻田。这一场台风让东南沿海地区的农作物遭受重创，很多稻子几乎绝收了。而这片海水稻还真是让人见证了奇迹，它们表现出坚韧的抗倒伏能力，在暴风雨过后又挺挺拔拔地站起来了。它们的耐盐碱性也经受住了一次灾难性的考验。到开镰收割时，经测评，通州湾示范区的海水稻亩产超过了600公斤，一举突破江苏耐盐水稻亩产实测的历史纪录。

这一次试验与别的试验有所不同，是一次综合性的、立体式的生态试验。海水稻的种植不仅仅是利用滩涂地生产粮食，还能防风消浪、促淤保滩、固岸护堤、净化海水和空气，具有如红树林一般的生态和社会价值。海水稻的根系深三四十厘米，可以有效地滞留陆地来沙，减少近岸海域的含沙量，而且能增加土壤有机质。随着海水稻项目的初步实施，通州湾也初步实现了滨海盐碱地的快速有效改造和生态化利用，那大片盐碱化的滩涂湿地环境得以优化恢复，这为江苏省滩涂综合开发利用和耕地占补平衡工作提供了样板，也为东南沿海丰富的盐碱地改良提供了一个可推广的模式。

这年，不只是通州湾示范区的海水稻夺得了丰收，对耐盐碱水稻来说，也是一个丰收年。经评测，浙江瑞安丁山二期一号海水稻试验基地平均亩产达到330公斤；台州基地实现最高亩产670公斤。山东东营海水稻示范种植基地还创造了迄今以来的最高亩产——800公斤。这些数据表明，袁隆平团队通过耐盐碱水稻跨区域试验，初步验证了海水稻在海滩盐碱地能种，在内陆盐碱地也能种。在一些原来连生命力顽强的杨树也栽不活的盐碱地，种上海水稻，不但种活了，还夺得了高产。随着海水稻疆域的不断拓展，又有人异想天开：沙漠里能不能种水稻？

三

一开始异想天开的，并非中国人，而是来自诞生了《天方夜谭》的阿拉伯世界。

2017 年 11 月，袁隆平团队在青岛白泥地的海水稻试验创造了"最高亩产 621 公斤"，这位耄耋老人又给世界带来了一次不小的震惊。随后，袁隆平团队便收到一份来自迪拜的邀请，邀请中国专家赴阿联酋的沙漠去种水稻。袁隆平团队刚接到邀请时，还以为这是一个恶作剧。真的？假的？后来经过多方查证，这还真是一份来自沙漠之国的诚挚邀请，邀请者还不是一般的人，而是阿拉伯联合酋长国副总统兼总理穆罕默德。

到沙漠种水稻，乍一听还真是一个天方夜谭。这份邀请让袁隆平团队成员犯了难。一旦他们答应去沙漠里种水稻就是一个世界性的新闻。若是试种失败了，那更是一个世界性的新闻，这会不会影响袁隆平院士的声誉？

袁老一听他们的担心就笑了，说："搞科研，失败有什么可怕？我就是从一次又一次的失败中走过来的。今年没搞成，明年再来，100 次试验有一两次成功，那就 very good！科学从来不会嘲笑失败者，只会嘲笑那些连试都不敢试一下的胆小鬼，还有那些故步自封的人，你们别看我是个奔九十的人了，我还不想到此止步哦！"

这就是袁隆平，这就是一个科学家的境界。袁隆平决定大胆试一试，哪怕失败了，那也是人类水稻栽培史上的一次重要尝试。他老人家对《天方夜谭》还特别感兴趣，那里头充满了异想天开的幻想，也充满了对未来的探索，在打动人们心弦时也激发了人们无穷的想象力和创造力，而科学探索往往也是从幻想开始，甚至就是一个验证幻想的过程。如今那《天方夜谭》中的许多传说和幻想早已变成了现实，如那载着人类飞翔梦想的阿拉伯飞毯，已从幻想世界飞进了现实的天空，人类发明了各种载人飞行器，哈佛大学的科学家也已经造出了真正的飞毯，而给阿拉丁和公主带来了幸福和快乐的神灯也化作了人间的万千灯火。

2018年1月，春节还没过呢，袁隆平选派的团队成员就在呼啸的寒风和大雪纷飞中告别了家人，奔赴迪拜。当国内家家户户张灯结彩过大年时，他们正在热浪滚滚的大沙漠里跋涉考察。那辽阔的沙海正在他们倾斜的身体下不安地涌动，仿佛已经预感到了什么。又一个"天方夜谭"，将在他们脚下这灼热的沙海里诞生。

阿联酋总面积8万多平方公里，拥有700多公里海岸线，境内几乎全为热带沙漠。很多人对于这个海湾国家的第一印象就是富得流油。在这里，富得流油其实不算什么，富得流水才是真正的富豪、大富豪。20世纪60年代，阿联酋和其他海湾国家一样，发现了令世人惊羡的石油资源，一个贫穷落后的酋长国转眼间就变成了一个石油王国。到2018年，阿联酋人均生产总值高达4万美元，为全球最富裕的国家之一。在阿联酋第一大城市迪拜，警车是超跑，飞机是家用，黄金是装修材料，很多富豪家里的马桶都是黄金打造的。在阿联酋，这不算什么，在这个满大街都是石油大亨的国度，不差钱，只缺水。阿联酋是世界上最缺水的国家之一，其全国用水量的一半以上来自地下水，但地下水资源因开采而不断枯竭，阿联酋为了给他们的后代留下一些宝贵的水资源，只能通过海水淡化来勉强维持生活用水和社会运转。由于水资源稀缺，需要淡水浇灌的绿色植被也成了最昂贵的风景，若要炫富，绿色就是那些富翁们炫耀的资本。而那养命的粮食则只能依赖进口。对任何一个国家来说，粮食安全都是国家战略中最重要的一部分，谁也不想把自己的饭碗端在别人手里。尤其是在海湾这种战争频发的动荡地区，粮食安全一直是巨大的隐患。为了解决粮食问题，一些海湾国家不得不在世界各地租农田、建"飞地"，在别国生产粮食后向本土输入，但这也充满了风险，一旦发生战乱，这个粮食供应链也很容易被截断。

为了把饭碗牢牢端在自己手里，这些沙漠国家也一直梦想能在沙漠里种出粮食。20世纪70年代中期，沙特阿拉伯在海湾国家中率先发起了"沙漠种田运动"，他们不惜重金从澳大利亚引进了抗干旱的农耕技术和设备。澳大利亚约七成的国土属于干旱或半干旱地带，在两个世纪的探索中，逐渐形成了如今处于世界前列的抗干旱的耕作技术。在澳大利亚的技术支持下，沙特一度创造了沙漠农业的奇迹。1979年至1992年，沙特小麦年产量从14万吨猛增至400多万吨，一个原来九成的粮食依靠进口的国家，一跃成为当时世界十大小麦出口国之一。这也让沙特的沙漠农业大大地风光了一把。然而，在这风光的背后却是严重的得不偿失，沙特每出口一吨小麦都需要国家财政补贴500多美元，而同期国际上每吨小麦交易价格还不到200美元。有人称，"这是人类史上教科书式的大撒币项目，没有之一"。沙特不缺钱，但撒出去的不只是钱，还有水，沙漠农业高度依赖不可持续的地下水资源。沙特也一直致力于发展高效的海水淡化工程，但海水淡化成本高昂，实在是难以长久支撑这种得不偿失的"农业狂想曲"。沙特最终只能接受严重缺水的现实，在20世纪初基本上放弃了依靠大量水资源支撑的沙漠农业，结果很快又沦为世界十大小麦进口国之一。

其实，对于沙漠国家，这也不是单纯的"农业狂想曲"，而是"绿色狂想曲"，很多沙漠国家都想把沙漠变成绿洲，若能将粮食和绿化问题一并解决，那更是两全其美。阿联酋邀请袁隆平团队到沙漠里种水稻，就是对这两全其美的追求。他们也知道，海水稻并非直接浇海水，但海水稻可以在含盐量6‰以内的水体中存活，就意味着可以利用大量的海水资源，节省淡水资源。而袁隆平团队通过四维改良法中的排灌系统，还可以对水资源进行回收和循环利用，能达到节约1/3的水的效果。这种沙漠节水农业，正是阿联酋最看重的。当然，效果怎么样，还得试试看。

根据双方达成的"绿色迪拜"合作框架协议，袁隆平海水稻项目团队将在迪拜实施四个阶段的试验和产业化推广计划。2018年上半年，进入第一个阶段——品种试验，他们必须针对海湾沙漠特有的气候，对每一粒种子精挑细选、反复试验，才能进行本土化种植。

迪拜位于中东地区的中央，是面向波斯湾的一片平坦的沙漠之地。袁隆平团队在迪拜东南方的马尔莫姆沙漠中开辟了第一块试验基地。一眼望去，那白茫茫的盐碱滩随着起伏的沙丘一涌一涌地向波斯湾绵延，扑面而来的海风中更是传来古怪嘶哑的声音，让人感觉特别荒凉和诡异。偶尔看见几棵在风中摇曳的沙漠植物，那孤绝的姿态令人看了反而愈发心生绝望。

在国内，此时还是早春季节，而阿联酋属于热带沙漠性气候，一年只有夏、冬两季，此时正值夏季，白得耀眼的阳光伴随着如蒸笼一般的热浪，让人热得上气不接下气。这里昼夜温差最大可达30摄氏度以上，团队中好几个人感冒了，而治疗感冒的最好方式就是到这大漠上来晒太阳，热浪滚滚，"享受"天然桑拿。在这里种水稻，最大的难题还不是酷热，而是土壤。沙漠里有沙没土——地表没有形成团粒结构的土壤，全是一盘散沙。这沙漠底下又是什么样子呢？挖！几个人从一个坑挖到另一个坑，挖下去半米多深就挖不动了，厚厚的沙尘下边全是风化岩石结构。使劲挖！一股脑儿挖下去，铁锹上乱石飞溅，火星子直冒。几个人挖了一阵，都累得一屁股坐在沙堆里了。老天，这就是他们要种水稻的土地啊！

张树臣是迪拜海水稻项目的生产队长。一个50多岁的汉子，在国内外的稻田里跋涉了30多年，还是第一次破天荒地在大沙漠里种水稻。凭经验，这地方无论地表还是地下，都不是可以播种和插秧的地方，这沙石里有机质含量低，就是种下去了，也无法保墒。当然，若是有水浇灌，这问题也不难解决，但那也就轮不到中国的科学家来解决了。这地下倒是有水，但沿海地区的地下水受海水侵蚀，沙漠地下七八米即为盐度高达16‰的海浸水，远远高于海水稻的耐盐极限。这水不能直接浇灌稻田，还很容易反渗到种植作物的根系，伤及种子和秧苗。在这样的沙漠里种水稻，从一开始就是一项史无前例的挑战。此前，其他国家也曾尝试在沙漠中种植耐盐碱农作物，但都因无法克服高温、缺水等极限而灰溜溜地离开了。有人甚至说，一旦证明能在这沙漠里种水稻，那地球上就没有地方不能种水稻了，甚至可以把水稻种到月球上去。

说来，还是袁老那句话，他们到沙漠里来种水稻，不是凭经验，而是来搞试验，国内一整套成熟的水稻种植技术在这里很多都不管用了，只能根据当地实际，重新摸索新的方法。在反复的尝试中，他们通过试种不同积温带水稻品种，测试了80多个水稻品种，终于摸索出了比较适宜在迪拜沙漠种植的种子。播种后，就要忍受高温烈日的考验了。这大漠里，头顶是火辣辣的阳光，脚底是滚烫的沙子，风吹在身上又干又热，没有丝毫的凉意和湿润。这干燥而酷热的气候让每个人都陷入煎熬，刚萌芽的秧苗更是难熬。第一茬种子刚刚冒芽儿，很快就被烈日灼伤了，很多都死掉了。这小苗就是不死，也很难健康成长。他们只能从头再来，而每经历一次失败，都能摸索出一些经验，譬如说在播种小苗时要尽量避开太阳直射的时间，再就是采取遮阴、浇水降温等保苗和保墒措施。这些，说起来只是一句话，干起来却要晒掉一身皮。当一茬苗子终于挺过来活了下来，他们一个个都被太阳晒得脱了皮，感觉就像在这沙漠里脱胎换骨了。

到2018年下半年，便进入了第二阶段——生产性试验，这次试验不是简单的育种、栽培试验，而是一项系统性工程。在沙漠里种水稻，节水是摆在第一位的。沙漠化的本质是缺水，如果试种的品种和方法不对，这水稻就会变成"抽水机"，即便夺得了高产，那也是失败的。团队除了选育出适应迪拜当地光热条件的海水稻品种，在这一阶段还将四维改良法引入当地，探索不同于传统水稻种植的植保体系，达到建立土壤团粒结构、节约淡水资源、避免次生盐碱化等目的。此外，他们还要探索最佳土壤改良工艺参数和水土肥循环模型，降低规模化推广生产成本。

在这一阶段，迪拜进入盛夏，天气愈加炎热了，白天地表温度达50多摄氏度。清早出发时，他们每人带上了几个面包和鸡蛋当午餐，鸡蛋不用煮熟，放在中午的阳光下，几分钟就熟透了。水稻是特别喜欢阳光的作物，但也经受不住这样的烈日曝晒。张树臣和团队成员此前解决了秧苗被高温灼伤的问题，接下来又遭遇了稻穗被烈日灼伤的问题。水稻刚刚抽出白色小穗，一下子就在烈日的曝晒下蔫了、黄了。对播种、插秧的时间，你还可人为掌控，而水稻抽穗是无法掌控的。一般来说，水稻抽穗、扬花、灌浆的最适温度为28摄氏度至32摄氏度，最高温度为37摄氏度，这是极限值，超过了这个极限值，就必须采取降温措施。但若是采取遮光方式，稻穗又无法完成光合作用。张树臣一边通过视频向袁隆平院士请教，一边带着助手在烈日下反复试验。他们一躬身，身上的汗水就像雨一样往下淌。一迈腿，脚心里就疼得钻心。他们的双脚都被厚实的胶鞋焐出了热疮，手臂上被牛虻咬得伤痕累累，又痒又疼。张树臣随身带着的田间观察的笔记本就像被海水浸泡过一样，每一页纸都皱皱巴巴，每一个字都散发出咸涩的味道。海水是咸的，汗水也是咸的。但无论多苦多累，每次一想到袁老在田间劳作的身影，他就豁然了，坦然了。袁老虽没来迪拜大沙漠，但通过视频对话也能看见，袁老正在国内的海水稻试验田忙活。他老人家奔九十了啊，就算他真是一个老农，也早该洗脚上岸了，但他依然在稻田里劳作。看着这样一个老人，怎么还好意思叫苦叫累啊？

如果说耐盐碱水稻有着顽强的生命力，那么这些种稻人比耐盐碱水稻更顽强。再苦再累，他们都一天一天地挺过来了，他们每天想着的是如何让水稻挺过来。在袁老的指点下，他们初步掌握了耐盐碱水稻在沙漠极端环境下的生长规律和水肥施用条件，摸索出了水稻各生育期的核心植保措施。这一茬稻穗抽得特别整齐，籽粒也很饱满。然而，这沙漠好像故意与人类作对，不想让他们得逞，在稻子扬花、灌浆的关键时刻，他们又遭遇了一场沙尘暴。其实，无论台风还是沙尘暴，都是海湾沙漠里常见的现象，若是你培育出的稻子经受不住这样恶劣的气候，那也只能承认失败。而这一茬稻子该经历的灾难几乎都经历了，张树臣和助手们也在灾难中攻克了一个又一个难关。诚然，如果只用吃苦耐劳来形容这一次试验，是不够的，这次试验，从头到尾都运用了高科技的智能农业技术，并在极端的环境下几乎将作用发挥到了极致。

经过五个月生长期，终于迎来了收割的季节。这是一次国际试验，也必须接受国际专家的检验。来自印度、埃及、阿联酋等五国的专家对马尔莫姆沙漠耐盐碱水稻基地进行现场测产。当地时间7月22日，测产专家正式宣布，马尔莫姆沙漠耐盐碱水稻基地成功收获首季海水稻，最高单产为每公顷7.8041吨（约合亩产520公斤），这是全球第一次在热带沙漠试验种植水稻取得成功。

来自印度的测产专家伊什库玛在第一时间通过视频电话向袁隆平院士表示祝贺："这样的测产结果让人非常激动，印象深刻！"

这一消息发布后，如同从沙漠刮起的一股旋风，旋即风靡全球。中国农业科学家在极度干燥和高温的阿联酋沙漠中培育出了耐旱、耐碱、耐热、生命力非常顽强的海水稻，这也确实是令人震撼、激动的奇迹，简直就像《天方夜谭》中的故事变成了现实，创造了沙漠变农田的现代神话。

阿联酋阿布扎比酋长国西部发展委员会委员穆罕默德·萨利赫·穆罕默里兴奋地说："对于同为滨海沙漠地形的阿布扎比西部来说，海水稻的成功试种经验尤其值得学习。它证明，在沙漠中发展现代生态农业产业链并非不可能。"

阿联酋气候变化与环境部部长泽尤迪也在第一时间表达了他的祝愿："与中国在农业领域加强合作，有利于阿联酋方面引进创新技术手段，应对食品安全这一共同挑战，还有助于改善沙漠地区的生态环境。未来，阿方将在水耕栽培、有机农业、废水灌溉、病虫害防治、盐碱地农业开发等领域与中国加强交流。"

阿联酋副总统兼总理穆罕默德作为邀请人更是欣慰无比，他还将收获的海水稻加工制成精美的纪念品，作为国礼赠送尊贵客人，让他们分享"大海馈赠给人类的一份神秘礼物"。

从2019年开始，"绿色迪拜"合作项目进入关键的第三阶段，启动面积为100公顷的"海水稻实验农场"项目，项目团队将在更大范围对海水稻的生产成本和栽培工艺的稳定性进行验证，形成沙漠地区水稻推广技术标准，重点是解决如何大规模节水、降低人工成本、精准栽培等问题。项目团队将对接有中国自主知识产权的物联网、大数据、人工智能、云平台和传感设备，通过对沙漠土地的数字化改造，使水肥能在地底实现真正的循环使用，节水节肥，减少人工干预，从而在海湾沙漠地区建立先进的智慧农业体系。

2020年进入第四阶段，即全面推广阶段。迪拜酋长私人投资办公室计划与袁隆平团队通过资本、技术和土地合作，对沙漠耐盐碱水稻进行快速复制，扩大种植面积，以覆盖阿联酋10%以上国土面积为目标（约合60万亩），并以每10平方公里的"人造绿洲"为单元，打造"绿色迪拜"和"生态迪拜"，大幅提升阿联酋粮食自给能力和粮食安全，并有效改善当地生态环境。这标志着海水稻产业形成独特的商业模式，实现不依赖补贴的自主发展，这对于阿联酋的现代农业产业化具有开创性意义。

阿联酋雄心勃勃，还计划与袁隆平海水稻团队签订共建中东及北非海水稻联合研发推广中心框架协议，合作成立"袁隆平中东及北非海水杂交稻研究推广中心"，该中心将承担面向中东及北非地区海水稻品种测试、工艺条件优化、技术培训和产业化推广等使命。他们将以该项目的前期成果为基础，致力于将"人造绿洲"推广到整个阿拉伯世界，改善沙漠地区生态状况，解决贫困和自然条件恶劣地区的饥饿问题。

土地沙漠化和盐碱化是个全球性的大问题，全球有近10亿公顷荒漠化的盐碱地，耐盐碱水稻的研发是一项世界级的超级工程。尤其是中东和北非等沙漠地区的国家，更渴望早日推广能在沙漠里种植的海水稻。埃及国家农业研究中心顾问阿齐兹·阿部·艾莱兹说："我觉得很震撼，在一个试验当中运用多品种水稻是新的创举，这是中国人的智慧。"埃及的沙漠与半沙漠占全国总面积的95%，大部为流沙，随着沙漠的不断扩张，耕地减少、水资源短缺，又加上人口的持续膨胀，埃及正在经历粮食短缺的挑战。对于任何一个国家来说，粮食安全都不仅仅是解决人民吃饭的问题，还关乎国家经济发展和政治稳定。阿齐兹希望埃及能尽快享受到海水稻种植带来的红利。

而阿联酋的邻居沙特更是跃跃欲试。沙特的自然条件和土壤环境与阿联酋大同小异，在经历了一场"农业狂想曲"之后，沙特一直在寻找可持续的沙漠农业发展模式，中国海水稻在阿联酋试种成功，让他们又看到了重振沙漠农业的希望。其实，又岂止是埃及和沙特,中国在阿联酋沙漠种植水稻的经验可以向整个中东地区加以推广。这也是袁隆平院士多年来的夙愿与梦想。袁老有两个大梦,简单说就是"禾下乘凉"和"覆盖全球",而单靠杂交水稻,是无法覆盖全球的,如今他们培育出了可以在沙漠种植的海水稻,可以填补原来的空白了。袁老说:"只要扩大示范的面积,就可以在阿拉伯国家推广,对保障世界粮食安全发挥重大作用。"

四

2018 年 4 月 12 日下午,习近平总书记在海南省三亚市考察了国家南繁科研育种基地。他同袁隆平等农业技术专家一道,沿着田埂走进了"超优千号"超级杂交水稻试验田。这一片稻田正在扬花灌浆,雨后的阳光中缭绕着一缕缕甜丝丝的香气。习近平总书记弯腰察看水稻长势,向袁老询问超级杂交稻的产量、口感和推广情况,还特意问起了海水稻的研发进展。袁老说,他在 2017 年就拿出第五期超级稻的攻关品种"超优千号",将其培育成耐盐碱水稻示范先锋品种,作为前期通过筛选试验鉴定出来耐盐碱性较好的品种在国内典型盐碱区进行示范推广。习近平总书记一边倾听,一边频频点头,海水稻若能试种成功,像杂交水稻一样大面积推广,对我国粮食安全将多一层保障。习近平总书记的肯定,对袁隆平既是鼓舞也是压力,这种压力说到底就是对粮食安全的忧患。习近平总书记在告别袁老时一再强调:手中有粮,心中不慌。保障粮食安全对中国来说是永恒的课题,任何时候都不能放松!

2019 年 3 月,在博鳌论坛期间,袁隆平院士建议创建"国家耐盐碱水稻技术创新中心"(简称"国创中心"),经李克强总理批示并责成科技部等有关部门抓紧落实，于11月在三亚崖州湾科技城开建。这是全国第四个"国创中心"，也是农业领域首个国家技术创新中心。中心定位于为落实"藏粮于技、藏粮于地"战略和保障国家粮食安全、生态安全提供技术储备和产业化推广。针对我国盐碱地分布广、类型多样，研究优势单位、平台和人才队伍分散、难以集中的特点，该中心将集结全国优势力量，对接各地方政府，充分调动人力、物力、平台协同攻关。中心设立一个总部，拟设置三个中心、四个区域分中心及一批典型区域合作试验站或试验基地。总部设在三亚，由湖南杂交水稻研究中心牵头，在长沙设立种业研究中心，在海口设立生理调控研究中心，在青岛设立盐碱地改良研究中心。"国创中心"盐碱地改良研究中心依托青岛海水稻研究发展中心建设，研发方向聚焦盐碱地化学、物理、生物和工程等改良技术研究。这也是袁隆平院士为海水稻研发作出的一大贡献，搭建起国家级研发平台，奠定了长期的创新基础。

"国创中心"将总部科研基地设在三亚，几乎是不二选择。这里海水和淡水资源丰富，而且有许多咸淡水交汇处，又具有极佳的光热条件，一年四季均可开展水稻试验研究。三亚也是全国南繁育种集中地，对于聚集人才和种质资源、加强行业技术交流进而统领行业发展具有得天独厚的优势。而海南地处中国水稻种植区与东南亚稻区的过渡地带，随着中国（海南）自由贸易试验区的加速推进，对于辐射带动"一带一路"沿线国家和地区开展耐盐碱水稻种植，也将起到重要的桥梁和纽带作用。

如果说"中国人要把饭碗牢牢地端在自己手里"，那三亚南繁育种基地就是"中国饭碗"的底座。袁隆平与一粒种子有不解之缘，一粒种子又与三亚有不解之缘，早在2002年，他就被授予"三亚市荣誉市民"，这片土地也确实是他的第二故乡，在长达半个多世纪的时间里，他几乎年年都来三亚，每年至少有五个月时间在海南南繁基地培育杂交水稻新品种。袁老说："杂交水稻能成功，一半功劳在海南。"

袁老住在三亚荔枝沟镇的一幢四五十平方米的筒子楼里，院子外面就是南繁育种基地的试验田。除了超级稻试验田，"国创中心"还在宁远河入海口、崖州区大蛋村征用了100亩近海土地，开辟了三亚总部科研基地的试验田。宁远河是海南岛的第四大河，在三亚崖城镇注入南海，是崖州的母亲河。河口为冲积平原或台地，河道平缓，河床淤积，汛期洪水宣泄不畅，经常造成崖城一带发生严重洪灾，河水盐度稳定在18‰左右。这并非一个适合种水稻的地方，却又特别适合用来检验耐盐碱水稻的抗逆性和生命力。

2019年12月18日，袁隆平和助手在大蛋村试验基地播种了15亩耐盐碱水稻，以"超优千号"为主打品种，另有来自中心共建单位、海水稻重大专项协作单位的94个新品种在各自的区域中同期试种。科研人员为它们设置了盐分浓度6‰的土壤环境，以"超优千号"为对照，考验鉴定这些不同类型的常规粳稻、杂交籼稻、常规籼稻品种的耐盐性。

每次播种后，袁老都会再三提醒自己的助手："水稻育种有时就是那一秒钟的事情，错过一瞬间就要再等一年。"每当种子发芽、出苗的关键时刻，就要片刻不离地盯着，一旦出现意外，就要在第一时间处理好。袁老这么大年岁了，在田间地头一蹲就是好几天，谁都劝不走。他喜欢喝椰子水，蹲守时，手里常常抱着一个大椰子。在苗头冒出来之前，他那身子一直紧绷着，那黑黢黢的脸颊显得更黑了，两眼微闭，似乎陷入了沉思。这时候，谁也不敢打扰他。眼看着出苗了，他微闭的双眼睁开了，紧绷的身子也终于放松了。这时候，你感觉他又像一个天真的老顽童了，还可以跟他开开玩笑。

袁老也爱开玩笑。他在去稻田的路上时常被一些陌路人认出来，大家又不敢相认，便试探着问："你老跟那个袁隆平长得很相像啊!"

这样的情景,袁老经历多了,他哈哈一笑道:"是吗?很多人都说我们长得像!"

说来,海水稻和超级稻长得也很相像,但还真的不一样。这一茬种子在2020年1月8日移栽。袁老每天都要走进自己的试验田,像看着自己的孩子一样,那神情充满了疼爱,却又故意让它们经受各种各样的考验。只有经历了种种考验,才能鉴定出真实的效果。由于受降雨量、地下水返盐量的年度间、季度间的变化影响,土壤和田间水的盐碱度差异较大、极不稳定,这给水稻品种耐盐碱性的标准化鉴定带来了极大的挑战。为解决这些问题,在袁隆平院士的指导下,科研人员们探索建设了两套由地下井淡水、近海河口盐水、供水管道、提水泵、盐水配水池、供电系统等组成的盐度可控可调的盐水配兑系统,每小时可供给120立方米灌溉水,能同时实现3‰、6‰盐度的灌溉需求,并通过机电设备及防雨设施,构建了一套盐度可控可调且不受降雨、地下水返盐影响的鉴定体系。

经过四个多月的精心培育,这一茬耐盐碱水稻表现出了顽强的抗盐碱、抗倒伏和抗涝能力,即使被海水完全淹没了,只剩若隐若现的叶尖,在退潮后也依然长相清秀。清明过后,这一茬水稻迎来收割日。经测产,"超优千号"平均亩产508.4公斤,高产丘块达547.5公斤,其他品种也大多达标。

对于这个结果,袁老说出了自己的评价:"满意,但不满足。"这也是他说得最多的一句话。

这次试验,采用的是袁隆平团队独创的鉴定技术体系——"稻品种耐盐碱性规模化鉴定体系",这一体系也获得了专家评议认可:"该体系实现了盐水浓度的可调可控,具有高效实用、简便低成本等特点。"其他系列工作成果也达到了育种材料筛选、品种鉴定、品种示范等科研工作预期目标,为下一步提高种植盐度或者更大面积试验示范奠定了基础。这次试验后，科研人员从近百个品种中挑选了六个耐盐碱水稻苗头品种，堪称精挑细选。

经过两年区试和一年的生产实验，2020年11月26日，中华人民共和国农业农村部发布第360号公告——2020年国家品种审定公告，首批共计四个耐盐碱水稻品种经过第四届国家农作物品种审定委员会第六次主任委员会会议审定通过。2021年2月，又有13个耐盐碱水稻品种完成试验并提报审定，后续年份将有更多品种报审。品种获取审定后，为耐盐碱水稻大规模生产种植提供了可靠的品种保障，并在全国不同类型盐碱地合作平台进行示范推广。为满足广大育种家的需求，国家耐盐碱水稻区域试验在原来三个组别的基础上又增加了两组，共设置五个组别。其中，华南沿海籼稻组设置了两组试验：A组和B组，共有70个品种在新疆、内蒙古、宁夏、吉林、辽宁、山东、江苏、浙江、广东、广西等42个试验点进行试验。

而今，很多人对海水稻已不再陌生，对海水稻的科研价值、生态价值也多少有所了解，但一旦有新农作物研发推广，在中国就躲不过转基因的传言，袁隆平就时常遭到追问，甚至是质问：海水稻是转基因吗？

面对这样的问题，袁隆平也只能从常识开始科普。基因（遗传因子）支持着生命的基本构造和性能，演绎着生命的繁衍、细胞分裂和蛋白质合成等重要生理过程，无论是人类还是其他生物，其生、长、衰、病、老、死等一切生命现象都与基因有关。耐盐碱水稻与常规水稻都是水稻，属于同一物种，但海水稻的许多基因与常规水稻不同，具有抗涝、抗盐碱、抗病虫等特有的优势基因，这些特殊基因来自大自然，属于自然变异，是非常好的水稻育种材料资源。为了得到更优良的品种，可将海水稻与普通高产水稻杂交。袁隆平团队的海水稻利用的均是第三代杂交稻（超级稻）育种技术，这种技术是利用非转基因雄性不育系和非转基因的父本进行杂交制种，因此生产出的杂交水稻种子也为非转基因品种。这并非将某一物种的特定基因（外源基因）跨界导入不同物种，而是在同一物种中的杂种优势利用，与转基因没有半毛钱的关系。而在中国，所有的品种若要推广，都必须通过国家的严格审定，尤其是在水稻等主粮领域，中国一直没有放开对任何转基因品种的审定。

疑问一个接着一个，又有人问：大海是咸的，海水稻是不是咸的？

对这些想当然的、莫名其妙的问题，袁隆平总是微笑着给予通俗易懂的回答：海水稻在海滨滩涂或盐碱地生长，富含钠元素，这是人体必不可少的重要元素，控制细胞、组织液和血液中的电解质平衡，使神经和肌肉保持适当的应激水平，而普通水稻的大米中钠的含量几乎为零。作为一种微量元素，钠并不像人们想象的那样咸。袁老就时常品尝试种出来的海水稻，他一边吃，一边笑着说："你们可以放心吃，好香啊，一点也不咸！"

还有人觉得海水稻米怪怪的。确实，同普通稻米相比，海水稻有着更斑斓的色泽。海稻米含有天然可溶性红色素，大多呈赤红色，也称为海红米，这是海水稻的一个种类，而其中的天然可溶性红色素对身体有益无害。海水稻原本在野生环境下生长，由于盐碱地从未被开垦过，海水稻又是一年一季稻，稻田休耕期可长达大半年，它可有效存储养分，土壤里的微量元素得到了很好的保存，稻米中富含氨基酸、蛋白质、淀粉、膳食纤维和钙、硒、锌、镁、铜、铁、钼、锰等微量元素。稻米蛋白质是公认的优质植物蛋白，海水稻含有丰富的蛋白质特性，加上独特的栽培措施，造就了海水稻大米中的蛋白质含量高于普通稻米。海水稻还富含独特的活性有机化合物 IP6，其具有预防和治疗多种疾病的功效。经常食用海红米，有抑制致癌物质、清除自由基、延缓衰老、补血及预防贫血、抗应激反应、免疫调节等功效。这些，都是科学检测的结果。

随着现代社会经济的发展以及人们生活水平的进一步提高和饮食结构的变化，人们对稻米的消费需求已经趋向追求稻米的营养价值、保健功效等，海水稻就是能满足高端需求的水稻。而海水稻的抗病性较强，没有常规水稻的病虫害，可不使用化肥，不喷洒农药，加上其盐碱度和耐盐基因，海水稻的"体质"是相当不错的，属于特别难得的健康有机绿色食品。

那么海水稻好不好吃？实话实说，在改良之前，天然的海水稻米质粗糙，确实不好吃，难以下咽。那在改良之后呢？这里就以内蒙古兴安盟出产的"袁蒙米"为例。这种米已经上市，大家可以试一试。

兴安盟位于内蒙古东北部的大兴安岭南麓生态圈。兴安，满语意为丘陵。这里属高寒地区第三、第四积温带，东北四省（区）用得最多的水稻品种便在这一积温带，而兴安盟处于世界公认的寒地水稻黄金带，被誉为"中国草原优质稻米之都"。然而，这里也是世界三大苏打盐碱地之一，有上千万亩盐碱地需要改良。若在这里开展寒地耐盐碱水稻育种项目，对水稻品种进行耐碱耐寒性研究和推广具有较强的区域代表性，不但能满足整个东北及内蒙古东部地区对水稻种植区域的需求，而且对于我国北方甚至同一纬度上、同一气候带上的国家都具有广泛而深远的示范意义。

2018年，袁隆平院士应邀在兴安盟设立了院士工作站，先后建立了种子繁育、耐盐碱水稻科研基地，这是袁隆平院士在国内挂帅的三处水稻实验基地之一。袁隆平团队通过品种改良和土壤改良，采用第三代杂交水稻育种技术，以之前筛选出的优质耐盐碱水稻为亲本，经过无数次试验，培育出了适合兴安盟土壤、气候条件、积温环境的"兴安粳稻系列16"等耐盐碱的水稻品种。此前，兴安盟盐碱地的水稻亩产量只有200多公斤，袁隆平团队在科右中旗盐碱地综合利用基地试种，平均亩产达到了508.8公斤。

这里重点不说产量，而说人们最关心的米质。袁老为兴安盟耐盐碱水稻起名为"袁蒙稻"，其谐音为"圆梦稻"，稻米则为"袁蒙米"。这款大米看上去米粒均匀、饱满，色泽如玉一般晶莹剔透，用东北老乡的话说是"一水儿漂亮"。这可不是表面上的光亮，而是从大米内部焕发出来的光泽。一般来说，稻米中脂类含量越高，煮成的米饭光泽性越好，米饭的适口性越佳，延伸性越好。用"袁蒙米"做的米饭，米粒颗颗分明，还闪着自然油亮的光泽，一开锅，那醇正的米香味溢满整个屋子，其口感软硬适中，筋道而不黏，紧致有嚼劲，在回味中带着明显的甘甜。有人品尝过后赞叹："那新鲜劲儿，感觉每吃一口，都能呼吸到内蒙古大草原的新鲜空气。"

袁老香喷喷地吃了一碗又添一碗，像个小孩子一样咂嘴直呼："好吃，好吃啊！"

好吃不好吃，味道怎么样，这可不是袁老说了算，还得经农业农村部稻米检测中心检测。经检测，"袁蒙米"的食味值达到了90分，比一级五常大米还要高。按国家标准检测，大米食味值是对食用大米米饭的外观、香味、口感等的综合打分，而一级五常大米的食味值一般是85分左右。"袁蒙米"在2018中国首届国际大米节上被授予"2018中国十大好吃米饭"称号，兴安盟成为继长春、哈尔滨之后，全国第三家荣获"稻米之都"称号的地级市。

不过，眼下想要吃到海稻米还真不容易，迄今为止，国内海水稻试种面积还只有2万亩左右，还在生产性试验阶段。那么，这些优秀耐盐碱水稻品种，接下来是不是就可以推广到农民的田地里了？这也是许多人最关心的一个问题，有些人甚至急不可耐了。每次面对这些焦急的面孔，袁老总要习惯性地摸摸脑袋，连连摇摇头说："莫急啊，心急吃不得热汤圆。我们现在已经选出了耐盐碱能力突出的六个苗头品种，但还需要经过区域试验、生产试验等程序才能通过品种审定，各项特性及其配套技术还需进一步研究探索，只有通过品种审定这一关后，才能成为农民可以种植的耐盐碱水稻。"

袁隆平用一粒种子改变了世界，但每一粒种子都来之不易，更不会一劳永逸。即便通过品种审定，也只是说明海水稻达到了在6‰以下盐度的土壤中种植的要求，之后还要不断完善、优中选优，不断优化种质资源，这确实是一个永恒的课题。

按袁隆平院士设计的技术路线，第一步是培育出亩产量能达到300公斤的耐盐碱水稻品种，这一目标已经实现而且超过了预期目标。目前，由袁隆平担任首席科学家的海水稻研究团队，已在山东、浙江等多个省份建立九个区域试验种植基地，耐盐碱水稻种植面积近2万亩。海水稻原来的一大难点就是单产太低，难以推广，如今这个难点变成了一大亮点，在区域试验中频频夺得高产；在未来8—10年内，团队将选育出可供产业化推广、亩产1000公斤以上的耐盐碱的超级杂交稻新组合，推广面积达1亿亩。这笔账，袁隆平早已算过，若在大规模推广后平均亩产达到300公斤，每年就可增产300亿公斤粮食，可以多养活近8000万人口。如果更乐观一点，将耐盐浓度从现在的6‰提升到8‰，推广面积就会大幅度增加。若是推广达2亿亩，按照亩产400公斤计算，可以多养活两三亿人口。这就是袁隆平院士算的两笔账。

2020年6月，袁隆平院士在中华拓荒人海水稻插秧节上，提出了海水稻"十百千工程"计划，即该年在全国推广海水稻示范种植10万亩，开展盐碱地改良100万亩，力争在全国布局1000万亩盐碱地改造项目，在国内外进行广泛推广，推进海水稻示范种植，传递盐碱地稻作改良重大意义，传"中华拓荒人精神"，加快实现"亿亩荒滩变良田"。而青岛海水稻研究发展中心以水稻耐盐碱机制、耐盐碱水稻育种技术、耐盐碱水稻品种推广等行业共性关键性问题为研究的主要出发点，致力于打造智慧农业产业集群，逐步形成集耐盐碱水稻品种研发、稻作改良技术推广、装备制造、成果交易、智慧农业于一体的全产业链新业态。

当下，海水稻的大规模推广还面临很多困难。我国盐碱地面积大，性质差异性大，需要根据不同类型的盐碱地，建立相应的示范推广模式，这项工程开发难度大，商业风险高，仅凭单一单位的力量，实施难度大。为保障开发的有效性和可持续性，需要与当地政府合作搭建稻作改良示范研究平台，开展在不同盐碱地类型、不同气候区的试验测试，建立配套生产技术体系，在此基础上进行产业化开发。而从国家战略上，也需要国家能够在新品种选育、综合技术配套、基本农田认定政策、上下游产业配套等方面给予支持，通过政策引导，在典型区域建立示范工程，推动耐盐碱水稻的大面积种植。

2020年，袁隆平年过九旬，这位"90后资深帅哥"特别喜欢穿红格子衬衫，胸口上还绣着一个大写英文单词——YOUTH（青春）。因为这一副年轻的打扮，还有那骨子里不服老的倔劲儿，他被一些"袁粉"尊为"90后梗王"。尽管他已是一副苍老的形象，难免有些步履跟跄，但精气神却是不老的，他还时不时飙英语——这是一种典型的"袁氏幽默"。每当有人问他什么时候退休时，他便咧嘴一笑，露出孩子般的笑容，说："哈，我觉得我还可以，我90岁了，身体还好，脑瓜子还没糊涂，full of energy（充满活力）！"他还想再活十年，从"90后"成为"00后"，到那时，海水稻肯定能推广到1亿亩，中国人一定能把饭碗牢牢地端在自己手里！

第七章

稻田里的雕像

一

　　袁隆平是一个充满生命活力的长寿老人，很多人都想知道他的养生之道。这位"杂交水稻之父"，探悉了水稻的一个个生命密码，仿佛也掌握了什么健康长寿的生活秘诀。其实袁隆平的生活很简单，没什么秘密可言，年轻时自由散漫，一辈子大大咧咧，一直按照自己的本性和本色活着。科学问题那么深奥而复杂，生活上自然越简单越好。人这一生，说起来很复杂，其实也很简单，一是做人，二是做事。他最想做一个简单快乐的老百姓，像老百姓一样简简单单地过日子，也可谓大道至简。

　　若要养生，先要养心。他说："我想，一个人活这一辈子，首先心态要好，要乐观一点，开朗一点，豁达一点，不要为点小事情发愁、计较，也不要为了追逐名利去花心思，否则，稍微有点挫折，你就受不了。"有了这样的好心态，对许多是是非非就能看透与宽容，也就能抓住你最想干的那件大事，分辨出大是大非，从而处理好生活与工作的关系，而工作，对于他来说，一辈子就是干一件事，而且是他觉得最乐意干的、最值得干的一件事。"我的工作就是生活的一部分，能为国家、为人民做自己应做的事情是最愉快的。"

作为科学家的袁隆平，在科研探索上永不满足，但生活中的袁隆平，真的就像一个普通老农一样容易满足，一日三餐，粗茶淡饭，多吃米饭和红薯等粗粮。但他并非素食主义者，一天两个荤菜，补充点蛋白质，再就是吃些水果，补药从来不尝。多年来，他一直保持着硬朗偏瘦的体型。

除了心态上、生活规律上和饮食上的良性循环，他还坚持锻炼。他从小就兴趣广泛，看见了什么新鲜花样都爱尝试。他去美国指导杂交水稻种植，忙里偷闲还学会了踢踏舞，这种源自美国百老汇的民间舞蹈，随时随地都可以即兴表演，既开放又具有挑战性，轻快活泼，自由与节奏感十足，还真是很适合他自由散漫、无拘无束的天性，他跳得生气勃勃，激情四溢。对于他来说，这是一种保持生命活力的方式。他说，这家伙，特别来神！

当然，让袁隆平终身受益的还是游泳，近年来他很少游泳了，但只要有空，他就会打一场排球。他打的排球不是一般的排球，是他从广西引进的一种老年人打的气排球。在他的带动下，气排球已经成为风靡整个农科院的运动项目。他有点打上瘾了，几天不打，手就发痒。每天下午下班后、晚饭前，他都要带上自己的贤内助打半个小时的气排球。当然不是老两口打，你会听见他用长沙话大声喊："打球啰！打——球——啰——！"很快，那些老球友们便下楼进场了。袁隆平年龄最大，可他那精气神儿，那活力，虎虎生风，扣杀有力，让大家不知不觉忘记了他的年龄。他是农科院老年排球队的主攻手，参加过好几次省里举办的气排球比赛，说到这里，他又有些得意了："我在场的时候都赢，我走后就输。14个队，我们农科院总是第七名或者第八名，如果我一直坚持在那里，拿前三名都有希望，我不在那里，他们就名落孙山！"说起来挺有趣，有一次袁隆平在广西农科院参加比赛，比赛结束后颁奖，奖品竟是袁隆平特意从湖南带来的五个精美白瓷碗，寓意着五谷丰登，人人有饭吃。

他年轻时就是个性格洒脱、无拘无束的性情中人，到老了，他又成了一个老顽童。除了游泳、打球，他还有很多的兴趣爱好，如下象棋、搓麻将、打扑克，百般武艺他都会，而且都是高手，虽说是玩，他却特别较真。譬如说打扑克"争上游"，是他在安江农校那段单身生活的主要娱乐，之后他一直兴趣不减。光打不成，还要有奖惩，有时候用香烟做赌注，有时候在脸上贴纸条、钻桌子做惩罚。牌桌上无父子，无师生，无大小。赢了，他高兴得像个小孩；输了，他也一样要钻桌子，你不让他钻，他还跟你急。他还挺得意地讲起："有一次，他们想把我钻桌子的镜头拍下来，可我身手麻利，一下子就钻过去了。"在给他当过多年秘书的辛业芸看来，袁老师"非常有生活情趣，直白一点说就是特别会玩，他喜欢挑战，好奇心、好胜心十足，哪怕是玩象棋，也要赢了才罢休，别人玩象棋有一方要输了，他立即接手再下。其实他是在有意识地让脑子轻松一下，也是有意识地训练自己的大脑。"阅读也是他的一大爱好，一直到现在，他还保持每周抽出三天时间看业务书的习惯，除此之外，他还爱看外文书以及文史、地理类的书。他认为脑子要多用，人年纪大了最怕得老年痴呆症，而脑子越用越灵活，可以有效地延缓衰老。

这就是袁隆平的养生之道和长寿秘诀，他不光身体好，体魄也好。体魄和身体是不一样的，除了体格，在强壮的体格里还蕴藏着充沛的精力。他对自己的体魄一直挺自豪的，认为这是"成才的第一要素"，而成才，在他看来是"天生我材必有用"，凡是诚实的劳动者，无论你是干什么的，都是人才。他觉得现在的教育对"人才"的认知有误区，以为人才都是干大事的大人物，如此一来，孩子的学习压力太大了，小小年岁就把身体压垮了，让他很痛心。2002年春天，他在武汉与中小学生交流，一个中学生说自己看过一篇文章，那篇文章的主题就是袁隆平如何刻苦攻关，直到累倒在稻田里还不放弃研究，让他非常敬仰。袁隆平一听就赶紧摇手"辟谣"："你们可一定不要受到误导啊，累倒还工作不值得提倡，我也从来没有在农田里累倒过……"他的话，引起师生们一阵大笑，笑声中，响起经久不息的掌声。

一个人，活到了这样真实的境界，已经是相当通透了，在别人看来很重要的东西，在他看来都是身外之物，他早已无所谓，甚至没什么概念了，尤其是对年龄和金钱已没有什么概念。

先说年龄。当人渐老时，时常会陷入时间的困扰之中，岁月不饶人啊！可同袁隆平一比，这实在是庸人自扰之，他没有这样的嗟老叹老，也从不为岁月所困扰，只因他能以豁达的心态解脱自己，这让他进入了一种岁月无羁的自由境界。所以，他活得自在、健康。他曾风趣地说："我是70岁的年龄、50岁的身体、30岁的心理、20岁的肌肉弹性。"当他年过八旬时，他自称"80后"。过了85岁，他又改称"85后"，而今他是"90后"。这么多年来，他从未老过，倒是越活越年轻了。稻子到了成熟的时候色泽金黄，没有一片枯败的叶子，看上去仍然生命力旺盛，那就是"后期落色好"。袁隆平就是一个"后期落色好"的人。很多老人都耽于回忆，而回忆也被看作一种衰老的表现，但袁隆平很少回忆，他更多的是思考今天该干什么、明天该干什么。

袁隆平对自己有多少钱没有概念，但很多人都盯着他有多少钱呢。像他这样一个被媒体追着的人物，一举一动自有人盯着，在这样一个追求财富的时代，一个"杂交水稻之父"拥有多少财富也吸引着人们的眼球。1998年6月，湖南省四达资产评估事务所在长沙举行资产评估结果发布会，宣布："袁隆平"这个品牌的无形资产价值为1008.9亿元，为我国无形资产评估价值最大的一宗项目。这一消息在社会上产生了广泛而强烈的反响，一笔无形资产在很多人眼里变成了真金白银，袁隆平不但搞出了超级杂交稻，还是一个价值超千亿元的超级富翁啊！1999年5月，中国第一家以科学家名字命名的农业高科技公司——袁隆平农业高科技股份有限公司（隆平高科）股票在深交所上网定价发行，关于他的财富传奇再度被放大。对这些新闻，袁隆平笑着说："价值千亿啊，可我没拿着一分钱啊，隆平高科我只是挂名，并没有实际参与经营，说是给我700万股，每股市值20多元，数字算起来不少，但是变不了现，不能抛，我要抛了，股票就跌了，所以说我是'精神首富'，实际没钱。"

其实，多少亿对他而言还真是一个概念、一个数字，100元、1000万元、1000亿元，他感觉好像差不多。他也曾透露，用他的名字成立一家上市公司，一开始他是挺勉强的，后来经过多方面的说服，他才答应，主要是从两点考虑：一是隆平高科上市有利于把杂交水稻推向全世界；二是他担心科研经费断炊。当时他是国家重大项目的首席专家、责任专家，应该说，国家拨给他们的科研经费还是有保障的，但他担心自己退下来之后，科研经费没有保障了，就麻烦了。这也并非多余的担心，毕竟目前在杂交水稻领域还没有谁能超过他的影响力，他坦言："无米之炊呀，我非常担忧。哎，我成立股份公司就有一条，保证我的科研经费哟，得到一个许诺，我就不怕，还有一家股份公司给我做后盾。"

但他也有另一种担心："到底是个好事坏事，现在我还很难断定，要靠实践来检验。"

不过，袁隆平的贤内助对隆平高科股票上市很不是滋味，每次看到电视上的股票行情，她就一脸不高兴地说："今天袁隆平涨三分，明天袁隆平跌两分，这多难听啊！"

媒体记者爱揪着财富问题不放。

有人问："您的身价值1000多亿元，您如何看待财富和名利？"

有人问："您希望一生中有多少资产？"

袁隆平笑呵呵地说："有一个小小的家，足矣。家再大，只能睡一张床，资产再多，每天也只能吃三顿饭。钱这个东西我看得很淡，够用就行。我现在就是靠每个月的工资1万多元，间或还有顾问讲课咨询费，这些收入不低了，够我花的，过日子绰绰有余。我今天穿的衣服就50元，但我喜欢的还是那件15元的衬衫……"

2001年2月，袁隆平赴京参加首届国家最高科学技术奖颁奖典礼时，穿着一套洗得发白的旧西服，他坐下来时稍不留意，里边的红色运动裤就露了出来。经不住大伙儿好说歹说，他终于慷慨了一回，买了一套西服，就是他登上国家最高科学技术奖领奖台时穿的礼服，镁光灯一照，魅力四射，谁都以为那是价格不菲的世界名牌呢。其实他才花了800多元，这衣服还是打折处理的。不过，他也很少穿西服，最爱穿的还是那种棉质的、透汗透气的衬衣或T恤，别人说他朴素，他却爱舒服。他还有一个"怪癖"，专拣便宜、打折的衣服买。有一回，老两口一起逛商场，袁隆平一眼就看见了十元一件的打折衬衫，这也太便宜了，便宜得他都有些不好意思了，便对服务员说："加两块吧，12块一件。"那售货员一听就笑了，人家买东西讨价还价，这老爷子却往上加价。结果，他就按自己说的价一口气买了十多件，像是拣了个大便宜，冲老伴直乐："这样的衬衣好，下田的时候穿起来方便，不用担心弄脏了。"

他不只有朴素的一面，还有不大为人所知的另一面，辛业芸说："袁老师其实很潮呢，在生活上一直引领时尚潮流。当年我们都没有自行车时，他就骑自行车下田了；当我们骑自行车时，他又骑摩托车下田了；当我们骑上摩托车时，他又开着小汽车下田了。"

说到汽车，也有一桩炒得热火朝天的新闻。那是2008年7月的一天，袁隆平和老伴带着小孙女逛车展，他在奔驰车旁看了一眼，就被人给盯上了，随即网上便开始热炒"袁隆平要买豪华奔驰车"。袁隆平笑着感叹："不得了啊，就去看了看车展，带老伴和孙女放松一下，就说我要买什么奔驰高级车、敞篷车，哪里有这个事啊，我只有一辆私家车，原来是 11 万元买的，估计现在大概 9 万多元吧。"——这又是一桩新闻了，一个身价超千亿元的"隐形富豪"竟然开着一辆这么便宜的车，袁隆平说："穿衣，吃饭，开车，不是给别人看的，更不是用来显摆的，只要自己感觉舒服、实用，钱就没有白花，物有所值。"

从一次无事生非的购车风波也能看出袁隆平的金钱观：一是不吝啬，二是不奢侈。他说："钱是要有的，要生活，要生存；没有钱，饭都吃不上，是不能生存的。但钱够一般日常生活开销，再小有积蓄就行了，对钱不能看得太重。倘若对钱看得太重，被金钱蒙住了双眼，就容易迷失自我，成为一个对社会、对他人漠不关心的、自私的人。人要是成了金钱的奴隶，活着还有什么意思呀。"在他看来，超过了日常生活需要的金钱，无非是一个数字。

有人花自己的钱很心疼，花公家的钱却很痛快。袁隆平长期担任国家杂交水稻工程技术研究中心暨湖南杂交水稻研究中心主任，还担任过多个项目的首席专家，手里掌握着上千万元的科研经费，可他花公家的钱比花自己的钱更"抠门"。他出差从来都是买经济舱机票。有一次，他赴京参加一年一度的全国两会，买机票的同志考虑他年岁已高，工作又累，为了让他在飞机上能够舒适地休息一下，就给他买了头等舱机票。登机前，袁隆平发现是头等舱，硬逼着送行的秘书换了经济舱。上机后，空姐一下子认出了他，打心眼里尊敬他，因头等舱还有空位，便过来请了他几次，请他去头等舱。袁隆平盛情难却，就去了头等舱。下飞机时，有同事打趣他"专坐不花钱的头等舱"，他笑着说："空着也是空着，浪费资源可惜啊。"

他还总想着给公家省钱。中心分子实验楼装修，要铺地砖，袁隆平看了经办人交来的一份购物清单，一块地砖单价 50 元，他嫌太贵，便仔细询问怎么回事，经办人解释说，分子实验楼搞实验时经常用化学溶液，这种地砖能防腐蚀，所以价钱就比一般的地砖贵。

袁隆平一听，这个还真不能省，这才点头同意了。有人建议给他换个大一点的办公室，再装修一下，他就怎么也不肯点头了，说："这间办公室蛮好嘛，我都习惯了，有感情了，再说，装修要花钱，何必浪费呢。"

一向对自己抠门的袁隆平，对别人、对社会却特大方。1981年，全国籼型杂交水稻科研协作组获得了我国第一个国家特等发明奖，奖金10万元，这在当时是一笔巨款。作为中国研发杂交水稻的第一人，袁隆平就算多拿一点也没有谁会说什么，但他只给自己留了5000元，其他全都分给协作攻关的科研人员了。在杂交水稻协作攻关中，他没有把两任总理拨给的2000万元作为自己团队的研究专款，而是组织起全国东、西、南、北、中的协作单位共同研究、共同分享。2004年，他获得了世界粮食奖，又将12.5万美元的奖金一分不少地捐赠给了由他发起成立的袁隆平农业科技奖励基金会。他捐的钱，又岂止这一笔，从联合国知识产权组织颁发的"杰出发明家"奖开始，凡是在国际上获得的奖金，还有他与美国水稻技术公司合作所得的顾问费，他全都捐出来了，用来奖励对农业科研有贡献的中青年科技人员和杂交水稻研究的有功之臣。

袁隆平也一直都是青少年心中的偶像，每年都要收到许多来信。有一次，他收到上海一位小朋友的来信，看了信后，袁隆平才知道这是一位双目失明的小孩，信中除了表达对他的崇敬以外，还道出了自己对前途的迷茫和困惑。袁隆平立即给他回信："……生活是美好的，我们这个世界是美好的，而且会越来越美好。你虽然看不见，但你的心能感受到，周围的爷爷、伯伯、叔叔们都在关心你，帮助你。你是一个有志气、有理想的孩子，好好用功读书，将来长大了，一定会有比别人更加光明的前途。不知你听过大音乐家贝多芬的故事没有，这位大作曲家虽然双目失明，却从小发奋图强，在钢琴的键盘里创作了美妙的乐章，让音乐伴随着人类走向史诗般如痴如醉的境界，努力吧，孩子，你虽为盲童，但前途光明……"

有人说袁隆平是"隐形的中国首富"，也有人说他是中国最富有的"穷人"。袁隆平培育的杂交水稻解决了上亿人的吃饭问题，哪怕给他再多的财富都不为过。袁隆平的学生邓启云说，如果杂交水稻申请了专利，那现在的首富非袁隆平莫属。而我则更认同社会评论家周孝正的评说："袁隆平能够在阳光下积累财富，这也是和谐社会应该有的社会环境。"实际上，袁隆平并没有人们想象的那样有那么多财富，但他是一位"心灵富豪"，2010年，他众望所归地荣登中国心灵富豪榜首富宝座。

他是一位"心灵富豪"，也是一位"荣誉之王"。迄今为止，获得了多少国内、国际大奖，袁隆平自己也不记得了。对于人类，所谓荣誉，所谓功名与利禄，从来就是难以抵御的巨大诱惑，"荣名厚利，世所同竞"，古今中外，概莫能外。若连这一点也不敢承认，那就有伪君子、假道学之嫌了。一个再理性的、再淡定的科学家，都渴望自己的科技成就被认可，对此，袁隆平从来都是君子坦荡荡："我不是没有名利思想，说完全没有名利思想也是不实在的，一个人要真正做到没有名利思想是很难的，但是不要把它放在第一位。把名利看得淡一点，或者很淡，就不容易受到打击，就不会为名利所累，就不辛苦。如果把名利看得很重，就很辛苦，为了名利去搞研究，你一遇到挫折就要泄气，就会有负担。"人要是感觉名利老是在那里诱惑你，那就什么都干不成了。这样的名利思想，被马克思形容为恶魔，"谁要是为名利的恶魔所诱惑，他就不能保持理智，就会依照不可抗拒的力量所指引给他的方向扑去"。

尽管袁隆平一次次地被推至聚光灯下，但在光环之下，他从来没有眼花缭乱。他经历过大风大浪，见过那些红得发紫的人，多少人一觉睡醒突然发现自己不是自己了，可结果呢，被捧得高高的却一个跟头栽下来，摔得很惨的人也不少。袁隆平当然不是这样的人，但他也一直保持高度的警觉和冷静的理性。叫好声、赞誉声铺天盖地而来，鲜花、掌声、荣誉、光环蜂拥而至，越是这时候，他越清醒，始终保持宠辱不惊的心态。在赞誉声中，他会公开反省或检讨自己，他的获奖感言就像一篇篇自揭其短的检讨书。这让他可以从最高领奖台上直接走向稻田，没有任何落差，没有任何失重的感觉。

袁隆平既不视金钱如粪土，也不视荣誉如敝屣，他很珍惜这些来之不易的荣誉，他说得最多的一句话，也是他掏心窝子的话，就是："这不是我个人的荣誉，是我们中国的荣誉，我只是学科带头人，一名代表。"这绝非空洞的说辞。

1997年8月，袁隆平去墨西哥参加作物遗传与杂种优势利用的国际讨论会。这次会议有来自60多个国家的600多位科学家参加，其中有12位中国科学家，袁隆平因为签证问题迟到了两天，在举行颁奖仪式的前一天下午才匆匆赶到，大家一看他来了，一个个喜出望外，说："袁老师你终于来了，我们急死了，你来了之后，我们的地位就提高了！"原来，这次大会，有五名科学家被授予"先驱科学家"称号，除了袁隆平，其余四名都是美国人。对此，袁隆平也深有感触地说："那一刻，我深深体会到，荣誉不属于我个人，属于整个中国！"

每次听袁隆平讲话，都是一种享受，他的话一半是玩笑，一半是箴言。有人称他为伟大的科学家，他风趣地说："这个尾巴太大了，就掉转不灵，尾大不掉哦！"不过，他话锋一转，又来了一个辩证法："尾巴大了呢，也有一个好处，就是不容易翘起来，不会翘尾巴，哈哈……"他时常感叹："人怕出名猪怕壮啊，因为出名之后，我自由度越来越小，从事水稻研究的时间就越来越少了，弄得我好多地方不敢去，好多想做的事不敢做……"他最想过的日子，就是普通老百姓过的自由自在的日子，可如今他走到哪里，哪里都是人山人海、前呼后拥。他去武汉大学做演讲，由于来的人太多，演讲场地一换再换，最后只得在操场上进行，操场上全是人头，就像稻田一样，一眼望不到尽头。那个热烈场面让他不停地擦汗。无论走到哪里，都有官员出来迎接，这让他盛情难却又无可奈何。"我就怕兴师动众，很麻烦。我喜欢到处玩，一个人自由自在地走走看看，谁也不认得你，该有多好啊！"

这就是袁隆平，一个最真实的袁隆平，从养生之道到人生哲学，一条脉络越来越清晰，他也越活越明白，世事洞明但绝非万事皆空，人情练达又绝不世故，名与利、得与失，皆已看淡，一切天高云淡，但生与死，又绝不能看淡。他一辈子从未在名与利中倾斜失重，此生唯一让他感到倾斜失重的就是饥饿与死亡，这让他作出了穷尽一生的抉择，那就是拯救饥饿，让人类免于饥饿的威胁与恐惧。对于人类，这并非什么崇高的追求，而是最低的生存或生命保障。当光环与荣耀隐去，一条生死攸关的底线凸显出了本质，这条底线正是一个农业科学家必须坚守不渝的，若要还原袁隆平，这就是其素朴的精神底色。

曾经有人对他说："您是几代人都非常敬佩的偶像，您能给年轻人一些人生方面的建议吗？"袁隆平一听就笑了，说："人生啊？这是哲学问题，我不懂，问哲学家吧！"乍一听，这像是开玩笑，猛地一想，这还真不是开玩笑，而是他的心里话。他不想成为人生楷模，也觉得没必要把过来人的人生经验过早地强加于年轻一代，尤其是不能让那些年轻人过早地为自己的人生定性。人生不是教科书，从来没有标准答案，如果一切都有了现成答案，活着还有什么意思啊？前辈只需给后代积累经验、提供启示。一代人有一代人的经验，每个人都有自己独特的人生经历，这是不可复制的。年轻人未来的一切还处于未知的状态，将靠他们自己去探索，那是诱惑，也是憧憬。而作为长辈，他对自己与年轻一代的生活态度、行为方式和价值观方面的差异，从来没觉得有什么代沟，更没有对立与冲突，反而能从他们身上汲取年轻活泼、健康阳光的朝气与活力，从而让自己一直保持持久而健朗的生命力。

二

　　追溯中国杂交水稻的历史开端，的确是从袁隆平的孤军奋战开始的，但随着他在安江农校的两位学生李必湖和尹华奇的加入，他就不再是一个人在战斗，并逐渐形成了其科研团队的第一梯队，这也是中国杂交水稻研究的第一梯队。他甘为人梯，只要你愿意站在他的肩膀上，他就会慷慨而坚定地把你托起。这么多年来，在培育出一代代杂交水稻种子的同时，他也致力于培育一代代杂交水稻的科研人才。从种子到人才的不断更新换代，才让中国杂交水稻研究有了生生不息的生命力，一往无前又后劲十足地保持在世界领先水平。

　　中国杂交水稻从无到有，随着研究实践与理论的结合，逐渐形成了一门前所未有的新的学科。袁隆平既是"杂交水稻之父"，也是"杂交水稻教育之父"，为这一领域培养了一批批高素质、高水平、科技型和经营型的复合型人才。而人们常说的"袁隆平科研团队"，比较准确的说法应该是国家杂交水稻工程技术研究中心暨湖南杂交水稻研究中心的科研人员，有200多人。在20世纪80年代曾有"八大金刚"一说，指尹华奇、周坤炉、罗孝和、郭名奇、王三良、朱运昌、张慧廉、黎垣庆，他们基本上都是袁隆平培育出来的第一代杂交稻育种专家，迄今，这些人都有40年以上的育种经历。后来又有"十三太保"之说，他们大多是袁隆平培育出来的第二代杂交稻育种专家，有邓小林、邓启云、徐秋生、阳和华、颜应成、武小金、赵炳然、廖翠猛、许可、白德朗、肖金华、肖国樱等。

一粒种子可以改变人类的命运，也可以改变个人的命运。袁隆平第一梯队的两位成员，他在安江农校的学生和助手李必湖、尹华奇，后来都成为杂交水稻研究的主力。

李必湖于1973年经袁隆平推荐，进入湖南农学院农学系深造，1976年毕业后被分配到安江农校工作。当时，袁隆平虽已调到湖南省农科院，但安江农校仍是杂交水稻的重要试验基地，李必湖依然是袁隆平的重要助手。1981年，全国籼型杂交水稻科研协作组获得国家特等发明奖，第一受奖人是袁隆平，第二受奖人便是李必湖，他也由此被誉为"中国杂交水稻第二人"。除了在三系法杂交水稻上的卓著贡献，李必湖在两系法杂交稻研究上也功不可没。自1988年以来，他指导助手邓华凤等人育成国内第一个光温敏核不育系"安农S-1"及一系列高产优质杂交稻新组合，于1999年获得国家发明奖。

尹华奇亦于1973年经袁隆平推荐，进入武汉大学遗传专业深造，毕业后一直追随着袁隆平工作，成为湖南杂交水稻研究中心和国家杂交水稻工程技术中心的科研骨干，并担任过中心主任助理，还被联合国粮食及农业组织聘为顾问，多次出国指导杂交水稻技术。

而袁隆平科研团队的第二梯队，则有一个明显的时间标志点。1971年，袁隆平调至湖南省农科院新成立的杂交水稻研究协作组，从相关单位抽调了周坤炉、罗孝和、黎垣庆等人员充实到研究协作组，他们都成了第二梯队的代表人物。若从更宽广的意义上看，当时参与全国籼型杂交水稻科研协作攻关的全国协作组成员，也是中国杂交水稻研究第二梯队的成员，他们大多在袁隆平的科研基地跟班学习、培训，袁隆平从来没有门户之见。谁都知道，在科研上对最新科研资料和试验材料的占有至关重要，而关键技术更是"独门绝技"和"制胜法宝",但袁隆平不但无私地分给他们"野败"种子,还把自己掌握的最新资料(当时称之为科研情报)分享给他们,一直到现在还是这样,每次他从国外带回的资料都要复印三份,一份留在杂交水稻中心,一份提供给全国协作组,还有一份则让来中心访问的科技人员无偿参阅。除此之外,袁隆平还给他们上课,手把手地教他们搞试验,如此"传道受业解惑",不正是一个老师的职责吗?从这个意义上看,他们也是中国杂交水稻研究第二梯队的成员,其中的代表人物有后来当选中国科学院院士的谢华安,当选中国工程院院士的颜龙安、朱英国,还有和李必湖一起发现"野败"的冯克珊。事实上,他们也一直视袁隆平为"良师益友"。

朱英国院士比袁隆平年轻十岁,1964年武汉大学植物遗传专业毕业后留校,于20世纪70年代初在海南岛开交流会时认识了袁隆平。1975年,他被任命为湖北省水稻三系协作组组长,那时杂交水稻已闯过"三系"配套关和优势组合关,正在主攻制种关,这让他和袁隆平见面和交流的机会更多了。他说:"每次都是学习的机会。袁老师给我们树立了榜样,他没什么架子,有什么经验都毫无保留地与大家分享。他的作风和思路对我影响很大,尤其是其创新思想,其次是精神……他是为人类造福的功勋科学家,是我的良师益友,是中国的骄傲!"其实,朱英国也是"中国的骄傲",尽管起步较晚,但他后来居上,独创出国际公认的水稻三大细胞质类型之一的红莲型杂交水稻。如今,红莲型系列水稻新品种一个接一个地涌现出来,逐步改写了"荆楚栽稻、吴蜀供种"的历史。

谢华安院士起步较早,他在1972年带队去海南袁隆平的基地跟班学习杂交稻培育技术。"第一感觉他就是一个真正的科技人员,真正的科技人员就应该到生产第一线。"随着对袁隆平的深入了解,他更加敬佩袁隆平了。"他很平易近人。我问了他很多问题,拿了很多资料让他看,问能否参加全国南方稻区区域试验,他很爽快地答应帮助我们……他对年轻人的培养和支持令我感动。他是世界级的科学巨匠、很成功的科学大师。他的研究是造福整个人类的，他在国际上之所以知名度很大，是因为他身上闪闪发光的'袁隆平精神'。作为领军人物，他既是战术性专家，更是战略性专家，有着明确的战略思想、丰富的实践经验、独特的人格魅力，是我们当之无愧的最尊敬的良师益友！"

很多人以为"大师风范""良师益友"出自袁隆平亲传弟子对恩师的评价，透过朱英国、谢华安这两位院士的评价，可知并非如此，至少是不仅如此。

袁隆平科研团队的第三梯队，则是1984年湖南杂交水稻研究中心成立后，原有骨干加上陆续引进和培育的人才。袁隆平这个中心主任，并非挂名。在对专业技术和专业人才的管理上，他倾尽了精力。他一边着手组建和充实以科技人员为骨干的队伍，一边甄别淘汰滥竽充数的南郭先生。随着中心在社会上的名气越来越大，尤其是后来中心升格，又在此基础上成立了国家杂交水稻工程技术研究中心，有了"国字号"的招牌。一些人拐弯抹角地找裙带关系，想挤到中心来，也不乏一些有权势的人给他打电话、写条子，但他不买账，把"后门"严严实实地堵死了。又有好心的朋友劝他，你今天不买他的账，他明天就可以变着法子"卡脖子"、找麻烦，不如睁一只眼闭一只眼算了。他一听，生气了，说："我这里不养闲人，要'卡脖子'就让他卡好了，要么把中心改名为'茶庄'，想喝茶的人都可以大摇大摆地进来！"他没有"后门"可开，但又敞开了大门，说："想进来，欢迎，但不必托熟人、找路子。要有学农研究生的学历、外语好、有实力、有敬业精神，这几个条件，一样都不能少，总不能占着茅坑不拉屎吧！"

一道大门敞开了，一道门槛也摆在眼前，你愿不愿进来，能不能进来，就全凭你的志愿和本领了。而自中心成立后进来的一批科研人才，皆可被纳入袁隆平科研团队的第三梯队，如毛昌祥、周承恕、符习勤、邓华凤、邓启云、李继明、肖金华等中青年专家，后来都成了中心科研团队的中坚力量。除了中心团队，还有一批分布在全国各科研院所、在袁隆平的率领下参与"863"计划两系法杂交水稻研究的专家，他们也可被列入第三梯队。

如今，第三梯队以"60后"为主力，也是袁隆平在超级稻攻关中的主力方阵，如邓启云，就是一位主攻手。他1962年出生于湖南浏阳，1983年大学毕业后被分配到安江农校任教。此时袁隆平已是蜚声中外的"杂交水稻之父"了，但一家人还住在安江农校，邓启云经常看见他打着赤脚在学校里走来走去，脚上沾满了稻田里的泥巴。他到现在也忘不了一个场景，那是1987年秋天，袁隆平获得了英国让克基金会让克奖，这是他获得的第三个国际奖项，奖金有2万英镑，差不多是20万元人民币。袁隆平载誉归来，当时已担任校长的李必湖邀请他在学校教职工会上发言，袁隆平竟然打着一双赤脚，可真是一个名不虚传的"泥腿子"农业专家啊。

这年寒假，邓启云搭袁隆平的便车回浏阳，那是一辆老式吉普车，在翻越雪峰山后的一段覆盖着冰雪的下坡路上，车轮突然打滑失控，司机猛踩刹车也刹不住，邓启云和司机都吓坏了，可袁隆平面不改色，一副没事人的样子。他这神情，一下子稳住了司机的情绪，司机紧紧把握着方向盘，刹车无法控制，那就只能牢牢控制住方向。吉普车滑了很长一段路，到了一个比较平缓的地方终于停下来了。

这次生死攸关的经历，让邓启云作出了自己的人生抉择，他要报考袁隆平的研究生。但袁隆平的研究生是很难考的，差不多过了十年，直到1997年，他才考上袁隆平的博士研究生，从此他一直在袁隆平身边学习和工作。2000年，邓启云受聘为联合国粮食及农业组织技术顾问，应邀赴印度指导杂交水稻研究，随后又作为副教授访问学者赴香港中文大学生物系从事超级杂交稻C4转基因合作研究。在袁老师的悉心指导下，邓启云在杂交水稻生理生态、遗传育种、分子育种、两系杂交稻基础理论、育种和应用推广等方面颇有建树，成为袁隆平的得力助手、杂交水稻国家重点实验室项目负责人、"Y两优"广适性超级杂交稻系列的发明人。其中，第二期超级杂交稻的攻关品种"Y两优1号"自2010年以来已成为全国推广面积最大的杂交组合，已成为国家重点龙头企业隆平高科的主要盈利品种，其成熟期田间长相被摄制成著名的超级杂交稻"水稻瀑布"照片，作为国家形象片中袁隆平的背景图在美国纽约时代广场滚动播放，大大提升了中国超级稻的国际影响力；第三期超级杂交稻攻关品种"Y两优2号"，在百亩示范片中率先突破亩产900公斤大关，创造较大面积水稻单产世界纪录，该成果入选2011年"中国十大科技进展"；第四期超级杂交稻攻关品种"Y两优900"创下目前所测超级稻示范片百亩片均产最高纪录。迄今，由邓启云领衔育成并主导推广的以广适性、优质、多抗、超高产等为显著特点的"Y两优"系列超级杂交稻已累计推广超过5000万亩，增产粮食40亿公斤，创造经济效益80亿元以上。

在见到邓启云之前，我就听说他是一个"工作狂人"："你看见他时，他几乎都是在跑，很少用走"，这也是我对邓启云的第一印象。按预约时间，我提前几分钟到了他的工作室，门还关着，但他很快就在楼梯口出现了，他一边打手机，一边小跑过来，几乎是踩着钟点。访谈也是按约定的时间进行，准时开始，准时结束，他和我匆匆地握了一下手，又一边接电话，一边小跑着，一转眼就不见了。我知道，他是要去自己的试验田，他的助手们正在稻田里等着他呢。他的手机时常被打得像他的额头一样发热，电话里的每一句话都与杂交稻有关。不过，无论多忙，多累，都不用担心他会累倒在稻田里，他像袁老师一样，无论多么忙碌和辛苦，都充满了快乐。他自己也是这样说的："这点我是比较像袁老师的，做喜欢的事，一点都不觉得苦。"

在我与邓启云的一席谈话中，他很少谈自己，谈得最多的就是袁隆平，他认为"袁老师的伟大之处，在于他有着超乎常人的洞察力、创造力，目标坚定，方向明确，思路清晰。他一旦提出一个研究方向，一定是经过深思熟虑的，一定是有了清晰的技术路线。如果出现一些波折，他也不会轻易退却，而是分析问题，最后通过解决问题，向前迈进。这让他不但开创了中国的杂交水稻事业，也一次又一次地挽救了一度陷入危局的杂交水稻"。邓启云一直在观察和琢磨袁老师那种超乎寻常的洞察力和创造性的来源，那是来自他对生活的热情和对万事万物的爱心，一切创造源于爱心，这种爱，可以大到热爱国家、热爱人民，也可以小到热爱身边的一草一木，大院里的草绿了，枝叶发芽了，袁隆平一定是第一个发现的。如他最初投身杂交稻的研究，就是那被饥荒剥夺的生命给了他强烈的刺激，也激发了他作为一名农业科技工作者的使命感，让他对生命倍加珍惜和热爱，而一个内心麻木的人，对很多发生在自己身边的事情都会熟视无睹，也根本不会有什么触动和发现。

对袁老师超强的记忆力，邓启云说："我实在佩服得五体投地！"

一次，他去袁老师家里汇报实验结果，那天邓师母不在家，袁隆平忙了一整天，还没有吃饭。邓启云在一边汇报，袁隆平在一边煮面吃。邓启云把结果列了六点，开始时说一点还停一停，看看老师有什么反应。袁老师没什么反应，一直吃着面。他按顺序把六点都念完了，袁隆平的一碗面也吃完了，他放下筷子，就把邓启云刚才汇报的六点结果包括一个个数据复述了一遍，一条不差！邓启云走出门时还在惊叹，只听说世上有过目不忘的古人，没承想还有过耳不忘的奇人啊。

在邓启云心里，袁隆平不仅是他的专业导师，更是他的精神导师。他说："我认为袁老师的精神有些人不一定能学得到，但他这种充满激情的生活态度值得大家好好学，这种对待生活的态度应该贯穿在我们的教育中。我们现在教育的一个大问题就是没有培养学生的激情和兴趣，只是灌输知识。"

若要讲袁隆平的故事，辛业芸是知道他的故事最多的人，她调进杂交水稻研究中心，本身就是一个故事。那是1994年，也就是在湖南杂交水稻研究中心的基础上组建国家杂交水稻工程技术中心的前一年，当时还在湖南省农科院工作的辛业芸很想加入这个技术中心，便懵懵懂懂地给袁隆平写了封自荐信。还没等到袁隆平回复，她就有些迫不及待了，"一个电话打到袁老师家里去"，她猜想，应该会是袁隆平家中的服务人员接电话。"我还琢磨着要怎么和袁老师说上话。"结果，居然就是袁隆平亲自接的电话。这让她一下子更懵了。"我的头脑一片空白，话也不会讲了，只说我想到这边来工作。"辛业芸回忆，袁老师很和蔼，要她过来见面。她想，这是面试啊！面试完后，袁老师又带她去人事部登记。"袁老师一点架子都没有，一下子就让我放松下来了"。

袁隆平的学生对他都有一个共同的感受——"袁老师在生活中随随便便，但在科研上一丝不苟"。他时常告诫自己的学生，科学来不得半点虚假，遇到任何问题，都要钻透。在这方面，他简直是个"死心眼"，他的学生和助手经常看见袁隆平为某个问题跟人争得面红耳赤，你说的什么数据都不算，他一定要扯一株回去，一颗颗数过。他既是这样要求自己，也是如此要求学生的。作为导师，袁隆平既是国际同行一致公认的"杂交水稻之父"，又是中国工程院院士，想要投他门下的学生之多自不用说，但这些学生一开始对农业科学也不那么了解，又加上社会上对这种"泥腿子"科学家抱有误解或偏见，以为农业科学没有其他学科那样"高深"，然而一旦钻进来，才发现自己进入了一个博大精深、几乎没有边际的世界。

袁隆平鼓励博学，但在掌握基本知识的基础上，他认为还要有一些专才，有一些爱好。有专才，就有方向；有爱好，不但让你的世界更丰富，还可以让你在知识、文化、精神层面上获得启发。这和杂种优势是一样的道理，这种优势不仅在自然界存在，在人类社会、思维领域也普遍存在。一方面，杂交水稻研究既是应用科学，也是尖端科学；另一方面，选择农学，就意味着你选择了干一辈子的苦差。农业科学非同于一般科学，既是殚精竭虑的脑力劳动，也是高强度的体力活。袁隆平时常对自己的学生说："水稻专业是一门应用科学，电脑里长不出水稻，书本里也长不出水稻。要想学好这门科学，离开了田间地头不行，没有实践操作更不行。"这就要求，你不能像别的科学领域一样，每天都待在实验室里。譬如说，袁隆平对陈景润十分敬佩，但搞农业科学不同于数学，不能一天到晚关起门来演算，用他学生和助手邓华凤的话说，"走路都撞到树"的书呆子，不行；眼睛往天上看的，太清高的，也不行。你是要经常下田的，是要俯身扑向稻田的。而稻田，就是袁隆平和弟子们的课堂。他一开始就教他们怎么做好田间记录，对于水稻的株型、叶片、茎秆、稻穗的大小都要详细登记。而对水稻的观察，光有科学知识是不够的，还要有灵感，有独特的感受和发现，既要看单株长相，也要看群体结构；既要看静态，也要看动态，这样，你才能分析其外部性状与内部生理的相关性。这不是凭知识和聪明劲能够达到的，必须经过长时间的艰苦磨炼，这样，你的眼光才会变得特别敏锐，思维才会运用自如，才会有跳跃、有联想、有升华、有灵感，才能透过现象看本质。这简直不是科学，而是艺术了，而科学与艺术其实是相通的，甚至是结合在一起的，但不到那个境界，你就难以理喻那其中的奥妙。当越钻越深，渐入佳境，你也不觉其苦，而是感觉妙趣横生，欲罢不能。而在渐入佳境之前，你还真得有充分的心理准备，一旦你选择了学农，任你是硕士生还是博士生，进来时是一副书生模样，接下来就得晒黑一张脸、晒脱一身皮，到毕业时你才猛然发现，你那模样不知不觉已脱胎换骨。

袁隆平对学生和助手的要求很严格，但也很关心。他有一位研究生是从农村来的，家里生活较困难。有一次，这位学生打电话给他，说是父亲病重住院，急需用钱。他马上从自己的工资中转给那个学生2000元。还有一次，他的助手动了个小手术，因为手上的活儿多，只休息几天就来上班了。袁隆平也不多说什么，但他记在心上，隔了一天，写了张条子，压在出去办事的助手的桌上，他在纸条上写道："你刚动完手术，应该在家里好好休息，送上500元，聊表心意，买些营养品，补补身子。"助手回办公室看到这张纸条和钱，感动得眼眶里噙满了泪花。这只是生活中的两个小细节，却也透出了袁隆平的真诚、善良、可亲。

除了直接培养，他也会送科研人员出国深造。在与国际水稻研究所的合作中，该所就为中国水稻领域培养了不少硕士、博士研究生。当袁隆平把他的研究生介绍到美国、澳大利亚等国去攻读博士学位时，也曾有人对他说："您老人家送出去的人才都飞了，您可是白费心血了！"袁隆平却豁达而自信地说："你们不要短见浅识，中国杂交水稻事业的未来，需要大量超过袁隆平的人才，优秀人才的成长需要广阔的自由天地，让他们通通'窝'到我的手下来，受着我的思想束缚，而且我还无法给他们提供世界一流的研究条件，怎么能使他们成长为超过我的杰出学者呢？一旦祖国有条件充分发挥他们的作用，他们随时都会回来的。相反，如果他们回来而又无用武之地，那又叫人家回来干什么呢？"

这些留学生不少都回国了，如李继明、肖金华等人在回国后创办了分子育种平台，功莫大焉。当然也有不少在国外工作，有的成了国际机构中杂交水稻研究的领军人物，也有的成了国际跨国公司的业务骨干。现在，杂交水稻研究中心的人才队伍已形成高水准的梯形队伍，而一茬一茬相继培养出的博士、硕士，又为中心准备了充足的后备人才。这些人才，无论是在国内还是在国外，都像一粒粒闪光的种子。这是袁隆平的骄傲，又何尝不是中国人引以为豪的事。正因为有这样豁达的胸襟，而且意识超前，袁隆平才能培养出这么多高精尖的科技人才。而对他的胸怀和心态，他的学生和助手们几乎不约而同地给予了这样的评价："大师胸怀，百姓心态。"

三

在别的地方要找到袁隆平不容易，但只要走进马坡岭试验田，你随时都能看见他老人家。他总是穿着一件白底蓝纹的方格短袖衫，看上去特别贴身，勾勒出了一个老人健康的骨骼与体型。他身后跟着一帮年轻人，一个个又黑又瘦，跟他就像一个模子里刻出来的，一看就是他的学生和助手，甚至像是传承了他基因的子孙。我亦步亦趋地跟在他们身后，像是一个不知从哪儿冒出来的另类，也确实是另类。和许多好奇的人一样，我一心想要探究袁隆平漫长一生中那些不为人知的故事，仿佛他身上还藏着无数没有被揭示出来的秘密。这让给袁隆平当了十多年秘书的辛业芸女士又好气又好笑，她说："哪来那么多秘密故事啰？袁老师就是喜欢研究水稻，天天看，天天钻，一辈子钻在稻田里，哪能不钻出成果呢？"她是典型的辣妹子，直来直去，快言快语，在她看来，袁隆平的秘密就是他穷其一生都在钻研水稻的秘密，破译水稻的一个个生命密码，又利用这些密码培育出了一粒粒神奇的种子，这是发现的秘密，也是创造的秘密。

2016年7月，已是我第三次走进马坡岭采访袁隆平先生，他在海南三亚南繁基地培育出来的又一茬种子——"超优千号"，第一时间就在他的试验田里播种了。立夏前后，湘中一带水稻插秧正当时，而从立夏至小满期间，风云莫测，变幻无常，袁隆平几乎每天都要下田，烈日当头是寻常天气，越是刮风下雨，电闪雷鸣，越要去田里看看有没有多余的积水，稻禾有没有被狂风吹倒，甚至要实测那些试种的新品种能经受住几级风，在雨水的冲刷中谷粒会不会脱落。而病虫害往往又与自然灾害结伴而生，哪怕是这个掌握了尖端科技的"杂交水稻之父"，也像普通农人一样要看天行事、靠天吃饭。在杂交水稻的一轮轮攻关中，他最担心的就是天气。

此时，小暑已过，大暑将至，在火炉长沙，正值一年中气温最高又潮湿、闷热的三伏天。我三次走进马坡岭，每次都在三伏天。在古人看来，有所谓"六邪"——风、寒、暑、湿、燥、火，而伏天即为暑邪，又曰伏邪，除了少了一个寒邪，这三伏天几乎把邪占尽了，这季节原本最好潜伏在家中，静静地享受阴凉与清福。袁隆平先生不是没有这个福分，却不会这样去享受，那田里的稻禾像他的命根子一样令他牵肠挂肚啊。

天增岁月人增寿，这年，他老人家已经87岁了。这是他第一篇论文《水稻的雄性不孕性》公开发表的50周年，也是杂交水稻从1976年开始在全国大面积推广生产的40周年。在这四五十年间，中国杂交水稻从三系法、两系法到超级稻，一直在领跑世界，这一领先世界的纪录已经保持了40年，这是世界科技史上的奇迹，而他一直是这一领域的领军人物，如今依然拉着第一犁。"勿言牛老行苦迟，我今八十耕犹力。"仔细一想，他还真与陆放翁有某些相似之处：放达，乐观，老而弥坚。如果说陆游在反映生活的深度和广度上都达到了同代诗人难以企及的艺术高度，那么袁隆平在杂交水稻研究的深度和广度上无疑也达到了同代科学家难以企及的科学高度。他像陆游一样放达，却没有陆游诗中的那种老迈。他像埋头耕耘的老黄牛，却没有我们想象的那样不堪重负，在走向稻田的那条路上，他一身轻松，甚至还有几分年轻人的潇洒。

近年来，他一直在做减法，先后辞去了全国人大代表、湖南省农科院名誉院长等职务。在他的再三请求下，又于2015年秋天辞去了国家杂交水稻工程技术研究中心暨湖南杂交水稻研究中心主任这个一肩双挑的职务。从1984年担任中心主任起，他30余年如一日，一直坚守着"吃饭问题"这个生命核心。2016年初，他又请辞湖南省政协副主席一职。他担任此职也已近30年，从未觉得这是一份殊荣，而是肩负着使命与职责，他一年年为国家粮食安全和"三农"问题献计献策，一次次为农民的利益奔走疾呼。但对于他来说，他的第一身份还是一名科研人员，这是必须放在第一位的。在请辞省政协副主席时，他掏心窝子地说："已经有好几年了，我都忙于研究，在省政协没做什么事情，没起什么作用，徒有虚名，还不如辞去头衔，踏踏实实地搞我的科研。"这是他多年来的愿望，他将把毕生精力投入超级杂交稻的攻关与推广上。他的两个大梦，一个做了多年的"禾下乘凉梦"，一个"杂交水稻覆盖全球梦"，都还没有圆。

每次看见他奔走的身影，我都会忘记他的年岁，但偶尔一想，也会讶异，他老人家比我父亲还要大十岁呢。我父亲种了一辈子田，十多年前就被我接到城里来养老了，眼前这位九旬老人，每天却还要下田。或许是多年来训练有素，哪怕走在狭窄的田埂上，他的脚步也很有节奏感。他一身轻松，可他身边的人都感到压力山大啊，如果他老人家在田间不小心摔一跤，栽了个大跟头，那可怎么得了啊。每当有人向他伸出手，他总是那句话，一句他不知说了多少年的话："我还没老啊，我在田埂上走不比你们年轻人慢!"

他从来不愿意别人搀扶他，看那样子还真是没有必要，我们不得不承认，眼前这位耄耋老人，绝不是你仅凭年岁来猜想的一个颤颤巍巍的老人，在很多方面，他都超越了我们的想象。他也用自己的脚步验证了自己，在那狭窄的田埂上，他迈出的每一步都很稳，健朗的脚步走得扎扎实实，甚至可以用矫健来形容。无论多大年岁，他都不会失去对自己人生的掌控力。

对于他的身体，他一点也不谦虚，说："在这样的稻田里工作，一定能长命百岁！"

他曾说："原来我只想搞到80岁就告老还乡，但现在我要奋斗终生。"

他也曾说，当他成为"90后"的时候，希望亩产突破1000公斤大关，这是中国超级杂交稻的第四期攻关目标，结果提前五年就实现了。从2015年开始，他又向超级杂交稻第五期目标发起了攻关。他仿佛在生命与科学的两极中舞蹈。一方面，他在向人生或生命的极限发起挑战。一个人得有一个好身体，还要有一种好心态，这样才会有精力、有激情，我觉得这就是袁隆平健康长寿的秘诀之一。另一方面，他是向科学的极限发起挑战。这里且不说此前的三系法、两系法杂交水稻研究走过了多么艰苦卓绝的路，只说超级杂交稻从第一期到第五期的连续不断攻关，从亩产700公斤、800公斤、900公斤到1000公斤，每一次攻关所达到的目标都是当时的巅峰，这也让中国杂交水稻研究一直保持领先世界的绝对优势。事实上，他早已不是在向世界挑战，而是一直在向自己挑战。对于他，没有最高，只有更高，科学探索没有极限，从不承认终极真理，哪怕像我这种科学的门外汉，也渐渐理解科学之路的漫长，哪怕迈出一小步，也是何其艰难，而科学的一小步，往往就是人类的一大步。

一条路在他的脚下延伸着，这个老骥伏枥、壮心不已的"杂交水稻之父"，仿佛一生都在抵达的路途上。我跟在他身后，忽然想到他喜欢的小提琴曲《行路难》，那不是由音乐家创作的，而是由一个科学家谱写的。这个科学家就是李四光，这位中国地质力学的创立者，也是中国第一首小提琴独奏曲的创作者，科学与艺术，科学家与音乐家，就这样完美地、浑然一体地交融在一起，你甚至分不清是科学升华了艺术，还是艺术升华了科学，而当两者都达到了最高的境界，或许就殊途同归了。行路难，行路难啊，其立意与其说深邃，不如说是遥远，李四光的初衷是抒写中国知识分子的苦难历程，却以更漫长的时间验证了科学探索之路的艰难与漫长。望着眼前那个苍劲的背影，他在这条通往稻田的路上走了一辈子，还将毅然决然又义无反顾地走下去……

到了田边，已是中午时分，三伏天的大太阳火辣辣地直射着，稻芒泛着耀眼的金黄色，我顿时一阵眼花缭乱，眯眼默了一会儿神，才慢慢睁开眼，袁老已换上一双深筒胶皮套鞋。他发现我在打量他，笑着说："原来都是赤脚下田，哈，光脚的不怕穿鞋的，现在好了，连农民下田都是穿套鞋，蚂蟥虫子都咬不着啦！"

袁老下田时，我还站在田埂上打量着，偌大一片稻田，在一座省城已经十分鲜见了。一条林荫机耕道将整片稻田一分为二，一边竖着一块标志牌，蓝色牌子一边，是湖南省水稻研究所、国家水稻改良中心长沙分中心的"水稻区试展示基地"，种的是常规水稻改良品种；绿色牌子一边，是国家杂交水稻工程技术中心、湖南杂交水稻研究中心的"科研试验基地"，也就是人们常说的中心试验田。这位享誉世界的"杂交水稻之父"，他的世界就在稻田里，这就是他生活的全部重心，甚至是他稻田世界的中心。

早先，马坡岭还被农村和农田包围着，如今除了试验田，几乎看不见传统意义上的农村和农民了，环顾四周，围绕着这片稻田的皆是近30年来崛起的现代化城区，高楼大厦，层层叠叠，那些洗脚上楼的农民，从最初的不习惯到如今早已习惯地过着城里人的日子，也许正以一副城里人的眼光，在自家的窗口和阳台上俯瞰大地苍生，偶尔也会依稀回想起祖辈、父辈赶着水牛，赤脚下田、荷锄而归的情景。这其实也是我这个农家子久居城市后时常会浮现的记忆碎片。然而眼前，童年记忆中的一幕竟然又出现了，一个打着赤膊、浑身黝黑的农人赶着一头乌黑的水牛，正缓慢地走过田野。直到走近了，我才发现，这并非幻觉，却是真实的一幕，那个农人也是一个真正的农人，一看就是我父亲那样种田的"好把式"，但他不是为自家耕田，而是被聘到这里来耕种这片试验田，从耕耘、插秧、施肥、田间管理，直到收割，一切都由他来精耕细作。一个掌握了杂交水稻尖端技术的科学家，一片以提升现代农业科技创新能力为目标的试验田，竟然还在沿袭这样落伍的耕种方式，这个反差太强烈了，这也太不与时俱进了吧？其实不然，袁隆平先生觉得这种方式一点也不落伍，凡是历史悠久又能经得住时间考验的方式，必有赓续传承的道理，而精耕细作就是特别值得传承下去的，这也是袁隆平讲究的良法之一。尤其是对于试验田，如果采用机械化耕作，难免会有油污滴落在稻田里，对水土造成污染。2009年，袁隆平在成都的一块试验田就遭受了污染。那块田，当时正在试种适合机插的新型巨穗稻品种"炳优900"，这是袁隆平为四川选育的两系杂交水稻新品种，由国家杂交水稻工程技术研究中心成都分中心具体实施。由于试验田紧邻马路，一辆奥拓轿车突然失控，冲入了试验田，损毁面积达70多平方米，把那一茬试验的稻子给毁了。但损毁的远不止这一季试验的稻子，由于试验田遭受机油污染，这块田至少在未来五年也无法用于正常的试验，这是难以估量的损失，让袁隆平痛心不已。为了保证科研人员的试验在绝对无污染的自然状态下进行，一直以来，袁隆平的中心试验田以及分布在各地的杂交水稻试验田都采用这种传统的农耕方式，生产出的也是真正的绿色、生态、无公害的种子。

虽说我打小就在稻田里干活，但对这片试验田也有些看不懂。一眼望过去，说句实话，这片试验田的景色还不如一般农家的稻田，那秧苗长得高的高，矮的矮，参差不齐，还有不少田才刚刚翻耕，光秃秃的，一片空白。其实，这也是试验田和一般农家稻田的不同之处。稻禾之所以参差不齐，是因为要进行不同品种的试验，有早熟的，有迟熟的，有作为双季稻的晚稻，还有作为一季稻的中稻，以及割了一茬又能长出一茬的再生稻。还有对比试验，一边种的是试验品种，一边种的是对照品种，同样的水土，同样的气候，同样的灌溉与施肥，同样的田间管理，一切都是一样的，但结果却大不一样，不一样的就是种子。一粒种子的不同，决定了秧苗的长势和稻子的收成，看上去自然就高的高、矮的矮了，这正是袁隆平每天都要来看个仔细的原因。

就在我茫然四顾时，那些年轻人都拿着仪器走进了稻田，他们一个个就像观察胎儿生长发育的妇产科医生，对水稻生长、分蘖、扬花、授粉、灌浆、结实的全过程，每天都要细心观察，这和观察胎儿从孕育到分娩的过程其实没有什么不同。这个季节，正是水稻扬花授粉的季节，越是烈日当头，越要下田观察和测试，太阳最大的时候，水稻的花就开得最盛，观测的效果也就最佳。袁隆平站在齐腰深的稻田里，给这些年轻的助手和学生讲解着。他说的是普通话，但口音比较复杂，由于从小就在战乱中成长，过着流离失所的生活，他失去了作为江西人的方言，而他的青少年时代是在重庆度过的，后来他又长时间在安江和长沙度过，他应该讲重庆话或西南官话，可话中又夹杂着安江话、长沙话，这让他的口音也像杂交水稻一样吸收了多种方言的优势，特别有味道。一旦涉及专业术语，他就会下意识地放慢语速，偶尔一个比方，顿时妙趣横生。

他是一个感性的人，又是一个理性的科学家。研究科学，必须具有严谨、专注、周密、精细、一丝不苟的态度。即使是助手和学生在观察，他也不是一个旁观者，他依旧可以在不经意间报出株高、叶长和稻穗的数量，每一个数据都与仪器的测量丝毫不差，真是神了。说穿了，也并非神话，这需要阅历，需要特别丰富的经验和独到的眼光，农业科学是应用科学，也可谓是经验科学。袁隆平以实测的数据为依据，给他的助手和学生们讲解和指导，他的思路清晰，那话语的节奏和在风中起舞的稻禾的节奏，仿佛丝丝入扣。随着他的讲述，我眼前那茫然一片的稻子也渐渐变得清晰起来，连视野也变得特别辽阔与明亮了。

那些插在田间的小牌子，密密匝匝的，每块牌子上都写着水稻品种（试验材料）的名称或编号，我一眼就看见了稻禾中插着的那块"超优千号"的标志牌，这家伙就是"杂交水稻之父"最新研制出的"神秘核武器"，也是他向第五期超级杂交稻目标攻关的主打品种。袁隆平能否续写"水稻王国"的神话或传奇，就看它了。袁老指着自己的这个得意之作，分明没了刚才那深邃而严谨的神色，一脸的神采飞扬，高兴得像个小孩子一样连比带画，这才是他老人家的真性情啊。这家伙也确实挺神奇，在多个百亩示范片试种，"超优千号"已实现每公顷16吨的产量目标，袁隆平正率科研团队继续攻关，他们在云南、湖南、河南、河北、山东等地布置了七个每公顷16吨的百亩片攻关示范点，并开始小面积进行每公顷16吨的试验。从立夏播种到现在，也就两个多月吧，那稻禾的叶子举得高高的，当袁隆平俯下身去观察时，稻叶几乎擦着他的脸孔，那株高最少也有1.2米。

袁老说："'超优千号'组合属于半高秆，其优点是穗大、粒多，每一穗平均有三百五六十粒；到成熟时，那可真是跟尼亚加拉大瀑布一样。这么多的稻子，沉甸甸的，必须具有高度抗倒伏的特性。其米质也不错，再生力也是目前超级稻品种中最强的之一。"袁老讲了优点，也丝毫不隐瞒这一品种的缺点，他坦言，"超优千号"目前对稻瘟病的抗性还不强，在大面积推广之前，还需要继续研究和改进。说到这儿，又有人难免会担心了，他会不会把转基因技术用到这一品种上呢？他摇了摇头，说："我们用的就是常规技术，不是转基因，我们不考虑做转基因。"

尽管天气炎热无比，但只要走进了稻田，袁老就像这阳光下的稻禾一样，焕发出蓬勃而茁壮的生命力。他好像回到了童年时代。他弯着腰，聚精会神地看着一棵棵稻禾，长久不动，感觉是在深呼吸，正把那甜丝丝的清香深深地往肺腑里吸。他又微微闭着眼，深情地抚摸着，好像摸一摸稻子也很舒服。他这忘乎所以的样子，让我忽然又想起了最熟悉的一个老农——我那种了一辈子稻子的父亲，怎么看，这位老人都像是一个面朝黄土背朝天、在农田里耕耘了一辈子的老农啊！

不是像，他老人家就是这样说的："其实我就是一个在田里种了一辈子稻子的农民！"

当然，他又绝非我父亲那样的普通农民，他是"中国最著名的农民"。在无数吃饱了肚子的老百姓心中，袁隆平发明的杂交水稻就是他们的"翻身稻""幸福稻"，而像他这样一个依然健在的人，早已提前成了民间信仰，被神化了。在我父亲心中，在天下农民心中，他就是一个活着的"神农"，一个活生生的"米神""米菩萨"。早在20世纪90年代，袁隆平有一次去湖北考察杂交水稻，在黄冈和罗田之间的一个小镇上，一个老乡一眼就认出了袁隆平，但他不敢相信，就那么迷迷愣愣地看着，像在做梦，当他发现自己不是在做梦时，他激动得大喊大叫："老天啊，我看见米菩萨了，我看见活菩萨了！"这一喊可不得了，呼啦啦的，一村的农民都涌上来了，很快，周边村里的老乡们也奔涌而来，他们都想要亲眼看看这位救苦救难的、让农民吃饱了肚子的"活菩萨"，还有人说"真想喊一声袁隆平万岁"。

这可让袁隆平犯难了，他既不想当"菩萨"，也不想被人称为"当代神农"，而一听有人喊"万岁"更是条件反射、惊恐莫名。他讲起这样一件事：2014年6月，长沙洗心禅寺妙华法师特意来拜访他，于是，这位佛学高僧与这位"杂交水稻之父"有了一次"佛学和科学的对话"。妙华法师说，现在很多农民都把袁老称为"米菩萨"，他觉得袁老是当之无愧的，袁老解决了世界上这么多人的温饱问题，就相当于佛教里头说的"菩萨"。袁隆平一听，连连摆手，说："不敢当，实在不敢当啊，菩萨在老百姓心中是能救苦救难的，我何德何能，不过是中国稻田里的一介农民，比较勤快，偶有收获而已。"他真心实意不想老百姓把他当"神"和"菩萨"看待，他最不愿意听到的就是为他编织的形形色色的神话或传奇。他一直把自己当作中国稻田里的一个比较勤快的农民、一个农业科技工作者，他天天与泥巴和稻禾打交道，是务农人员啊，凡是务农的人就是农民。可他越是这样低调地为人处世，那些对他感恩戴德的农民越觉得这样委屈了他老人家。于是，便有一个农民拿出多年的积蓄为袁隆平塑像。这是一个被反复讲述、过度诠释的故事，我在采访中也听到了各种不同的版本。但几乎所有的媒体都在突出强调事情的表面，却忽略了背后的真相。

那位为袁隆平塑像的农民叫曹宏球，1960年生于郴州华塘镇塔水村。那时一场长达三年的饥荒尚未过去，按说他的家乡是不该发生饥荒的，那一方水土我去看过，实在是良田沃土，自古以来就是湘南的一个稻香村。但曹宏球在15岁之前，从来没有吃过饱饭，一直处于半饥饿的状态。到了1975年，他们公社里第一次种上了杂交水稻。一开始，谁都没觉得一粒种子将会改变他们的命运，只是响应上级的号召，种着试试看。到了秋收季节，所有人都惊呆了，一亩田打的稻子竟比原来两亩田还要多！那一年，少年曹宏球终于吃上了他来到人间后的第一顿饱饭，而且是没有掺入任何粗粮、杂粮的白乎乎的大米饭，那种满足感，他一辈子也忘不了。从那以后，他们公社里年年都种杂交水稻，曹宏球再也没有饿过肚子。后来他知道了，那个发明了杂交水稻、让他们从此吃上了饱饭的人叫袁隆平。

过了几年，随着人民公社解体，中国从此真正进入了一个风调雨顺的时代，粮食越打越多，多得甚至都卖不出去了，卖粮难对于农民来说当然不是好事，却也有力地验证了中国农民已把饭碗牢牢地端在了自己手里。而袁隆平还在不断提高杂交水稻产量，从三系法、两系法到超级稻，粮食亩产一次又一次飞跃，尤其是在袁隆平推广"种三产四"丰产工程后，三亩田的水稻能打出四亩田的稻子，以前一亩田也养活不了一个人，如今三分地就能养活一个人。农民也会算，就算种粮不赚钱，但节省下来的田地可以用来搞多种经营，以前一家的劳动力全都扑在稻田里，如今农业技术提高了，种稻变得简单了、轻松了，节省下来的劳动力可用来搞多种经营。曹宏球脑子活络，除了种稻子，又利用杂交水稻的花粉搞起了养蜂。说起来，曹家原本就是养蜂世家，但在连人也养不活的时代，蜜蜂更是难养，而且不准养，每家只能养个两三箱，养多了，那就要"割资本主义尾巴"。现在，你想养多少就养多少，这样一来，既解决了南方夏季养蜂花粉资源少的问题，又可给杂交水稻传花授粉。蜂蜜卖钱，粮食增产，这种一举多得的科学种养方式，使他逐步由温饱走向小康，成了村里先富起来的一部分人，还成为郴州地区科技致富的典型。曹宏球感到小日子越过越有滋味了。1995年春节，他在自己家的门上贴了一副自己写的对联："发家致富靠邓小平，粮食丰收靠袁隆平。"这也是后来在农民中广泛流传的"两平"论。这种农民式的概括，不一定中规中矩，却也让我又一次惊叹我们的农民兄弟是多么具有智慧，三言两语，洞察和概括了这个时代，一个是邓小平推动的改革开放路线，这是政策支撑；一个是以袁隆平为代表的科学家给中国带来了一条科学兴国、科技兴农的发展之路，这是科技支撑。上至国家粮食安全，下到农民能吃饱肚子，中国人能够把饭碗牢牢端在自己手里，说到底就是靠政策和科技来支撑。

这个丰衣足食的农民，一心想着怎么报答他心中的"米菩萨"袁隆平，他觉得一副对联还远远不能表达他的心意，他要为自己心中的"米菩萨"竖立一座雕像。这个想法在他脑子里酝酿已久，并在1996年冬天开始付诸实施。这年，曹宏球已有6万多元的积蓄，觉得自己已经拥有这个资本了。然后，他给袁隆平写了一封信："我是一名农村知识青年，出生于天灾横行的1960年，差一点饿死在襁褓之中。在我们家乡推广您发明的杂交水稻之前，我没吃过一顿饱饭。后来，是邓小平给我们送来了好政策，您又给我们送来了好种子，使得我家如今不仅衣食无忧，住上了小楼，还有五六万元的存款。我今天给您写信，就是想向您表达我以及我全家对您的崇高敬意和感激之情。我相信，在这一点上，我们全家人的感情可以代表全中国许许多多个农民家庭。"从信的字里行间可以看出，曹宏球写这封信很动脑子，很用心，一边写，一边琢磨着袁隆平的心思，唯恐袁隆平产生什么误会。他在信中还特别提道："我母亲信佛，常年礼拜观音菩萨，也敬拜神农炎帝。她老人家教导我们，有了钱要修桥补路，乐善好施。如今我有了一些积蓄了，可我们村的路和桥都修好了，施舍别人的事我也做了不少，因此，我想用现有的积蓄请人塑一尊您的汉白玉雕像。全家人都很赞成我这主意。我母亲尤其支持，她说，'修菩萨是善事，袁先生就是米菩萨'。请您不要误会，我的本意并不是把您当成菩萨来修，而是为了纪念您的功德，使我们全村、全镇的农民子子孙孙都不会忘记是谁使我们吃上了饱饭……"在这封情真意切的信中，他并未提出别的要求，只想要袁隆平先生提供一张近照。"我请求您赐给我几张不同角度和不同姿势的全身照片，以便我请合适的工匠参照您的照片进行雕塑。"

这封信寄到湖南杂交水稻研究中心时，袁隆平又去海南南繁育种基地了。远在天涯海角的袁隆平虽然没在第一时间看到这封信，但也在第一时间得知了这封信的内容。一听农民要给他塑像，他的第一反应就是婉言谢绝。婉言，是怕伤害了那些淳朴善良的农民，而谢绝，他则相当坚决。他随即口授了一封回信："来信收悉，谢谢你的好意。你和许多农民的心愿，是对我和我国科技工作者的最高嘉奖、鼓励和鞭策，在我看来，这比得诺贝尔奖更荣耀。你们的这份情意我领了。但我为国家和人民作了一点贡献那是应该的，不值得你们如此敬仰和崇拜。从你的来信看来，你家虽有一些积蓄，但尚不算很富有。因此，我建议你把钱用到扩大再生产上去，好进一步发家致富。倘若你一定要积德行善，社会上也还有很多公益事业可做。请你务必不要把钱浪费在为我塑什么石雕像上，我实在承受不起你的这般厚爱。请你尊重我的意见，并恕我不给你寄照片。"

袁隆平的态度很坚决，但曹宏球和乡亲们的态度也非常坚决，不管袁隆平答不答应，他们都要为袁隆平塑像。曹宏球不知从哪儿找到了一张袁隆平的照片，有人说是从袁隆平的贤内助邓则那儿"骗到的"，我看未必。袁隆平的照片在当时也不难找到，很多报刊上都有袁隆平的照片，有些印刷精美的画报还以袁隆平在稻田里工作的大幅照片做封面。为了给袁隆平塑像，曹宏球可真是煞费苦心，为了挑选上好的石料，他打听到北京房山有上好的汉白玉，他在火车上几乎是一路站着赶到北京，挑选到一方上等的汉白玉石料后，又经人指点，来到河北省曲阳县园林艺术雕刻厂，请求这个厂家按照一比一的比例为袁隆平塑像。经厂家测算报价，需要30万元。这可让曹宏球犯难了，他满打满算，也就能拿出5.8万元。不过，这个满脸胡茬的农民还真是很有能耐，他找到厂长，把自己的心愿从头至尾诉说了一番。厂长听了，眼圈儿都红了，他也是挨过饿的，只要挨过饿的人，谁不打心眼里感激袁隆平啊，他当即表示："为袁隆平塑像，赔本我们也干，这样吧，你交4.8万元就成了，留下1万元回家搞生产，别的你就不用操心了，我们一定把袁先生的像塑好!"

这位厂长也是一位能工巧匠,他与曾经为天安门雕塑飞龙的卢进桥师傅精心雕琢了四个多月,一尊袁隆平的塑像终于诞生了。

在袁隆平的雕像披红挂彩地从河北千里迢迢地运回村里后,为了找到一个长远的安放处,和曹宏球一同富裕起来的村民自发捐出了两亩稻田,建起了一个"稻仙园"。"稻仙",意思跟"米神""米菩萨"差不多,在乡亲们心中,袁隆平就是给大伙送来改变他们命运种子的活神仙啊!大功告成之日,举行了开光大典,塔水村乡亲们敲锣打鼓、放鞭炮、唱山歌,在袁隆平的雕像前供上了象征五谷丰登的稻子和祝福袁隆平健康长寿的寿桃。这个消息不胫而走,曹宏球等农民自发地为"杂交水稻之父"袁隆平塑像,还真是一个抓人眼球的新闻事件,然而几乎所有的报道都像这些农民一样一厢情愿,对袁隆平的真实态度不管不顾。这让袁隆平很尴尬,心里很不好受。一方面,他对农民的一片真诚心存感激,而对他们的自发行为,他又无力阻止;另一方面,此事让他深感不安,这些农民挣点钱多不容易啊,却偏偏花在他最不情愿的事情上。可他也不能给这些农民出钱啊,否则就更是说不清道不明了,一个人自己出钱给自己雕像,岂不更让人笑话?一向很少失眠的他,为这事闹得好几天都没睡好觉。不过,他也想通了,那是一个他不愿接受却又无可奈何的事实,唯一能采取的方式就是不管不问,一切由他去吧。

袁隆平单位里的不少同事后来都去稻仙园看过,但他本人迄今一次都没去过。如果他去了,又是一个抓人眼球的新闻了。对于袁隆平跑去看自己的雕像,别人肯定觉得特别有意思,他却觉得特不好意思。"哎呀,我自己啊,就不要跑去看了,那个场面会弄得我不好意思的。"

我在追踪共和国的粮食发展之路时,也曾去那儿看过,很多人都用"矗立"来形容那尊袁隆平的雕像,其实不是"矗立"。那雕像蹲在田埂上，手捧稻穗，那凝视的眼神深情而又坚定不移。这尊塑像加上底座总高 1.6 米，比袁隆平本人至少矮了十厘米，但这又是农民的智慧了，"一米又六"是"有米又有肉"的谐音。

除了这尊汉白玉雕像，曹宏球后来还打造了一尊袁隆平的铜像，放在一个比雕像本身高出了两倍以上的基座上，一个"杂交水稻之父"高高在上地蹲在那个最顶端，以凝固的姿态，凝视着手心里的稻子。基座正面镌刻着："杂交水稻之父袁隆平院士"，底下有金色的稻穗簇拥，两边还有曹宏球写的那副对联，仿佛是从他家门口直接揭来的，连"盛世太平"的横批也一起揭来了。这么多东西壅塞在一起，倒也实实在在、满心满意地表达了这些农民对袁隆平先生的敬意，但看上去又实在太俗气了，也太不成比例了。由于基座太高了，仰望袁隆平的雕像时，它看上去比实际上要矮小得多，只是塑造出了袁隆平在稻田里工作的日常姿态，没有塑出他眼神里的东西，更没有刻画出他骨子里、生命里的东西，事实上这也是最难复制的，它永远只属于生命本身。

其实，就是一尊雕像塑造得再传神，袁隆平也不想成为农民崇拜的偶像。爱因斯坦说过，让每一个人都作为人而受到尊敬，而不让任何人成为崇拜的偶像。可结果呢，无论他愿不愿意，他偏偏就成了"崇拜的偶像"，这让他常常充满了自嘲式的苦笑，他也只能用爱因斯坦的话来解释："因为我蔑视权威，所以命运惩罚我，使我自己也成为权威。"

后来还有一些插曲，一次是袁隆平听说曹宏球因遭受自然灾害而陷入了困境，他赶紧让人给他送去了 2 万元。还有一次，由于那尊雕像长时间日晒雨淋，曹宏球无力维护雕像，只好又跑到长沙来找袁隆平，想请袁隆平资助一下，袁隆平一听他要钱是为了维护雕像，态度一下子又变得坚决了，这个钱不能给，一分钱也不能给。

不能不说曹宏球还真是一个很有头脑的农民，有非同一般的商业头脑和经营策略。那个稻仙园并没有像人们预料的那样难以为继，而是还在不断扩大，如今已从最初的两亩园地扩大到了80亩，成为一个以袁隆平为形象代言人的农业观光园，每年都有成千上万的游客慕名而来。曹宏球以此为依托，创办了稻仙园养蜂场，以生产蜂王浆为主，还有蜂蜜、花粉、蜂胶等产品。尽管种水稻早已不是曹宏球的主要产业，但他数十年如一日，一直守望着这片让他们吃饱了肚子的稻田，也守望着农民心中的"米菩萨"。每天早晚，他都要为袁隆平的塑像清扫灰尘，在星移斗转的时空变化之中，曹宏球那种作为农民的朴素感恩之情也在潜移默化，渐渐进入了一个更高的境界，他是这样说的："我为袁隆平院士塑像是为了让社会更加崇尚科学，我雕刻出来的不仅仅是米菩萨袁隆平的躯体，更是一面科学的旗帜！"我想，最值得关注的并非一个农民为袁隆平塑像，而是这个农民这么多年来走过的路，那是一条从崇拜偶像到崇尚科学、靠科技致富的路，这才是袁隆平最希望看到的一条路，一条中国农村和农民的真正出路。

袁隆平一直把自己看成14亿老百姓当中的一个，他的故事其实就是一个农民和亿万个农民的故事，要说有什么不同，那就是他不但有农民的淳朴与勤奋，还有科学家的头脑，他是一个"懂科学的农民"，他也希望每个农民都能懂得一点科学，而不是盲目地崇拜和迷信任何一个人。他有许多农民朋友，也有许多农民慕名而来找他，但他实在太忙了，找他的人也实在太多了，有时候农民来找他，他身边的工作人员只能替他挡挡驾。有一次，几个来找他的农民在袁隆平办公楼的门口被挡住了，袁隆平正好在办公室里。他听见了楼下的动静，赶忙下楼，热情地把那几个农民招呼到自己的办公室，又是让座，又是倒茶。几个农民开始还有些紧张拘谨，一看袁隆平这样平易近人，模样也跟自己差不多，一个个都放开了手脚，有的还跷起二郎腿，就像在自己家里一样。

　　袁隆平太了解这些农民了，农民心里想啥，他心里很清楚。农民反映的问题，很多都被他写进了湖南省和全国两会的提案。尽管他"2016年两会再次请假，已连续缺席三次"成为媒体反复炒作的一个新闻，但他对农民的关心从未缺席。他批评现行粮食补贴政策没有补到点子上，呼吁把有限的财政资金花在刀刃上，改变"吃大锅饭"般发放粮食直补资金的做法，只有把钱补贴给那些真正种植粮食的农民，让他们增收，才可以做到既节约资金，又调动那些真正种植粮食的农民的种粮积极性，确保我国的粮食安全。他很善于打比喻，只有牵住了粮食直补这个"牛鼻子"，才能真正起到"四两拨千斤"的作用。而在考虑如何让农民增收的同时，他也一直在千方百计地考虑如何降低农民种粮的成本。前几年，湖南杂交水稻研究中心研发出了一种高产优质新品种，经国家批准进入生产销售环节后，原打算每斤稻种定价12元，在征求袁隆平意见时，他一下子发火了，说："一斤12元，为什么卖这么贵？这不是坑农吗？农民有这么多钱吗？"最后，在精打细算后，最终减到每斤9元钱的微利销售。

　　说起来，在袁隆平获得的无数荣誉中，还有一个独特的、让他倍感珍惜的荣誉。那是2012年秋收过后，几个农民特意从远在湘西溆浦县的乡下赶到长沙，他们就像进城里看亲戚一样，给袁隆平送来了土鸡和土鸡蛋。这样的事袁隆平也时常遇到，他待这些农民也像亲戚一样，他们这么远送来的东西，他也会收下，但都会折算成钱给他们。这不是买卖和交易，而是亲人间的人情往来，"来而不往非礼也"。不过，这些从溆浦来的农民不止给他送来东西，还特意来给他颁奖，那是一块写有"天降神农，造福人类"的大奖牌。原来，这年初，袁隆平选择溆浦县的兴隆村和金中村作为第三期超级杂交稻百亩示范片，这两个村的百亩片平均亩产都突破900公斤大关，尤其是这次来送匾的唐老倌，还夺得了全村种粮的"头名状元"。这位60多岁的农民惊喜地告诉袁隆平："我活到64岁了，还从没见过这么好的稻子啊，别说我，我们村里一些八九十岁的老人，也都说从来没见过！"

就为了这从未见过的大丰收，乡亲们才这么远跑来给袁隆平颁奖，若没有袁隆平培育出来的好种子，哪有这样的大丰收，不但产量高，煮出来的饭也特别好呷，那个香啊！唐老倌乐得跟小孩似的，说到那大米饭时还连连呷着嘴，"好呷，好呷"！一忘形，连口水都流出来了，他还觉得有些不好意思，急忙用手遮住了嘴巴。几个老乡一下子乐了，袁隆平也乐了，看着这些老乡这么开心，他更开心。对于那个大奖牌，对"天降神农"几个字，他心里不大乐意，但"造福人类"正是他终身的追求，他最看重的是"广大农民的心愿"，而最大的奖励就是农民的口碑，他郑重地接受了这个由农民颁发的奖牌，由衷地说："我领到过很多奖，农民给我颁奖还是头一次，在我看来，这比得诺贝尔奖还更荣耀，这个奖比诺贝尔奖的价值更高，更荣耀！"

袁隆平的门永远是向农民敞开的，他也没有关门的习惯。每次送走了来拜访他的农民，办公室的地板就会落下许多带着泥土的脚板印，袁隆平却乐呵呵地笑道："这就是接地气啊，我们这些搞农业科研的，不能关起门来搞试验，要多与农民打交道，多下田，多比较，不能凭空想象。农民比我们更清楚种子好不好，我们种水稻是搞试验，试验嘛，失败了不要紧，可农民种稻子不能失败，他们要的是实打实的收成，我们不但要按照农民的需求来培育种子，还要知道农村粮食生产方面最新、最真实的情况啊！"

他送走了那些农民，自己也要下田了。每次下田，他都不戴草帽，但一条浸透了他汗水的毛巾是必备之物。他一直打心眼里觉得自己就是个农民，一直打心眼里从农民的心愿上去理解他们，他知道，每一个吃饱了肚子的农民都是真心感激他，其实，他也是打心眼里感激这些农民。他培育出的每一粒种子，都必须通过农民辛勤的播种、耕耘，才能开花结果，聚沙成塔，如果说保障14亿人的粮食安全是居于塔顶的国家政策，那么这亿万农民就是保障国家粮食安全的最坚实的底部。谁能养活中国？谁在养活中国？说到底就是这数以亿计的农民，只有依靠他们，中国人才能一直把饭碗牢牢地端在自己手里。

稻田里的太阳，蒸发出一股股炙人的水汽和热浪，但那个被耀眼的阳光照亮的身影在我眼前越来越清晰。我又一次深深地凝视这位老人，他给人的第一印象，就是一个又黑又瘦的形象，黝黑的脸膛，黝黑的脖子和手臂，如果不是穿上了套鞋，你还会看见他两条又瘦又黑的"泥腿子"。当他俯身观察稻子时，阳光照在他的脖子上，他的身体仿佛产生了光合作用，像光芒焕发的紫铜一样。当他转过身来，对着阳光察看稻花时，他宽阔的额头在阳光下闪烁着黑陶般的釉光。他那抚摸与呼吸的姿态，让我在瞬间发现，这才是一尊活生生的雕像，看上去比稻仙园里的那尊雕像更像一尊雕像，这不是用石头雕出来的供人仰望和膜拜的雕像，而是风雨日月雕塑出来的一尊采日月之精华、吸天地之灵气的雕像。他不是"菩萨"，不是"神农"，却是一位足以用伟大来形容的农民。

对于"伟大"这个词，我一向十分谨慎，但眼前这位老人绝对是当之无愧的。

后 记

2016年底，我在《袁隆平的世界》后记中写道："这部书从袁隆平诞生一直写到了2016年岁末，篇幅够长了，体量也相当厚重了，但仍不足以承载袁隆平的世界，我所呈现的只是一个提炼或浓缩的世界，袁隆平的世界和一粒改变世界的种子还有着难以穷尽的秘密和无尽的解释空间，这样一部书，永远都不能画上句号，永远都在续写和添加中……"

《袁隆平的世界》问世后，陆续推出了青少年版、繁体中文版、英文版等六个版本，有不少读者建议，最好再增加一个"精华版"。恰好，浙江人民出版社策划出版"共和国功勋"丛书，这给我提供了一个进一步提炼和续写的机会。《田间逐梦：共和国功勋袁隆平》一书从1953年夏天袁隆平大学毕业、赴安江农校任教一直写到了2020年6月底，时间跨度67年。本书对2016年底之前的内容进行了比《袁隆平的世界》更加精炼的书写，而对2016年之后的内容则是续写，重点是袁隆平院士对中国海水稻的研发，并专门辟出《中国海水稻》一章，这也是迄今以来对中国海水稻的首次文学书写。

这四年，袁隆平院士又有不少值得载入史册的事迹。

2017年初，袁隆平院士发布杂交水稻三大重点工程，向每公顷产量17吨的超级稻新纪录攻关。10月15日，袁隆平团队选育的超级杂交稻品种"湘两优900（超优千号）"在河北省硅谷农科院超级杂交稻示范基地通过了该省科技厅组织的测产验收，平均亩产1149.02公斤（每公顷17.2吨），创造了世界水稻单产的最新、最高纪录。与此同时，中国科学院等单位的评测专家对袁隆平海水稻研发团队在青岛白泥地试验基地的海水稻进行了测产，在灌溉用水盐度达到6‰的重盐碱地，海水稻最高亩产达620.95公斤。这也是创历史纪录的。

2018年，袁隆平海水稻研发团队总计在全国推广海水稻10万亩，并布局千万亩盐碱地改造项目。另与阿联酋签订"绿色迪拜"合作项目，经来自印度、埃及、阿联酋等五国的专家对马尔莫姆沙漠耐盐碱水稻基地进行现场测产，最高单产为每公顷7.8041吨（约合亩产520公斤），这是全球第一次在热带沙漠试验种植水稻取得成功。12月18日，中共中央、国务院在人民大会堂召开了改革开放40周年庆祝大会，表彰了100名为改革开放作出杰出贡献的人员，袁隆平被授予"改革先锋"称号。此外，袁隆平还获得了"2018未来科学大奖·生命科学奖"。

2019年，新中国成立70年来，以共和国的名义首次颁发"共和国勋章"和国家荣誉称号，袁隆平荣获"共和国勋章"。这年，由袁隆平院士倡议发起成立的"国家耐盐碱水稻技术创新中心"，经李克强总理批示并责成科技部等有关部门抓紧落实，于11月在三亚崖州湾科技城开建。全国海水稻试种面积扩大到10万亩。

2020年，袁隆平已年过九旬，他说："我还想再活十年，十年后，第三代杂交水稻一定能夺得每公顷20吨的高产纪录，海水稻肯定能推广到1亿亩，中国人一定能把饭碗牢牢地端在自己手里！肯定！"他一向是不说满话的，但这次他说的是"肯定"。我注意到，他说这话时，眼里闪烁出一种奇异的甚至神奇的亮光。我也深信，随着他向"水稻王国"的极限、向人生与生命的极限发起挑战，一个人和一粒种子的故事还将续写，那不是传奇，更不是神话。事实上，他早已不是在向世界挑战，而是在向自己挑战。

　　2020 年 12 月，袁老一如既往，又奔赴海南三亚南繁基地开展科研工作。多少年来，他就像一只追赶太阳的候鸟，每年都会在天涯海角的稻田里忙活三四个月。而现在，家人和同事都很担忧他的身体状况，但他的脚步就像永不止步的梦想，是谁也挡不住的。刚到三亚，袁老不顾旅途疲劳，就主持召开了第三代杂交水稻双季亩产 3000 斤攻关目标项目启动会。袁老从来不说一句空话，一开口就是："我们在这个会议上把任务落实下来。"

　　袁老很干脆，他带出来的团队也很干脆，大伙儿的回答只有一个字："好！"

　　一句话，一个字，而责任则要落实到每一个人、每一片地、每一个细节、每一粒种子。第二天一早，大伙儿就踏着晨曦和露水下田了。以前，袁老身体状况好的时候，也和大伙儿一样天天下田，去查看每亩穗数、谷粒大小、是否有空壳。这次到三亚，大伙儿看他腿脚不便，都拦着不让他下田，他就在住所拿着高倍放大镜，一边观察第三代杂交水稻种子，一边做详细记录，再和从田里归来的助手们交流。据身边的工作人员回忆，他老人家待在家里，比下田还操劳，每天吃饭、散步，一直到临睡时，都在思考如何进一步挖掘第三代杂交水稻的增产潜力，怎么才能改良米质。

　　大伙儿最担心的事情还是发生了，2021 年 3 月 10 日，袁老在南繁育种基地摔了一跤，被紧急送往当地医院。经过 20 多天的治疗，一直不见好转，于 4 月 7 日转到长沙中南大学湘雅医院。袁老躺在病榻上，思维一直很清晰，用他自己的话说，脑子还没"糊"。他精神不错，时常和病床边的护士们开玩笑："我老啦，一大把年纪啦，不中用了，你们不要为了我不吃饭啊，饭不能不吃啊！"小护士们也跟这个老顽童开玩笑："您还是'90 后'啊，归来仍是少年。少年，加油！"袁老乐呵呵地笑着打了一个"V"形手势，和护士们一起喊："少年，加油！"

　　袁隆平先生一生很少进医院，这还是他第一次住这么长时间的院。

而他最关心的不是自己的身体，而是稻田里的禾苗。每天，他都要询问医务人员："外面天晴还是下雨？今天多少度？"有一次，护士告诉他是28摄氏度，他一下子急眼了，说："这对第三季杂交稻成熟有影响！"袁老急，医务人员也急，他们担心焦虑会影响袁老的病情，"他自己身体那么不好了，还在时时刻刻关心他的稻子长得好不好"。

5月22日上午，袁老的生命体征又一次出现危急情况。经全力抢救，一度有所转机，但到了中午时分，袁老又一次进入了昏迷状态。为了唤醒老人，家人在床边唱他喜欢的《红莓花儿开》："田野小河边，红莓花儿开，有一位少年，真使我心爱，可是我不能对他表白，满怀的心腹话儿，没法讲出来……"这是袁老从大学时代起就情有独钟的俄罗斯经典名曲，他唱了一辈子，家人期盼他能在这深情的歌声中睁开紧闭的双眼，但最终还是没能迎来奇迹。13时07分，一个生命的至暗时刻还是到来了，那跳动得越来越微弱的心电图变成了一条直线。这个笑称自己是"90后"的老人，就这样平静地走了。有人说，他老人家在这个时候离去，是等着我们吃完中饭后，才放心地走啊！

我知道，世上从来没有永生之人，但有永恒的追求。诚如那位曾与袁隆平进行过一次"佛学和科学的对话"的妙华法师所说，生命其实就是一个道器，"生命的宽度在于你感受过多少，生命的厚度在于你奉献过多少，生命的长度在于你经历了多久"。

迄今还没有谁像袁隆平这样，通过一粒种子把数以亿计的苍生从饥饿中拯救出来，他所创造的财富和价值是无与伦比、难以估量的，对于今天以及未来的世界和人类，他的名字和他所做的一切，必将成为人类最永恒的价值。

2021年5月28日记于水云轩

图书在版编目（CIP）数据

田间逐梦 ：共和国功勋袁隆平 / 陈启文著．—杭
州 ：浙江人民出版社，2021.10
ISBN 978-7-213-10100-7

Ⅰ．①田…　Ⅱ．①陈…　Ⅲ．①袁隆平-传记　Ⅳ.
①K826.3

中国版本图书馆CIP数据核字（2021）第054274号

田间逐梦：共和国功勋袁隆平

陈启文　著

出版发行：浙江人民出版社（杭州市体育场路347号　邮编　310006）
　　　　　市场部电话：(0571)85061682　85176516
责任编辑：余慧琴　张苗群
营销编辑：陈雯怡　陈芊如
责任校对：杨　帆
责任印务：陈　峰
封面设计：昇一设计
电脑制版：杭州兴邦电子印务有限公司
印　　刷：浙江印刷集团有限公司
开　　本：710毫米×1000毫米　1/16　　印　　张：19.5
字　　数：240千字　　　　　　　　　　插　　页：6
版　　次：2021年10月第1版　　　　　印　　次：2021年10月第1次印刷
书　　号：ISBN 978-7-213-10100-7
定　　价：98.00元

如发现印装质量问题，影响阅读，请与市场部联系调换。